Tutzinger Studien zur Politik

herausgegeben von der
Akademie für Politische Bildung, Tutzing

Band 12

Andreas Kalina | Friedrich Krotz | Matthias Rath
Caroline Roth-Ebner [Hrsg.]

Mediatisierte Gesellschaften

Medienkommunikation und Sozialwelten im Wandel

AKADEMIE FÜR
POLITISCHE BILDUNG
TUTZING

Die Deutsche Nationalbibliothek verzeichnet diese Publikation in der Deutschen Nationalbibliografie; detaillierte bibliografische Daten sind im Internet über http://dnb.d-nb.de abrufbar.

ISBN 978-3-8487-5005-4 (Print)
ISBN 978-3-8452-9258-8 (ePDF)

1. Auflage 2018
© Nomos Verlagsgesellschaft, Baden-Baden 2018. Gedruckt in Deutschland. Alle Rechte, auch die des Nachdrucks von Auszügen, der fotomechanischen Wiedergabe und der Übersetzung, vorbehalten. Gedruckt auf alterungsbeständigem Papier.

Inhaltsverzeichnis

Vorwort 7

Einführung

CAROLINE ROTH-EBNER / FRIEDRICH KROTZ / MATTHIAS
RATH / ANDREAS KALINA
Einleitung: Mediatisierte Gesellschaften. Medienkommunikation
und Sozialwelten im Wandel 13

FRIEDRICH KROTZ
Medienwandel und Mediatisierung. Ein Einstieg und Überblick 27

I. Neue Lebens- und Handlungsformen

MICHAELA PFADENHAUER
Artificial Companions. Zum Reiz der Begleitung durch digitale
Technik 55

UDO GÖTTLICH / LUISE HEINZ / MARTIN R. HERBERS
Das Fernsehen und der Second Screen. Aktuelle Aspekte der
mediatisierten Mediennutzung 71

WERNER REICHMANN
Interaktion in mediatisierten Welten. Von Face-to-Face-
Kommunikation zur Interaktion in »synthetischen« Situationen 87

CAROLINE ROTH-EBNER
Berufswelten 2.0. Wie digitale Medien unsere Art zu arbeiten
verändern 107

II. Politische und normative Implikationen

HEIKE GRESCHKE / DIANA DREßLER / KONRAD HIERASIMOWICZ
»Im Leben kannst du nicht alles haben«. Digitale Dynamiken
sozialer Ungleichheit in teilweise migrierenden und migrierten
Familien 133

CAJA THIMM
Digitale Partizipation – Das Netz als Arena des Politischen?
Neue Möglichkeiten politischer Beteiligung im Internet 161

MATTHIAS RATH
»Ethik 2.0« – »Neue« Werte in den mediatisierten Welten? 181

III. Bildungspolitische Perspektiven

THOMAS GOLL
Mediatisierung und Medienkompetenz. Aufgabenfelder für die
politische Bildung 209

GUDRUN MARCI-BOEHNCKE
Mediatisierung und Schule. Von digitalem Lesen als »neuer«
Kompetenz und anderen notwendigen Lehr-/Lernbedingungen 225

Verzeichnis der Autorinnen und Autoren 251

Vorwort

Mit der Digitalisierung erreicht eine Entwicklung ihren vorläufigen Höhepunkt, die sich seit dem ausgehenden 20. Jahrhundert immer stärker angekündigt hat: Die zunehmende Bedeutung von Medien, eine erreichte Omnipräsenz digitaler Kommunikation und eine stetige Verdichtung globaler Vernetzung haben nicht nur zu einem grundlegenden Wandel im öffentlichen, berufsbezogenen wie auch im privaten Kommunikationsverhalten geführt. Vielmehr haben sie zur Folge, dass zwei tradierte Sphären – die Realität einerseits und die Virtualität andererseits – immer mehr hin zu übergreifenden soziotechnischen Welten verschmelzen. Die Auswirkungen dieser Entwicklung sind immens: Denn mit dem medial-kommunikativen Wandel verändern sich neben den individuellen Handlungs- und Konsummustern insbesondere auch unsere sozialen Beziehungen und damit das auf diesen gründende gesellschaftliche und politische Leben. Vor diesem Hintergrund spricht die Soziologie von »mediatisierten« Welten.

Im öffentlichen Diskurs oszillieren die Einschätzungen dieser Entwicklung zwischen Alarmismus und Heilserwartung. Unumstritten ist, dass die »Mediatisierung« – also das gegenseitige Wechselspiel von medialer und gesellschaftlicher Entwicklung – Ungewissheiten in unseren Alltag bringt: Zunächst das Fernsehen, jetzt vor allem das Internet und die Digitalisierung verändern auch politische Entscheidungs- und Willensbildungsprozesse. Diese werden nicht nur beschleunigt, sondern werden durch die vielfältigen Einwirkungen von außen zum Teil unberechenbarer. Immer mehr Politikerinnen und Politiker wenden sich – auch – über soziale Netzwerke direkt an die Öffentlichkeit. Das Beispiel des Arabischen Frühlings zeigt zudem, welches revolutionäre Potenzial über die Möglichkeiten der kollektiven Vernetzung in der Praxis abgerufen werden kann beziehungsweise welche (falschen) diesbezüglichen Hoffnungen geweckt werden können.

Im gesellschaftlichen Bereich wirkt die Mediatisierung zuerst egalisierend. Die schnelle Verfügbarkeit von Informationen und Daten kann zu Transparenz beitragen, gleichzeitig eröffnet sie zahlreiche Möglichkeiten der

Partizipation und des (zivil)gesellschaftlichen Wirksamwerdens. Dennoch zeigen sich hier auch die Schattenseiten dieser Entwicklung, etwa in Gestalt des sogenannten »Digital Divide«, in Form der Herausbildung von in sich geschlossenen medialen Echokammern oder auch im Konformitätsdruck, den soziale Medien erzeugen können.

Doch wird der Mensch nicht nur als Zoon politikon herausgefordert: Zugleich scheint die Mediatisierung schwer kalkulierbare Auswirkungen auf unsere gesamten Lebensbereiche zu haben, auf das Arbeitsleben wie auf die Freizeitgestaltung, und nicht zuletzt auf unsere sozialen wie kognitiven Verhaltensweisen schlechthin.

Diese umfassenden Wechselwirkungen von medialem Wandel, individuellem (Kommunikations-)Verhalten und Gesellschaftsstruktur ziehen Handlungsbedarf sowohl in der Politik als auch in der Gesellschaft nach sich. Zu den politischen Implikationen zählt auf der Interaktionsebene unter anderem die Notwendigkeit, neue Möglichkeiten politischer Beteiligung zu reflektieren, Manipulationsgefahren zu unterbinden sowie die politische Kommunikation den veränderten Rahmenbedingungen anzupassen. Auf der Steuerungsebene bedarf es wiederum neuer vernetzter Ansätze, um unter »mediatisierten« und dadurch entgrenzten Bedingungen adäquate Problemlösungen entwickeln zu können. Und nicht zuletzt ist eine normative Ausgestaltung der mediatisierten Handlungsräume erforderlich, sodass ein ethischer Rahmen in diesen neuen, verschmolzenen Welten Orientierung stiftet und integrativ wirkt. Hieran schließen sich die gesellschaftlichen Implikationen an: In deren Fokus sollte die Verankerung eines »mediatisierten Bewusstseins« auch in der breiten Bevölkerung stehen. In der Pflicht ist hier insbesondere das Bildungssystem, das durch eine dezidierte Förderung von medienorientierten Kompetenzen wie (informationeller) Selbstbestimmung, Quellenkritik, Kommunikationsgeschick und Urteilsfähigkeit für ein Leben unter »mediatisierten« Bedingungen zu bilden und zu qualifizieren hat.

Der vorliegende Band sensibilisiert nicht nur für die komplexen Wechselwirkungen von medial-kommunikativem Wandel, gesellschaftlichen Veränderungen und individuellen Handlungsmustern. Er versteht sich darüber hinaus als Plädoyer für die bildungspolitische Reflexion der Mediatisierung: konzeptionell durch die politischen Entscheidungsträger und konkret im Rahmen der schulischen wie außerschulischen (politischen) Bildung.

Dass es möglich ist, im Rahmen dieses Bandes verschiedene Aspekte der Mediatisierung analytisch zu beleuchten und damit die möglichen Konsequenzen des medialen und sozialen Wandels in ihrer umfassenden Wirkung zu debattieren, geht vor allem auf die konzeptionelle Arbeit der Herausgeber, Dr. Andreas Kalina, Prof. Dr. Friedrich Krotz, Prof. Dr. Matthias Rath sowie

Assoc.-Prof. Dr. Caroline Roth-Ebner zurück. Ihnen meine Anerkennung und meinen Dank. Wertvolle Dienste bei der Manuskripterstellung haben Jasmin Alimoradian und Franziska Oehlert geleistet. Ihnen gebührt ebenso Dank, wie dem Publikationsreferenten der Akademie für Politische Bildung, Dr. Thomas Schölderle, der die Entstehung dieses Bandes mit der ihm eigenen Sorgfalt konstruktiv begleitet hat.

Prof. Dr. Ursula Münch   Tutzing, im Frühjahr 2018
Direktorin der Akademie
für Politische Bildung

Einführung

Caroline Roth-Ebner / Friedrich Krotz / Matthias Rath / Andreas Kalina

Einleitung: Mediatisierte Gesellschaften

Medienkommunikation und Sozialwelten im Wandel

1. Konzept und Fragestellungen

Mit dem Jahrtausendwechsel ist eine Zeit angebrochen, in der neue Kommunikationstechnologien, neue Medienangebote und neue Nutzungsformen immer mehr und immer grundlegender öffentliche und private Sozialwelten verändern – beispielsweise die sogenannte Social Software: soziale Netzwerke wie Facebook, Twitter, Instagram und Xing beziehungsweise Chatplattformen, Messenger, Virtual Reality und Online-Multiplayer-Spiele. Im Alltag der Menschen überlagern sich heute die Formen digitalisierter und computerbezogener Kommunikation untrennbar mit der unmittelbaren Kommunikation von Angesicht zu Angesicht. Mittels mobiler internetfähiger Geräte können in nahezu jeder beliebigen Situation Bezüge zu anderen Lebensbereichen hergestellt werden, wie es sich etwa in der kommunikativen Verschränkung von Arbeit und Privatleben bemerkbar macht.

In diesem Zusammenhang wandeln sich auch unsere sozialen Beziehungen. So werden neue, grenzüberschreitende Beziehungen möglich, Beziehungen zu einem beträchtlichen Teil medial organisiert, oder Verbundenheit wird über virtuelle Netzwerke hergestellt und erhalten. Damit einhergehend verändert sich das auf den sozialen Beziehungen gründende gesellschaftliche Leben. Beispielsweise werden Gepflogenheiten neu ausverhandelt, neue Institutionen und Marktformen entstehen, tradierte Organisationsformen werden brüchig. Dies hat Konsequenzen für individuelle Handlungsmuster ebenso wie für die Gesellschaftsstruktur, für kulturelle Sinnkonstruktionen und für das politische System. Der Wandel eröffnet neue Perspektiven, Erfahrungen und Chancen, ruft aber auch Verunsicherung hervor und birgt neue Risiken und Herausforderungen.

Der Begriff »mediatisierte Gesellschaften« greift diese Entwicklungen auf, indem er auf die Bedeutung des Medienwandels für Kommunikation, das Sozialverhalten, die Identität, den Alltag und damit den Wandel von Kultur und Gesellschaft rekurriert. Dieser Begriff bildet die Klammer um die in diesem Sammelband zusammengestellten Beiträge. Er war zugleich der Titel einer Tagung der Akademie für Politische Bildung in Tutzing vom 26. bis 28. Februar 2016, welche den Anlass für diesen Band lieferte.

Der Sammelband fokussiert auf aktuelle techno-soziale Entwicklungen in den (westlich-industrialisierten) Gesellschaften.[1] Er bezieht sich auf die Gegenwartsgesellschaft, auch wenn Gesellschaften immer schon geprägt waren von den zur Verfügung stehenden Medien. Ein historisch herausragendes Beispiel für frühere Entwicklungen stellt der Buchdruck dar, der nicht nur das Aufheben sowie die Verbreitung von Wissen radikal verändert hat, sondern mit der massenhaften Verfügbarkeit des neuen Mediums Buch Auswirkungen auf die Alphabetisierung und das Entstehen der Institution Schule und damit auf die Sozialisation aller weiteren Generationen hatte.[2] Dirk Baecker folgend, könnten wir es angesichts des Computers und der digitalen Medien[3] mit einem Umbruch gleichen Ausmaßes zu tun haben – ein Umbruch, dessen Folgen noch nicht absehbar sind.[4] Ungeachtet des Vergleichs von Umbrüchen herrscht in der Theorie Einigkeit, dass die Etablierung des Computers seit den 1980er- und 1990er-Jahren zusammen mit der Weiterentwicklung des Internets hin zu einem umfassenden Sozialraum einen »Mediatisierungsschub« ausgelöst hat.[5] Der diesem Band zugrunde gelegte Mediatisierungsbegriff geht zurück auf das Konzept der Mediatisierung als »Metaprozess«[6], wie es Friedrich Krotz (siehe dazu den Beitrag von Krotz in diesem Sammelband) seit den ausgehenden 1990er-Jahren entwickelt hat und das inzwischen national und international unter unterschiedlichen Aspekten rege diskutiert wird.[7] Sein Mediatisierungskonzept bleibt dabei nicht auf den gegenwärtigen Medienwandel beschränkt, sondern versteht sich als grundsätzlicher, zu allen Zeiten die kommunikative Praxis der Menschen bestimmender Prozess.

1　Wie Friedrich Krotz (2017b: 357) feststellt, bezieht sich das Forschungskonzept der Mediatisierung bisher vor allem auf den europäischen Raum. Als von Kultur und gesellschaftlichen Strukturen abhängiger Prozess verläuft Mediatisierung in Regionen mit anderen Bildungsvoraussetzungen und anderer technologischer Ausstattung anders und müsste dementsprechend eigenständig erforscht werden.

2　Vgl. Meyer 2011: 15f., Krotz 2017a: 18.

3　Als digitale Medien werden auf digitaler Technologie basierende Medien (Computer, Smartphone, Tablet, Wearable etc.) und ihre Anwendungen (zum Beispiel Websites, Apps, Internet-Telefonie) verstanden (vgl. Roth-Ebner 2016: 40).

4　Vgl. Baecker 2008.

5　Vgl. Krotz 2003: 173.

6　Krotz 2007: 11.

7　Vgl. Ampuja/Koivisto/Väliverronen 2014.

Die »Prägkräfte« von Medien[8] beziehungsweise genauer und umfassender die Art, wie die Entwicklung und die Verwendung der Medien Alltag, Kultur und Gesellschaft verändern, darf jedoch weder linear noch unidirektional verstanden werden, sondern entfaltet sich in einem komplexen Geflecht aus individuellen, sozialen, ökonomischen, politischen, technologischen und kulturellen Entwicklungen und Wechselwirkungen. So wird

> »als Ursache von Mediatisierung nicht unbedingt ein Wandel der Medien angenommen, sondern nach sich verändernden sozialen Lebensbedingungen gesucht, die sich dann in sich verändernden Bedürfnissen und Bedarfen ausdrücken, zu deren Befriedigung auch neue Medien gesellschaftlich institutionalisiert werden können«.[9]

Etwa trugen die Reformation und das Bedürfnis, reformatorische Ideen zu verbreiten, maßgeblich zum Erfolg des Buchdrucks bei.[10] Damit wird deutlich, dass Mediatisierung sich in eine Reihe mit anderen Metaprozessen stellen lässt, wie etwa die Metaprozesse Globalisierung, Individualisierung oder Ökonomisierung.[11] So können die heute »neuen«, digitalen (und zu einem großen Teil mobilen) Medien zugleich als Konsequenz des Metaprozesses »Individualisierung« interpretiert werden. Sie fungieren etwa als personalisierte Assistenzgeräte (vom Smartphone bis hin zu Tracking-Armbändern), welche den Bedürfnissen nach Selbstthematisierung und -optimierung entsprechen. Auch die digitalen Selbstinszenierungsformen in Social Networks sowie die mittels mobilen Geräten und cloudbasierten Diensten orts- und zeitunabhängige Internetnutzung, welche individuelle Entscheidungen der Erreichbarkeit und des Grenzmanagements implizieren, korrespondieren mit den Lebensbedingungen der Individualisierung, um nur einige wenige Beispiele zu nennen.[12]

In den Beiträgen des Bandes werden diese und weitere Zusammenhänge zwischen medial-technologischen Entwicklungen und sozialen Wandelprozessen wie zum Beispiel der Globalisierung und Kommerzialisierung deutlich werden, weshalb der Band den Untertitel »Sozialwelten im Wandel« trägt. Damit ist ein breites Spektrum von spezifischen Handlungsbereichen der Menschen gemeint, vom Privatleben, dem Beruf, über das politische System bis hin zur und Bildung und Ethik. Der Band versucht, exemplarisch und aus Perspektive unterschiedlicher sozialwissenschaftlicher Disziplinen die Ein-

---

8 Vgl. Hepp 2011.
9 Krotz 2012: 28f.
10 Vgl. Oggolder 2016: 55.
11 Vgl. Krotz 2007: 25–49.
12 Dass Individualisierung Kontrolle keineswegs ausschließt, wird am Beispiel der Arbeitswelt im Beitrag von Roth-Ebner in diesem Band deutlich.

flüsse der Medien auf das Kommunikationsverhalten und auf das gesellschaftliche Zusammenleben in den genannten Themenbereichen zu beschreiben. Exemplarisch deshalb, weil Mediatisierung als Metaprozess in ihrer Komplexität nicht vollständig empirisch überprüfbar ist, und es genauso wenig möglich ist, alle Aspekte von mediatisierten Gesellschaften zu beschreiben. Sehr wohl beschreibbar sind jedoch Prozesse in einzelnen »mediatisierten Welten«[13]. Mit diesem Begriff werden »Handlungsfelder und Sozialwelten bezeichnet, in denen sich die relevanten Formen gesellschaftlicher Praktiken und kultureller Sinngebung untrennbar mit Medien verschränkt haben.«[14] Aus der prozessorientierten Untersuchung des Sozialhandelns der Menschen in unterschiedlichen mediatisierten Welten können in Verbindung mit der Analyse konkreter Mediennutzungs- und Interaktionsformen, die gewissermaßen »weltenübergreifend« vorkommen,[15] Schlüsse für die Gesellschaft im Gesamten gezogen werden.[16] Unterschiedliche sozialwissenschaftliche Disziplinen deshalb, weil die komplexen Zusammenhänge zwischen medialtechnischen und sozial-kulturellen Entwicklungen Perspektivenvielfalt sowohl in Theorie als auch Empirie erfordern.

So vereint der Band neben medien- und kommunikationswissenschaftlichen Perspektiven auch soziologische, philosophische, politik- und bildungswissenschaftliche Aspekte. Ergänzend ist hier darauf zu verweisen, dass empirische Studien wie auch ein theoretisches Verständnis von Mediatisierung und darauf gründendem sozialen und kulturellen Wandel der kritischen Forschung bedarf, zu der der vorliegende Band beitragen will. Denn während es heute im Wesentlichen die technischen Entwicklungen und daran geknüpften ökonomischen Erwartungen sind, die diese Entwicklungen vorantreiben, weiß gleichzeitig eigentlich niemand, wohin die Reise langfristig geht, obwohl sich aus all dem auch gravierende Folgen für die Formen menschlichen Zusammenlebens und damit auch für die demokratische Ordnung und ihre Legitimität bis hin zu den Menschenrechten ergeben.[17]

---

13   Krotz/Hepp 2012.

14   Diese Definition wurde im von Friedrich Krotz koordinierten DFG-Schwerpunktprogramm »Mediatisierte Welten« erarbeitet (siehe: www.mediatisiertewelten.de – letzter Zugriff: 27.03.2018). Einige der in diesem Band vertretenden Beiträge entstammen dem Forschungsschwerpunkt, in welchem von 2010 bis 2016 insgesamt 33 Projekte an 18 Standorten realisiert wurden.

15   Diese »weltenübergreifenden« Kommunikationsformen entsprechen am ehesten dem, was Knut Lundby (2014: 20) als »modes of mediatization« bezeichnet. Er meint damit Formen und Arten von mediatisierter Kommunikation, welche in unterschiedlichen Bereichen und Institutionen vorkommen und welche Transformationen analysierbar machen.

16   Vgl. Krotz 2014: 19.

17   Vgl. Kalina 2017: 38–41.

Die in diesem Band versammelten Beiträge beziehen sich dementsprechend insgesamt auf Phänomene und Teilbereiche der Gesellschaft auf allen Ebenen des menschlichen Lebens, also der Mikroebene der Individuen, der Mesoebene von Institutionen und Organisationen und der Makroebene von Politik, Kultur und Gesellschaft. So soll die Beschreibung einzelner Phänomene mosaikartig zu einem umfassenderen Bild von Mediatisierung beitragen. Unbestritten sind damit gleichzeitig weitere Forschungsdesiderate verknüpft. So kann und sollte in einer Zeit, in der Medien alle Gesellschaftsbereiche durchdringen und deren Bedeutung für die Menschen immer zentraler wird, grundsätzlich in jedem Lebensbereich nach dem mit der Nutzung digitaler Medien einhergehenden Wandel gefragt werden. Zudem sind diese Fragen immer wieder neu zu stellen, da sich die fokussierten technologischen und sozialen Phänomene im Zuge der rasanten Medienentwicklung anhaltend transformieren.

2. Zu den Beiträgen

Zunächst führt Friedrich Krotz mit einem Überblick über die Konzepte Medienwandel, Gesellschaftswandel und Mediatisierung in das Thema des Sammelbandes ein. Ausgehend von der Entwicklung der Sprache bis hin zur Entstehung einer computergesteuerten digitalen Infrastruktur beschreibt er die sozialen und kulturellen Veränderungen, welche mit der Etablierung neuer Medien verbunden sind – Prozesse, die er als »Mediatisierung« beschreibt. Dabei handelt es sich um einen »Metaprozess«, also einen umfassenden und langfristigen historischen Prozess, der kulturübergreifend existiert und in Wechselbeziehung zu anderen Metaprozessen wie Individualisierung, Globalisierung und Kommerzialisierung auftritt. In seinem Fazit plädiert Friedrich Krotz für eine kritische Mediatisierungsforschung, welche Fragen nach Macht und Einflussnahme aufgreift, und appelliert an die Zivilgesellschaft, Mediatisierung mitzugestalten.

Anschließend an diese thematische Hinführung entfalten die Beiträge in drei Zugängen den sozialweltlichen Wandel in mediatisierten Gesellschaften der Gegenwart. Ein erster Teil setzt unter dem Rubrum »Neue Lebens- und Handlungsformen« auf der Handlungsebene an. Die Steuerungsebene mediatisierter Praxis kommt unter der Überschrift »Politische und normative Implikationen« in den Blick. Und ein dritter Teil schließlich verweist mit »Bildungspolitischen Perspektiven« auf die häufig außer Acht gelassene Vermittlungsebene gesellschaftlicher Zielgrößen wie Medienkompetenz und digitale Lesekompetenz.

2.1 Neue Lebens- und Handlungsformen

Michaela Pfadenhauer geht in ihrem Beitrag zu »Artificial Companions« dem »Reiz der Begleitung durch digitale Technik« auf die Spur. Mit Artificial Companions sind technische, menschen-, tier- oder comicähnlich gestaltete Geräte gemeint, die dazu entwickelt werden, um Sozialkontakte mit Menschen zu pflegen. Diese Entwicklung interpretiert sie vor dem Hintergrund der Mediatisierung von Beziehungen. Demnach werden Menschen durch Nutzung ihrer mobilen, am Körper getragenen Geräte und deren Möglichkeiten, allgegenwärtig mit Menschen außerhalb ihrer unmittelbaren Umgebung in Kontakt zu stehen, zunehmend an nicht-menschliche Kommunikationsweisen gewöhnt und damit bereit für die Beziehung zu Artificial Companions.

Einem konkreten Phänomen mediatisierter Mediennutzung widmet sich der Beitrag »Das Fernsehen und der Second Screen« von Udo Göttlich, Luise Heinz und Martin R. Herbers. Die Autoren[18] fokussieren auf die mit veränderten Produktions- und Distributionsstrukturen des Fernsehens einhergehenden Nutzungspraktiken des TV-Publikums und fragen nach der Relevanz der parallelen Nutzung des Fernsehens mit dem »Second Screen« auf Smartphone, Tablet oder Laptop. Ersten Ergebnissen ihrer qualitativen Studie zufolge wird der Second Screen nur eingeschränkt und vor allem von technikaffinen Personen genutzt. Dies zeigt, dass sich die »Praktiken des Fernsehens weitaus langsamer ändern als die technischen Voraussetzungen und Möglichkeiten« und dass die soziale Akzeptanz von Medien eine entscheidende Rolle in Mediatisierungsprozessen spielt.

Werner Reichmann nimmt in seinem Beitrag »Interaktion in mediatisierten Welten« eine Mikroperspektive ein, indem er danach fragt, wie unter den Bedingungen der Digitalisierung als einer der derzeitigen Formen von Mediatisierung menschliche Interaktionsordnungen verändert werden. Er nimmt dabei Interaktionsprozesse in den Blick, welche mit sogenannten »skopischen Medien« angereichert sind. Hierbei handelt es sich um Medien, die in eine Interaktionssituation eingreifen und diese mit Informationen anreichern, sodass eine »synthetische Situation« entsteht. Der Autor illustriert dies am Beispiel der Finanzmärkte. Eine weitere zentrale These ist, dass zunehmend Algorithmen in zwischenmenschliche Interaktionen eingreifen

---

18 Aus Gründen der besseren Lesbarkeit wird gemäß den Redaktionrichtlinen der Reihe auf eine konsequente Verwendung gendersensibler Formulierungen verzichtet. Gleichwohl sind in Form des verwendeten generischen Maskulinums stets alle Geschlechter gleichberechtigt mitgedacht.

und diese transformieren, was neue Fragen und Herausforderungen, vor allem moralischer, legaler oder sozialer Art aufwirft. Um die Veränderungen in der erwerbsbasierten Büro- beziehungsweise Wissensarbeit durch Nutzung digitaler Medien geht es in dem Beitrag von Caroline Roth-Ebner. Das von ihr beschriebene Konzept der »Mediatisierung von Arbeit« bezieht sich auf das Zusammenspiel von medial-kommunikativem Wandel, sozialem Wandel und dem Wandel von Erwerbsarbeit. Anhand der Ergebnisse einer eigenen sowie weiterer empirischer Studien beschreibt sie die Charakteristika der »Mediatisierung von Arbeit« etwa als Virtualisierung, Flexibilisierung und Mobilisierung, Vernetzung, Entgrenzung von Lebensbereichen und mit Prozessen wie Standardisierung und Rationalisierung. Als Konsequenz der mannigfaltigen Herausforderungen der Mediatisierung von Arbeit leitet sie die Forderung einer Medienbildung für den Beruf beziehungsweise einer Medienpädagogik für Unternehmen ab.

2.2 Politische und normative Implikationen

Heike Greschke, Diana Dreßler und Konrad Hierasimowicz beleuchten in ihrem Aufsatz die Mediatisierung transstaatlicher, teilweise migrierter Familien und beschreiben die »digitalen Dynamiken sozialer Ungleichheit« in diesem Forschungsfeld. Dabei berufen sie sich auf Ergebnisse zweier Teilprojekte zur Mediatisierung von Eltern-Kind-Beziehungen im Kontext der Migration zwischen Ecuador und Spanien sowie der Ukraine und den OECD-Ländern. Digitale Technologien spielen demnach eine zentrale Rolle im Auswanderungs- beziehungsweise Fluchtprozess und zur Aufrechterhaltung der sozialen Kontakte mit dem Herkunftsland. Verbunden ist dies jedoch mit Ungleichheiten seitens des Zugangs und der Nutzung digitaler Technologien, was auf unterschiedliche Chancen- und Risikoverteilungen in mediatisierten Gesellschaften verweist.

Um »neue Möglichkeiten politischer Beteiligung im Internet« geht es im Aufsatz von Caja Thimm. Unter dem Begriff »Mediatisierung von Politik« fokussiert sie auf die veränderten Bedingungen der Partizipation an öffentlichen Diskursen und auf neue Formen der Beteiligung im Social Web. Das Prinzip der Partizipation sieht sie als konstitutiv für die sozialen Medien an und entwickelt dieses als mehrdimensionales Konstrukt im Kontext der politischen Partizipation. Sich von Habermas' Öffentlichkeitsmodell abhebend, zeichnet sie ein heterogenes Bild der Herstellung von digitaler Öffentlichkeit, das auch sogenannte »Mini-Publics« einschließt, also kleinere Formierungen von Öffentlichkeit, welche durch die »Verschränkung verschiedener Medien im Sinne einer ›polymedialen‹ Mediennutzung« charakterisiert werden. Inwiefern Mediatisierung neue ethische Fragestellungen aufwirft, zeigt Matthias Rath mit seinem Beitrag zu »›Ethik 2.0‹ – ›Neue‹ Werte in den mediatisierten Welten?« Die im Beitragstitel aufgeworfene Frage nach einem Versionswechsel von einer »alten« auf eine »neue« Ethik entscheidet er im Sinne einer »Umwertung der Werte unter den Bedingungen eines mediatisierten Bewusstseins«, ohne die klassischen medienethischen Prinzipien zu vernachlässigen: Medienauthentizität, Medienqualität und Wahrhaftigkeit wandeln sich allerdings für ihn im Zuge der Deprofessionalisierung medialer Produktion (Stichwort »Produsage« beziehungsweise »Produtzung«) von einer auf Produktionsseite zu erbringenden Leistung zu einer Fähigkeit der Mediennutzer. Diese Leistung fasst Rath konsequenterweise als »Medienkompetenz« und fordert diese als Grundrecht für alle in einer mediatisierten Gesellschaft.

2.3 Bildungspolitische Perspektiven

Die quer über den Sammelband mitschwingende Forderung nach Medienkompetenz greift Thomas Goll in seinem Beitrag als Aufgabe für die politische Bildung auf. Zwar spielen Medien in den kompetenzorientierten Konzepten schulischer und außerschulischer politischer Bildung eine Rolle. Fokussiert wird hier aber auf Massenmedien und deren Bedeutung für demokratische Prozesse. Die als »Mediatisierung« bezeichneten »Wechselwirkungen von Medien und Gesellschaft« und deren Bedeutung für die Politik und soziales Leben werden demnach nicht ausreichend berücksichtigt. Der Autor sieht hierin ein Forschungsdesiderat. Politische Bildung unter Berücksichtigung von Mediatisierung bedürfe einer flächendeckenden medientechnologischen Ausstattung der Schulen, medienkompetenten Lehrpersonals und einer politischen Mediendidaktik, die dem Ansatz der Mediatisierung Rechnung trägt.

Gudrun Marci-Boehncke beschäftigt sich in ihrem Beitrag mit digitaler Lesekompetenz als bildungspolitische Herausforderung. Die Mediatisierungsthese verdeutliche, dass digitale Medien als wichtiger Bestandteil der Lebensrealität von Heranwachsenden Veränderungen für den schulischen Alltag darstellen und notwendig machen. Ausgehend von Studienergebnissen, wonach Deutschland im internationalen Vergleich hinsichtlich des Einsatzes von und der Ausstattung mit digitalen Medien in Bildungskontexten deutlich schlechter abschneidet und damit Potenziale gerade zur individuellen Förderung und zu gemeinsamem Lernen vergibt, fordert sie in der Institution Schule ein »mediatisiertes Bewusstsein«, eine stärkere

Berücksichtigung aktueller digitaler Medialität im Deutschunterricht und in der Aus- und Weiterbildung von Lehrkräften.

3. Zusammenfassung

Zusammengefasst lenkt der vorliegende Band den Blick auf verschiedene Ebenen mediatisierter gesellschaftlicher Praxis, auf denen der mediale Wandel und damit die direkte oder indirekte Veränderung gesellschaftlicher Kommunikation und Partizipation sichtbar wird. Die Bandbreite reicht dabei vom Wandel der Mediennutzung und sozialer Beziehungen beziehungsweise der Verunmöglichung gesellschaftlich gängiger Medienpraxis über den Wandel von Organisationen bis hin zu gesellschaftlich-kulturellen Veränderungsprozessen, in denen politische Partizipation und normatives Bewusstsein nicht nur gefordert, sondern auch gesellschaftlich gefördert werden müssen. Wie die Beiträge zeigen, wird sozialer Wandel durch den Wandel konkreter sozialer Praxis überhaupt erst wahrnehmbar. Gleichzeitig ist dieser sowohl individuell als auch institutionell und gesamtgesellschaftlich nicht von der technischen Seite sozialer Praxis abzutrennen oder auch nur als Wandel zu verstehen. Dabei wird deutlich, dass die Mediatisierungsthese einerseits an eine vielfältige und durchaus kontroverse medien- und techniksoziologische Diskussion anschlussfähig ist wie etwa an den Technopragmatismus[19] oder die Akteur-Netzwerk-Theorie[20]. Mediatisierung folgt dabei weder einem *sozialkonstruktivistischen* Medientechnikverständnis, das die mediale Technik (angefangen bei den symbolisierenden Techniken der Malerei, Keramikkunst und Ornamentik der Prähistorie bis hin zu den technischen Konstrukten der sogenannten »Künstlichen Intelligenz«) als rein gesellschaftliche Hermeneutik möglicher technischer Praxis depotenziert, noch einem »techniksoziologische[n] *Realismus*«[21], der die Technik in ihrer materiellen Eigensinnigkeit von sozialen Praktiken abtrennt.

Mediatisierung steht andererseits allerdings nicht nur als eine mögliche Verständnisfolie der Gegenwart zur Verfügung. Vielmehr erhebt die Mediatisierungsthese den Anspruch, sozialen Wandel umfassend nicht nur »translokal«[22] und »transmedial«[23], sondern auch transhistorisch zu

---

19 Vgl. Rammert 2007, Rammert 2016.
20 Teil/Latour 1995, Schulz-Schaeffer 2000.
21 Rammert 2016: 29.
22 Hepp 2013: 193.
23 Hepp 2013: 187.

verstehen. Mediatisierung ist ein Prozess, der über die Zeit den Wandel der Kommunikation in Beziehung auf die medialen Möglichkeiten der Kommunikation versteht. Dies hat neben der Deskription des gegenwärtigen Wandels medialer Handlungspraxen sowie der Rekonstruktion historischen sozialen Wandels als Metaprozess zugleich eine normative Komponente, da aus der *Möglichkeit* von Kommunikation zugleich ein Anspruch auf partizipative und verteilungsgerechte Realisierung medialer Kommunikation folgt. Im Rahmen dieses Bandes wird dieser transhistorisch normative Aspekt nicht explizit entfaltet, er ist hingegen implizit mit der Erwartung eines medial gerichteten und zugleich pragmatisch bestimmten Wandels immer schon mitgenannt.

- Im Hinblick auf die im ersten Teil thematisierte *Handlungsebene* wird individuelle Kommunikation mit zunehmender medialer Technisierung komplexer und zugleich zunehmend abhängig von medientechnischen Ressourcen. Historisch ältere Schlagworte der medial-kommunikativen Verteilungsgerechtigkeit wie »Literalisierung«[24] und »Digital Divide«[25] deuten diesen Zusammenhang an.

- Die *Steuerungsebene*, die im zweiten Teil thematisiert wird, zeigt, dass die im medial-technischen Zugriff konstituierte (oder eben verunmöglichte) Kommunikation nicht nur politische Partizipation und normative Präferenzen mitbestimmt, sondern auch, dass der gegenwärtige Prozess der zunehmend medial und dezentral gesteuerten Migrationsströme längst die Kommunikations- und Steuerungsverfahren der vordigitalen Zeit sowie den vor allem nationalstaatlichen Anspruch auf Kommunikationsreglement unterläuft.

- Die im dritten Teil dann abschließend aufgewiesene *Vermittlungsebene* verweist auf eine grundsätzliche sozialisatorische Komponente der Medienkommunikation. Die ursprüngliche optimistische Rede von den »Digital Natives«[26], die quasi naturwüchsig die digitalen Medien und damit auch die digitale Kommunikation für sich nutzen, wurde rasch relativiert und als Mythos entlarvt.[27] Nicht eine bestimmte Generation, sondern nur eine bestimmte Praxis führt zu einer kompetenten Nutzung digitaler Medien[28] – die dann, wie alle Praxen, erlernt und »angeeignet«[29] werden müssen. In diesem Sinne ist Vermittlung »Hilfe

---

24 Vgl. Zeuner/Pabst 2011.
25 Vgl. Capurro/Hausmanninger/Scheule 2004.
26 Prensky 2001.
27 Vgl. Meyer 2016.
28 Vgl. Palfrey 2007, Weinberger 2007.
29 Vgl. Marci-Boehnke/Rath 2013: 122–127.

zur Medienaneignung«[30], deren normative Komponenten auf Kompetenzen wie Selbstbestimmung, Partizipation und Medienkritik ebenso abheben wie auf die gesellschaftliche Forderung, die dazu notwendigen Rahmenbedingungen anzubieten oder gegen die Verweigerung solcher Rahmenbedingungen Widerstand zu leisten.[31] Die hier versammelten Beiträge bieten für politische Bildung in mediatisierten Gesellschaften ein Spektrum von Diskursen, die auf je unterschiedlich abstrakten Ebenen das Ziel aller Aufklärung auch unter den Bedingungen der Mediatisierung in den Blick nehmen, sich nämlich auch medial seines »eigenen Verstandes zu bedienen« (Immanuel Kant).

Literatur

Ampuja, Marko / Koivisto, Juha / Väliverronen, Esa (2014): Strong and Weak Forms of Mediatization Theory. A Critical Review, in: Nordicom Review 35 (Special Issue/ 2014), S. 111–123.

Baecker, Dirk (2008): Studien zur nächsten Gesellschaft, Frankfurt/M.

Capurro, Rafael / Hausmanninger, Thomas / Scheule Ruppert M. (2004): Vernetzt gespalten. Der Digital Divide in ethischer Perspektive, München.

Eberwein, Tobias / Karmasin, Matthias / Krotz, Friedrich / Rath, Matthias (Hg.) (2018): Responsibility and Resistance. Ethics in Mediatized Worlds, Wiesbaden [im Erscheinen].

Hepp, Andreas (2011): Medienkultur. Die Kultur mediatisierter Welten, Wiesbaden.

Hepp, Andreas (2013): Mediatisierung von Kultur: Mediatisierungsgeschichte und der Wandel der kommunikativen Figurationen mediatisierter Welten, in: Andreas Hepp / Andreas Lehmann-Wermser (Hg.), Transformationen des Kulturellen. Prozesse des gegenwärtigen Kulturwandels, Wiesbaden, S. 179–199.

Kalina, Andreas (2017): Donald, Don und die Demokratie. Gegenwärtige Herausforderungen in den Bereichen »Politischer und gesellschaftlicher Wandel« und »Europäische Integration«, in: Ursula Münch / Jörg Siegmund (Hg.), Mobilisierung der Demokratie. 60 Jahre Akademie für Politische Bildung, Tutzing, S. 36–45.

Krotz, Friedrich (2003): Die Mediatisierung der Lebensräume von Jugendlichen. Perspektiven für die Forschung, in: Judith Bug / Matthias Karmasin (Hg.), Telekommunikation und Jugendkultur. Eine Einführung, Wiesbaden, S. 167–183.

Krotz, Friedrich (2007): Mediatisierung. Fallstudien zum Wandel von Kommunikation, Wiesbaden.

Krotz, Friedrich (2012): Mediatisierung als Metaprozess, in: Jörg Hagenah / Heiner Meulemann (Hg.), Mediatisierung der Gesellschaft?, Münster, S. 19–41.

---

30 Marci-Boehnke/Rath 2013: 123.
31 Vgl. Eberwein et al. 2018.

Krotz, Friedrich (2014): Einleitung: Projektübergreifende Konzepte und theoretische Bezüge der Untersuchung mediatisierter Welten, in: Friedrich Krotz / Cathrin Despotović / Merle-Marie Kruse (Hg.), Die Mediatisierung sozialer Welten. Synergien empirischer Forschung, Wiesbaden, S. 7–32.

Krotz, Friedrich (2017a): Mediatisierung – ein Forschungskonzept, in: Friedrich Krotz / Cathrin Despotović / Merle-Marie Kruse (Hg.), Mediatisierung als Metaprozess. Transformationen, Formen der Entwicklung und die Generierung von Neuem, Wiesbaden, S. 13–32.

Krotz, Friedrich (2017b): Pfade der Mediatisierung: Bedingungsgeflechte für die Transformationen von Medien, Alltag, Kultur und Gesellschaft, in: Friedrich Krotz / Cathrin Despotović / Merle-Marie Kruse (Hg.), Mediatisierung als Metaprozess. Transformationen, Formen der Entwicklung und die Generierung von Neuem, Wiesbaden, S. 347–364.

Krotz, Friedrich / Hepp, Andreas (Hg.) (2012): Mediatisierte Welten. Forschungsfelder und Beschreibungsansätze, Wiesbaden.

Lundby, Knut (2014): Mediatization of Communication, in: Knut Lundby (Hg.), Mediatization of Communication, Berlin/Boston, S. 3–35.

Marci-Boehncke, Gudrun / Rath, Matthias (2013): Medienpädagogik und Medienbildung – zur Konvergenz der Wissenschaft von der Medienkompetenz, in: Matthias Karmasin / Matthias Rath / Barbra Thomaß (Hg.), Kommunikationswissenschaft als Integrationsdisziplin, Wiesbaden, S. 117–136.

Meyer, Kate (2016): Millennials as Digital Natives: Myths and Realities, in: Nielsen Norman Group, 3. Januar 2016 (online unter: www.nngroup.com/articles/millennials-digital-natives/ – deutsch: www.usability.ch/news/generation-y-digital-natives.html– letzte Zugriffe: 01.03.2018).

Meyer, Torsten (2011): Medien und Bildung. Institutionelle Kontexte und kultureller Wandel. Einleitung, in: Torsten Meyer / Wey-Han Tan / Christina Schwalbe / Ralf Meyer (Hg.), Medien und Bildung. Institutionelle Kontexte und kultureller Wandel, Wiesbaden, S. 13–25.

Oggolder, Christian (2016): Typographische Medien im konfessionellen Zeitalter, in: Matthias Karmasin / Christian Oggolder (Hg.), Österreichische Mediengeschichte, Bd. 1: Von den frühen Drucken zur Ausdifferenzierung des Mediensystems (1500 bis 1918), Wiesbaden, S. 51–71.

Palfrey, John (2007): Born Digital, 28. October 2007 (online unter: https://jpalfrey.andover.edu/2007/10/28/born-digital/ – letzter Zugriff: 01.03.2018).

Prensky, Marc (2001): Digital Natives, Digital Immigrants. Part 1, in: On the Horizon 9 (5/2001), S. 1–6 (online unter: https://doi.org/10.1108/10748120110424816 – letzter Zugriff: 01.03.2018).

Rammert, Werner (2007): Technografie trifft Theorie. Forschungsperspektiven einer Soziologie der Technik (= TUTS-Working Papers 1/2007), Berlin (online unter: www.ssoar.info/ssoar/handle/document/1209 – letzter Zugriff: 05.02.2018).

Rammert, Werner (2016): Technik – Handeln – Wissen. Zu einer pragmatistischen Technik- und Sozialtheorie, 2. Aufl., Wiesbaden.

Roth-Ebner, Caroline (2016): Mediatisierung von Arbeit. Chancen und Herausforderungen aus der Sicht von Digicom-Arbeiterinnen und -Arbeitern, in: Jeffrey Wimmer / Maren Hartmann (Hg.), Medien-Arbeit im Wandel. Theorie und Empirie zur Arbeit mit und in Medien, Wiesbaden, S. 39–63.

Schulz-Schaeffer, Ingo (2000): Akteur-Netzwerk-Theorie. Zur Koevolution von Gesellschaft, Natur und Technik, in: Johannes Weyer (Hg.), Soziale Netzwerke. Konzepte und Methoden der sozialwissenschaftlichen Netzwerkforschung, München, S. 187–210.

Teil, Geneviève / Latour, Bruno (1995): The Hume Machine. Can Association Networks Do More than Formal Rules?, in: Stanford Humanities Review 4 (2/1995), S. 47–66.

Weinberger, David (2007): Digital Natives, Immigrants and Others, in: KMWorld 17 (1/2007) (online unter: www.kmworld.com/Articles/News/News-Analysis/Digital-natives-immigrants-and-others-40494.aspx – letzter Zugriff: 01.03.2018).

Zeuner, Christine / Pabst, Antje (2011): Literalität als soziale Praxis: Bedeutungen von Schriftsprachlichkeit, in: Report – Zeitschrift für Weiterbildungsforschung 34 (3/2011), S. 36–47 (online unter: http://nbn-resolving.de/urn:nbn:de:0168-ssoar-53035-4 – letzter Zugriff: 01.03.2018).

Friedrich Krotz

Medienwandel und Mediatisierung

Ein Einstieg und Überblick[1]

1. Medienwandel – Gesellschaftswandel: Historische und konzeptionelle Anmerkungen

Wir leben heute mit sich rapide wandelnden (technischen) Medien und daraus resultierenden Kommunikationsbedingungen. Dies erleben die Menschen auf vielfältige Weise:

- als das Aufkommen neuer Medien und Mediendienste wie das Smartphone oder WhatsApp, als Wandel alter Medien, wie etwa das Verschwinden des Plattenspielers und das Aufkommen von Streaming-Diensten für Musik, die zunehmende Bedeutungslosigkeit der Briefpost für zwischenmenschliche Kommunikation oder die zunehmende Präsenz von gesprächsbereiten, Personen simulierenden Computern wie etwa bei Apples Sprachassistenzsystem Siri oder Bots auf Twitter.
- dadurch, dass Medien heute von Unternehmen und gesellschaftlichen Institutionen für andere Zwecke entwickelt und installiert werden, anders mit Inhalten beschickt und auf andere Geschäftsmodelle zugeschnitten sind, dass sich der Journalismus verändert und kommunikative Aktivitäten von beteiligten Dritten wie Google, Facebook oder der Telekom zum Datensammeln missbraucht werden,
- und dadurch, dass sich die Menschen in ihrem kommunikativen und medienbezogenen Handeln verändern, etwa zu Computerspielern oder öffentlichen Vieltelefonierern werden, ihre sozialen Beziehungen auf veränderte Weise gestalten, verglichen mit früher, anders und mit anderen Medienbezügen arbeiten, lernen und sich informieren, und so weiter.

---

1 Der vorliegende Text ist einer von vielen, die den Mediatisierungsansatz darstellen. Er verwendet dabei auch Überlegungen, Argumente und Formulierungen, die schon in anderen Aufsätzen benutzt wurden – stellt sie aber gleichwohl in einen neuen Argumentationszusammenhang.

Die Menschen erfahren diesen Wandel insofern nicht nur als eine zunehmende Präsenz und einen zunehmenden Bedeutungszuwachs der Medien,
von denen es auch immer mehr gibt, sondern auch als deren zunehmendes
Eindringen in alle sozialen Bereiche und menschlichen Handlungsfelder,
die gleichzeitig medienbezogen umgestaltet werden. Die Ergebnisse dieser
Entwicklungen werden häufig als »mediatisiert« bezeichnet. Der in diesem
Aufsatz besprochene Begriff der Mediatisierung für diese Erscheinungen ist
in den 1990er-Jahren auch in der Wissenschaft aufgekommen[2] und dort zu
einem systematischen theoretischen Konzept entwickelt worden.

Bevor wir uns mit diesem Konzept genauer beschäftigen, ist es hilfreich,
kurz die Rolle der Medien in der Geschichte der Menschheit beispielhaft zu
beschreiben: Am Beginn der Menschheitsgeschichte stand die Erfindung der
menschlichen Sprache – überall haben die Menschen diesen Schritt vollzogen
und sich dadurch im Unterschied zu allen anderen biologischen Wesen auf
einen absoluten Sonderweg begeben[3] und in der Folge haben sie unter anderem komplexe Identitäten und Beziehungen, Kultur und Gesellschaft in Gang
gebracht. Sprache als eine grundlegende Kommunikationsform ermöglicht
den Menschen ausgefeilte Formen der Handlungskoordination, wie sie die
Soziologie gerne in den Mittelpunkt stellt, um so die Organisation sozialer
Prozesse und Ordnungen zu beschreiben. Aber auch die menschentypische
innere Reflexion des eigenen Handelns beziehungsweise des Geschehens ist
erst durch Sprache möglich, durch die ja auch erst systematisches Denken,
mitteilbares Erinnern differenzierter Sachverhalte und die Umwandlung
von Erlebnissen in Erfahrungen zustande kommen können. Ebenso sind
Wissen, Traditionen, Vorstellungen von der Welt und sehr viele oder alle
Ergebnisse menschlicher Tätigkeiten untrennbar mit Kommunikation und
insbesondere Sprache verbunden. Folgt man George Herbert Mead, so sind
sogar spezifische menschliche Konzepte wie Bewusstsein und Selbstbewusstsein Produkte von Kommunikation.[4] Sprache kann insofern als ein
Medium verstanden werden – was genau damit gemeint ist, wird weiter
unten noch erläutert. Sprache ist aber darüber hinaus eine Bedingung von
Menschwerdung, ohne die es unsere Gattung und auch jeden Einzelnen und
jede Einzelne so nicht gäbe.

---

2   Vgl. Krotz 1995.

3   Natürlich sind für die »Menschwerdung des Affen« nicht nur die Sprache und die ausgefeilten
    Formen ihrer Verwendung wichtig, sondern auch andere Fähigkeiten, beispielsweise die
    Fähigkeit zu arbeiten und systematisch die Natur umzuformen, um die eigenen Lebens-
    bedingungen zu reproduzieren.

4   Vgl. Krotz 2001.

Begreift man kommunikatives Handeln als ein Operieren mit Symbolen, so ist offensichtlich, dass in jener weit entfernten Vorzeit natürlich auch noch andere Kommunikationsformen entstanden sind: Mehr oder weniger fest vereinbarte Zeichen, die zum Beispiel Einflussbereiche abgrenzen, die an religiöse, mystische oder ähnliche, die konkreten Erfahrungen transzendierende Vorstellungen anknüpfen, Zeichen, die als Ausdrucksmittel von Individuen und Gruppierungen verwendet wurden oder der Kontaktaufnahme dienten, oder Zeichen, die als Bilder in den Sand oder an Höhlenwände gemalt wurden und dafür konzipiert waren; nicht zu vergessen die sonstigen vielfältigen Ausdrucksmöglichkeiten oraler Kultur neben dem Sprechen – Tonfolgen, Rhythmen und all die anderen auditiven Möglichkeiten, die sich an den Hörsinn der Menschen richten.[5]

Von Anfang an lässt sich die Geschichte der Menschen daher auch als Geschichte der Medien begreifen, die immer auch für die Formen des sozialen Lebens von Bedeutung waren. Einer der wichtigsten späteren Entwicklungsschritte der Menschheit war die Erfindung der Schrift, am Rande gesagt, wohl eine Erfindung einer damals kreativen Verwaltung, die, wie wir wissen, langfristig ungeheure Entwicklungen in Gang gebracht hat. Die Sozialanthropologie hat in ihrer kolonialen Vergangenheit lange zwischen als »primitiv« bezeichneten Kulturen ohne Schrift und Kulturen mit Schrift unterschieden, bevor sich die Einsicht durchsetzte, dass das Attribut »primitiv« den Sachverhalt jedenfalls nicht angemessen beschrieb.[6] Zu den darauf folgenden späteren, aber noch prädigitalen Entwicklungen gehören die Erfindung der Zentralperspektive[7], die unser Abbilden und Bildverstehen bis heute geprägt hat, die Entwicklung von Harmonien und Rhythmen der Kommunikation mit Musik und Tönen, die Printkultur, der Fotoapparat, die Tageszeitung, das Telefon, die Bewegtbilder, Radio und Fernsehen und so weiter. Hier hat die Mediengeschichtsschreibung umfangreiches Wissen erarbeitet.[8]

Jede einzelne dieser Entwicklungen und alle zusammen haben zu einem Wandel des sozialen Lebens beigetragen – zum Guten wie zum Bösen: Manche der Medien wurden wie das Radio beispielsweise zunächst für eine effektivere Kriegsführung verwendet[9], andere entstanden als Medien, weil man nach marktgängigen Entwicklungen von Techniken fragte – so beispielsweise das Telefon, das zunächst einmal als eine Art Massenmedium verwen-

---

5 In dem historisch-anthropologischen Museum von Ljubljana findet sich ein Teil einer prähistorischen Flöte, die den Neandertalern zugerechnet wird.
6 Vgl. hierzu beispielsweise Childe 1970.
7 Vgl. Krotz 2012 mit weiteren Literaturhinweisen.
8 Vgl. Faulstich 2004, Hörisch 2004, Bösch 2011.
9 Vgl. Dahl 1983.

det wurde, indem man etwa Symphoniekonzerte über Telefonleitungen in Bürgerhäuser oder Boxkampfberichte live per Telefon an zahlende Zuhörer übertrug. Wieder andere Medien wie die Telegrafie dienten zunächst einmal staatlicher Politik, dem Handel und den Börsenspekulanten[10] und so weiter. Mediatisierung als Konzept, das sich mit dem Zusammenhang des Wandels der Medien mit dem Wandel von Alltag, Kultur und Gesellschaft beschäftigt, muss deshalb als ein umfassender, langfristig alle menschlichen Kulturen betreffender, aber in seiner Art von den jeweiligen gesellschaftlichen und kulturellen Bedingungen abhängiger historischer Prozess verstanden werden. Mediatisierung wird deshalb, ähnlich wie die ebenso umfassend angelegten Prozesse der Globalisierung, der Individualisierung und der Kommerzialisierung, auch als »Metaprozess« bezeichnet.[11] Die mit dem Mediatisierungsprozess zusammenhängenden Fragen sind auch nichts grundlegend Neues. Schon Harold Innis und Marshall McLuhan haben sich damit beschäftigt, wenn auch vor allem im Rahmen eher technisch basierter Überlegungen und auf der Suche nach einem Leitmedium jeder geschichtlichen Epoche.[12] Man darf zumindest heute jedoch nicht dabei stehen bleiben, Medienwandel nur als Entstehung einzelner Medien zu begreifen. Vielmehr besteht der aktuelle Medienwandel gerade darin, dass die früher schon vorhandenen Medien sich verändern, und gleichzeitig zahlreiche neue Medien und sogar neue Kommunikationsformen wie die sogenannte interaktive Kommunikation als Kommunikation mit Computern, etwa im Computerspiel, entstanden sind und entstehen. Die Gesamtheit der zu einem Zeitpunkt in einer Kultur und Gesellschaft vorhandenen und genutzten Medien wird in der Kommunikations- und Medienwissenschaft als »Mediensystem« bezeichnet.[13] Heute wandelt sich das gesamte Mediensystem mit seinen Zugangsbedingungen, Funktionen, Ästhetiken, sozialen Einbettungen, Inhalten und Nutzungsformen auf grundlegende Weise. Infolgedessen können die dadurch ausgelösten Mediatisierungsprozesse, also der damit zusammenhängende Wandel von Alltag, Kultur und Gesellschaft, nicht nur auf den Wandel einzelner Medien zurückgeführt werden.

Bevor wir uns im dritten Kapitel dieses Beitrags systematisch mit dem Metaprozess Mediatisierung beschäftigen, werden deshalb im zweiten Kapitel zunächst die zentrale medientheoretische Besonderheit des heutigen Wandels des Mediensystems herausgearbeitet, nämlich die Transformation dieses Mediensystems in eine zusammenhängende digitale computergestützte

---

10 Vgl. insbesondere Hörisch 2004, Bösch 2011.
11 Vgl. Krotz 2011.
12 Vgl. Innis 1951, Innis 2007 sowie McLuhan 1964, Krotz 2001.
13 Vgl. Kleinsteuber 2005.

Infrastruktur, die sich zum Zentrum aller symbolischen Operationen in der Gesellschaft entwickelt. Das vierte Kapitel wird dann einige Zusammenhänge darstellen, wie sich Medienwandel in einen Wandel von Alltag, Kultur und Gesellschaft transformiert, und daraus einige Überlegungen ableiten. Das fünfte Kapitel wird sich schließlich mit einem kritischen Ausblick auf diese Entwicklungen beschäftigen.

2. Die Entstehung einer computergesteuerten digitalen Infrastruktur für die symbolischen Operationen der Menschen

Nehmen wir als Ausgangsbeispiel das Medium Fotografie, das bekanntlich 1838 als Daguerreotypie und in der Folge als Negativfotografie auf die Welt kam und dann vor allem von der US-amerikanischen Firma Kodak zu einem den Massen zur Verfügung gestellten Medium der Bildproduktion weiter entwickelt wurde.[14] Sie war und ist ein sogenanntes skopisches Medium, das ebenso wie beispielsweise das Mikroskop oder das Fernsehen Einsichten erlaubte, die ohne ein derartiges Medium nicht möglich waren: Bei der Fotografie war es zum Beispiel die damals relevante Frage, ob ein galoppierendes Pferd zu jedem Zeitpunkt mindestens mit einem Huf auf der Erde ist – viele Künstler, darunter Albrecht Dürer, hatten Pferde im Galopp so gemalt. Aber mit geschickt angeordneten Fotoapparaten ließ sich erstmals zeigen, dass dem nicht so war; Pferde sind beim Galoppieren immer wieder ohne Bodenverbindung. Aus diesen und anderen Gründen war die Fotografie damals in vielerlei Gesellschaftskreisen immer wieder ein breit diskutiertes Thema, und mit der Frage, wie diese Bildlichkeit überhaupt zu verstehen war, haben sich neben Walter Benjamin bis heute viele Forscher beschäftigt. Eines der medientheoretischen Grundprobleme entstand daraus, dass man damit ein Bild sowohl als Abbild als auch als Ausdruck ästhetischer Vorstellungen konzipieren und damit der Wirklichkeit eine Interpretation hinzufügen kann: Jedes Bild ist so gesehen eine »Alternative zwischen Authentizität und Inszenierung, zwischen Reproduktion und Kunst«[15]. Die Vorstellung davon, was ein Bild ist, ändert sich nach Benjamin ja auch dadurch, dass man von jedem Negativ beliebig viele Abzüge machen und so nicht mehr von einem Original sprechen kann.[16]

---

14 Vgl. Hörisch 2004.
15 Faulstich 2004: 104.
16 Vgl. Benjamin 1977.

Wenn man Fotografie als Medium beschreiben will[17], muss man das in
mindestens vier Perspektiven beziehungsweise auf vier Ebenen tun und dabei
auch den Wandel auf jeder dieser vier Ebenen berücksichtigen:

(1.) Man muss die analoge Technik von Objektiv und Apparat bis zum
Film, der belichtet und dann entwickelt werden muss, darstellen, und auch,
dass man dann vom Negativ beliebig viele Abzüge machen konnte. Und
man muss die materiale und kommerzielle Organisation mit Fotoläden,
Fotolaboren, Distributions- und Verteilungswegen und so weiter in den
Blick nehmen.

(2.) Man muss die Institutionen und Normen in der Gesellschaft, die
mit dem Fotografieren zusammenhingen und -hängen, berücksichtigen,
beispielsweise wie die Verwendung von Rasterbildern den Journalismus,
die Zeitungen und die Politik veränderten, dass man Bilder fälschen konnte,
dass man Regeln für Pornografie oder über das Recht am eigenen Bild benö-
tigte. Es entstanden zudem auch spezifische Zeitschriften, die zusammen
mit Museen, Ausstellungen und Bildbänden eine künstlerische Fotokultur
entwickelten, indem sie ästhetische Normen propagierten.

(3.) Man muss die Art und Weise einbeziehen, wie der Fotoapparat als Mittel zur Produktion von Bildern benutzt wurde, also was als Motiv für welche
Zwecke abgebildet und kommuniziert wurde, und in welchen Formen und
Ästhetiken das geschah. In der prädigitalen Ära hat sich das Fotografieren,
neben den Praktiken der Künstler und der professionellen Fotografen,
meist auf Familien- und Urlaubsfotos beschränkt. Die vielfältigen anderen
Verwendungsweisen etwa in den Sozialwissenschaften, zur Dokumentation
oder für sonstige Zwecke wurden kaum genutzt.

(4.) Schließlich muss man auch über die Nutzung fotografischer Bilder
sprechen: Die meisten Menschen beschränkten sich darauf, Fotografien in
privat konstituierten Rahmen anzusehen, beispielsweise als ein Blättern
im Fotoalbum oder bei den beliebten Diaabenden; nur wenige Menschen
entwickelten darüber hinaus eigenständige Nutzungsformen.

Heute sind diese spezifischen Besonderheiten der Fotografie im Vergleich
zu den anderen Medien in allen Dimensionen verschwunden oder nur noch
eingeschränkt vorhanden. Im Verlauf des heutigen Medienwandels ist die
Fotografie in alle möglichen Geräte, insbesondere Handys und Smartphones
ausgewandert. Die Nutzung dieser Möglichkeiten ist heute eine jederzeit
präsente Selbstverständlichkeit. Zudem haben sich spezifische Dienste entwickelt, über die man Bilder – etwa mit WhatsApp oder Snapchat, Facebook
oder Twitter – ganz einfach an unterschiedliche Zielgruppen kommunizie-

---

17   Zu all diesen Einzelheiten vgl. Hörisch 2004, Faulstisch 2004.

ren oder im Netz, etwa in Instagram und Flickr, speichern, verwerten und zugänglich machen kann. Auch ist die Überarbeitung von Bildern mit entsprechender Software für alle möglich geworden. Durch all das hat sich auch die Art verändert, wie fotografierte Bilder genutzt werden. Nicht zuletzt macht die Verbreitung von Selfies deutlich, dass sich auch die Bildmotive geändert haben. Fotografieren verweist heute nicht mehr nur mittelbar auf den Fotografen, vielmehr wird das fotografierte Objekt zum Attribut des Selfiemachers.

Damit haben wir das Medium Fotografie als aus vier Ebenen bestehend beschrieben und gezeigt, wie sich jede dieser Ebenen durch den digitalen Schub bisher verändert hat. Diese Beschreibung gilt natürlich nur für das Medium Fotografie und durch diese seine Besonderheiten ist dieses Medium einzigartig. Aber entsprechende Beschreibungen auf den genannten vier Ebenen lassen sich für jedes analoge Medium in der prädigitalen Zeit machen. Ebenso ist jedes andere Medium in der Kombination seiner Ebenen einzigartig. Und ebenso wie die Fotografie verändert sich jedes Medium oder auch manchmal ganze Mediengruppen wie die Printmedien durch den digitalen Schub auf bestimmte Weise, und derartige Gruppen differenzieren sich im Medienwandel gleichzeitig aus.[18]

Strukturell war jedes dieser analogen Medien einerseits (1.) an spezifische Techniken und deren Organisation gebunden, das Radio an andere als das Fernsehen oder das Buch. Andererseits waren es (2.) für jedes Medium je spezifische soziale Institutionen und Normen, über die dieses Medium strukturell in die Gesellschaft eingebettet war. Bücher beispielsweise wurden in Bibliotheken gespeichert und der Umgang damit in der Schule gelehrt, Bilder dagegen in Museen, deren Besuch bezahlt werden musste und die man sich einfach ansehen konnte. Und komplementär zu dieser doppelten Strukturebene bestehen Medien ja immer auch aus situativen Inhalten, Produktions-, Vermittlungs- und Nutzungsweisen. Das heißt einerseits wurden (3.) die Kommunikate durch ganz spezifische thematisch und ästhetisch ausgerichtete Produktions- und Inszenierungsweisen hergestellt, manche vom einzelnen Schriftsteller und seinem Verlag, andere kollektiv in einer aufwendigen Filmproduktion. Und andererseits dient (4.) jedes Medium als ein ganz spezifischer, inhaltlicher, formaler und ästhetischer Erfahrungsraum für die, die es nutzen. Klar, dass jede dieser vier Ebenen im Sinne der Hegel'schen »Momente« auf die jeweils anderen verweist und erst das Ganze dann das jeweilige Medium ist.

---

18 Vgl. Krotz 2014b.

Medien lassen sich dementsprechend als Kommunikationspotenziale definieren, die strukturell und situativ durch ihre entsprechenden Formen bestimmt, also in allen vier Ebenen auf spezifische Weise präsent und zusammengehörig sind, wie es oben für die Fotografie deutlich gemacht wurde. Diese Definition gilt nicht nur für die sogenannten Massenmedien, die wie Foto und Film, Radio und Fernsehen, Print oder auch mit der Hand geschriebene Briefe den Herstellungsprozess von dem Rezeptionsprozess im Wesentlichen trennen, sondern auch für Medien der interpersonalen beziehungsweise der interaktiven Kommunikation zum Beispiel mit dem Tablet oder in Computerspielen.

Gegenüber den so beschriebenen prädigitalen Verhältnissen haben sich die Medien heute deutlich verändert. Die historische Einzigartigkeit jedes der früher existierenden analogen Medien auf jeder der vier Ebenen ist in den letzten Jahrzehnten zumindest teilweise verschwunden oder dabei zu verschwinden. Technisch bestehen alle heutigen digitalen Medien aus computergesteuerten Hardware/Software-Systemen, sind also an Computerprogramme gebunden und verwenden spezifische Eingangs- und Ausgangstechniken wie etwa digitale Mikrofone, Lautsprecher oder Bildschirme. In sozialer Hinsicht sind Medien heute mit wenigen Ausnahmen in kommerziell organisierten übergreifenden, computergesteuerten Netzen zusammengefasst beziehungsweise daran angebunden und werden entweder auf eigenständigen computergesteuerten Plattformen für sich oder manchmal als spezifische Serviceleistungen im Rahmen breiterer Kommunikationsangebote bei YouTube, Facebook, Google etc. präsentiert. Auch die thematischen und ästhetischen Formen und die Nutzungsformen haben sich zum Teil grundlegend verändert, zum Teil verändern sie sich derzeit noch. So werden Musik und Filme, zunehmend auch alle Arten von Printmedien nicht mehr auf materiellen Trägern gespeichert und vertrieben, sondern im Rahmen von Streamingdiensten angeboten. Medien aktueller Information verändern sich auch deswegen, weil sie von anderen, konkurrierenden Diensten umlagert sind – Blogs, Newsletter, Informationsdienste der sozialen Medien etc. In diesen anderen Kontexten verändern sich die Inhalte, die die Medien transportieren und die Funktionen, die sie für die Nutzer haben. Beispielsweise werden Fotos nicht mehr hauptsächlich in Fotoalben aufgehoben und meist nur im Familienkreis angesehen, sondern sie dienen der Selbstdarstellung auf Facebook und Instagram.

Parallel dazu haben sich auch die Geschäftsmodelle der mit diesen Medien befassten Unternehmen verändert, wie nicht nur der Wandel der Fotografie zeigt. Bekanntlich steuert Google beispielsweise auch die Informationen, die es wieder hergibt, weil Antworten auf Fragen personalisiert ausfallen. Das

Programm behauptet zu wissen, was die Nutzer wollen, zensiert aber schlicht, was es antwortet. Entsprechende Prozesse finden sich nicht nur bei Google. Insgesamt entsteht so im Rahmen der Digitalisierung eine von großen Unternehmen organisierte, computergesteuerte digitale Infrastruktur, die zunächst alle alten Medien verschluckt und in einer neuen Weise unter dem alten Namen wieder herstellt – in einer neuen Weise, weil diese Rekonstruktionen technisch, sozial, ökonomisch und von ihren Inhalten und Nutzungsformen her ganz anders funktionieren. Hinzu kommt die Vielzahl neuer computergesteuerter Medien, die sich nicht mehr wie die früheren analogen Medien über Inhalte an bestimmte Wahrnehmungsformen wenden, sondern eher versuchen, wie Facebook oder Google spezifische Handlungsweisen der Menschen wie etwa Beziehungsgestaltungen oder Informationssuche aufzugreifen, sie zu organisieren und das dann auszubeuten. Noch einträglicher ist es, zusätzlich die symbolischen Interaktionen auf allen möglichen anderen Feldern unter die eigene Obhut zu nehmen und die User so dauerhaft ans eigene Imperium zu binden. Facebook oder Google versuchen beispielsweise, Kunden mit Interesse an der Tagespolitik innerhalb ihrer Angebote zu halten, indem sie Presseerzeugnisse integrieren.

Medienwandel lässt sich dementsprechend nicht nur auf den Wandel alter und das Aufkommen neuer Medien beschränken. Eine Theorie des Wandels der Medien muss auch das Zusammenspiel der Medien berücksichtigen, ihre Konkurrenzen und Operationen, weil die aufkommende und sich entwickelnde computergesteuerte digitale Infrastruktur alle symbolischen Operationen integrieren will, über externe Sensoren und andere Hilfsmittel sogar die, die sich gar nicht mit Medien befassen, sondern einfach Daten übertragen und auswerten. Erst auf dieser Basis lässt sich dann die Frage nach der langfristigen Bedeutung dieser Prozesse für Alltag, Kultur und Gesellschaft der Menschen analysieren – das zentrale Thema der Mediatisierungsforschung, die nun im folgenden Abschnitt vorgestellt wird.

3. Das Konzept Mediatisierung

Der Mediatisierungsansatz fragt kurz gesagt nach dem Wandel von Alltag, Kultur und Gesellschaft und von allen menschlichen Lebensbereichen im Kontext des Wandels der Medien.[19] Dazu zunächst zwei Vorbemerkungen, bevor wir uns mit den Besonderheiten der Mediatisierungsforschung beschäftigen.

---

19 Für dieses Kapitel vgl. pauschal Lundby 2009, Lundby 2014, Krotz 2001, Krotz/Hepp 2012, Hepp/Krotz 2014, Krotz/Despotovic/Kruse 2014.

Zum einen beinhaltet die Formulierung »im Kontext des Wandels der Medien«, dass wir herausfinden müssen, wie der Wandel von Alltag, Kultur und Gesellschaft überhaupt zustande kommt. Wir können hier nicht von einer kausalen oder linearen Beziehung sprechen, denn die Medien selbst bewirken oder verursachen nichts. Es handelt sich letztlich um Techniken in ihrer kulturspezifischen sozialen Einbettung, und wenn die Menschen diese Medien nicht benutzen, verändert sich gar nichts. Wie sie sie aber gegebenenfalls benutzen, hängt sicherlich von den gesellschaftlichen und kulturellen Rahmenbedingungen ab, dann aber auch von ökonomischen, biografisschen und lebensweltlichen Bedingungen, von Nutzungsintentionen und davon, welche Vorstellungen sie davon haben, was man damit überhaupt machen kann und soll. Zwar haben auch die Herrscher über die Medien und deren Inhalte Vorstellungen, was damit zu geschehen habe, und versuchen darauf hinzuarbeiten, dass das auch so passiert. Aber was wirklich geschieht, ist davon weitgehend unabhängig. In den Industrieländern des Nordens geht der Medienwandel deshalb ganz anders vor sich als etwa in Afrika, wo es viel weniger analoge technische Infrastrukturen gab und gibt und das Mobiltelefon viel verbreiteter ist als das Internet. Und in den meisten islamischen Ländern bietet etwa das Massenmedium Fernsehen viel weniger Unterhaltung an als etwa in den USA. Die Menschen dort haben dementsprechend vermutlich ganz andere Vorstellungen von und Erwartungen an Medien und ganz andere Umgangsweisen damit. Ökonomische, historische, kulturelle Bedingungen müssen also berücksichtigt werden, wenn man wissen will, wie und wohin sich Mediatisierung in einem Land entwickelt, und natürlich spielen immer auch Unterschiede innerhalb der jeweiligen Gesellschaft eine Rolle. Bekanntlich hängt die Mediennutzung heute vom Geschlecht, vom Alter, den Vorerfahrungen, aber auch von Bildung, sozialer Stellung oder auch Klasse ab. Deswegen ist hier sehr viel differenzierte Forschung notwendig, die es längst noch nicht hinreichend gibt.

Die zweite Vorbemerkung bezieht sich auf den Begriff Mediatisierung. Der derzeitige aktuelle Wandel wird häufig einfach »Digitalisierung« genannt. Das ist aber ein Begriff, der sich auf die Form der Daten bezieht, die Medien heute verarbeiten, und der nicht so recht deutlich werden lässt, warum diese Veränderungen von heute so relevant sind, in Abhängigkeit wovon sie es sind und wohin die Reise weiter geht. Denn es ist nicht die Datenform, sondern es sind, wie im Folgenden gezeigt wird, die Computer und deren Vernetzung, die den aktuellen Wandel so grundlegend beeinflussen und so bedeutsam machen. Nur mit komplex programmierbaren Computern lässt sich all das machen, was uns heute an Kommunikationspotenzialen zur Verfügung steht. Deswegen sprechen wir von einer computergestützten, gelegentlich aber auch von einer computerkontrollierten digitalen Infrastruktur, weil die Komplexität der Software mittlerweile einen Grad erreicht hat, der deterministische Einzelabsichten der Programmierer kaum noch zulässt und wo es – beispielsweise bei sogenannten Big-Data-Anwendungen – kaum noch möglich ist zu rekonstruieren, wie und warum der Computer welche Entscheidung getroffen hat.

Ebenso ist es nicht hilfreich, wenn manche Wissenschaftler vom Aufkommen der Informations- oder Mediengesellschaft sprechen, in der wir heute leben oder demnächst leben werden. Denn von Mediengesellschaft oder Informationsgesellschaft konnte man schon vor 50 Jahren und kann man vermutlich noch in 100 Jahren sprechen – darunter fallen viele, eigentlich alle gesellschaftlichen Formationen. Insofern sind derartige Sprechweisen eher ungeeignet, die zeitgenössischen Zustände zu charakterisieren – eine Kritik, die auf den Begriff der Mediatisierung deswegen nicht passt, weil hier gleichzeitig der Wandel der Medien als auch das, was sich im Kontext dieses Wandels verändert, berücksichtigt wird. Damit kommen wir nun zu den Besonderheiten des Mediatisierungskonzepts und der Mediatisierungsforschung.

Erstens beschränkt sich das Mediatisierungskonzept gerade nicht darauf, den Wandel der Medien an sich zu untersuchen. Im Mittelpunkt steht vielmehr, wie sich dadurch das Leben der Menschen, ihr soziales und kommunikatives Handeln, ihr Alltag und ihr Konsum, ihr Aufwachsen und ihr Lernen etc. verändern. Das Konzept setzt folglich an den sozialen Verhältnissen und kulturellen Bedingungen und nicht primär an der Technik an.

Dabei ist es zunächst einmal hilfreich, verschiedene Begriffe voneinander zu unterscheiden[20]: Mit *medienvermittelter Kommunikation* bezeichnet man ein kommunikatives Handeln, das Medien benutzt, also mit anderen mittels Medien kommuniziert, sich mit einem Computerspiel beschäftigt oder Massenmedien wie Bücher oder Fernsehen rezipiert. Auf einer allgemeineren Stufe gibt es *medienbezogenes soziales Handeln:* Das kann medienvermittelte Kommunikation sein, es findet aber auch statt, wenn man am Mittagstisch über Medieninhalte spricht, sich auf etwas bezieht, was man von den Medien gehört oder gelernt oder damit etwas zu tun hat oder etwas in Zusammenhang mit oder wegen der Medien tut. Und es gibt schließlich *mediatisierte soziale und kulturelle Phänomene.* Damit gemeint sind Sachverhalte oder Prozesse, die man ohne Berücksichtigung der Medien nicht mehr verstehen kann: die Universität, das Aufwachsen der Kinder, die Politik, die Art und Weise, wie Familien heute funktionieren, die Kommunikation von Fangruppen etc. Offensichtlich berücksichtigt diese Sprechweise auch, dass es verschiedene

---

20 Vgl. Krotz 2014a.

Mediatisierungsschübe gegeben hat. Die Universität war bei ihrer Erfindung
im 13. Jahrhundert unserer Zeitrechnung vor allem eine Einrichtung der Vor-
lesungen und Dispute, wurde dann mit der Erfindung der Druckmaschine
im 15. und den darauf folgenden Jahrhunderten durch die Printmedien
mediatisiert, insofern akademisches Lernen ohne Bücher und Geschriebenes
undenkbar wurde. Danach gab es weitere kleinere Mediatisierungsschübe
und heute wieder einen großen durch den Computer, der für Internetrecherchen, E-Books, Facebook und Google, neue Lernformen, Online-Umfragen
und Wetteranalysen etc. benutzt wird. Mediatisierungsprozesse können dann
beispielsweise bedeuten, dass mehr medienvermittelte Kommunikation,
mehr medienbezogenes soziales Handeln und mehr mediatisierte soziale
und kulturelle Phänomene existieren. Hiermit werden wir uns im nächsten
Kapitel genauer beschäftigen.

Zweitens ist Mediatisierung ein Prozessbegriff und damit ein Konzept, das
sich für Prozesse interessiert. Das heißt zunächst einmal, dass wissenschaftliche Aussagen im Rahmen der Mediatisierungsforschung eigentlich immer
nur etwas darüber aussagen können, wie sich die Medien bisher entwickelt
haben. Aussagen über Mediatisierung sind deshalb letztlich immer Aussagen
über Prozesse und Entwicklungen. Zustände werden nur als vorübergehend
berücksichtigt. Infolgedessen müssen wir auch alle Objekte oder Gegenstände, mit denen wir uns beschäftigen, eigentlich als Prozesse, also in ihrem
Wandel und nicht als stabil verstehen, weil sie sich zumindest über ihre Kontexte verändern.[21] Auf einer Mikroebene gilt dies etwa für unsere konkreten
Kommunikationsformen und dementsprechend die darüber stattfindenden
sozialen Beziehungen, auf einer Mesoebene für Geschäftsmodelle und Organisationsformen sowie deren Ziele, innere Strukturen und ihren Umgang mit
Menschen sowie für ihre Relationen untereinander. Und auf der Makroebene
gilt es auch für die gesamte Politik, Wirtschaft, Demokratie und Gesellschaft:
Es geht nicht um Zustände, sondern um Prozesse.

Dabei muss auch berücksichtigt werden, dass es nicht *die* Mediatisierung[22]
gibt: Es gibt technische Entwicklungen und organisatorische Einbettungen,
aber wie das alles in der Gesellschaft stattfindet, funktioniert und sich weiter
entwickelt, ist das Ergebnis von Aushandlungen, etwa über Gesetze und
Normen, aber auch über die Frage, wie welches Medium organisiert wird
– zum Beispiel als Public-Service-Medium oder kommerziell ausgerichtet,
welche Werbe- und welche journalistischen Formen angemessen sind, ob

---

21 Selbst Beharrungsabsichten oder Widerstandsformen gegen Mediatisierungsprozesse müssen
    sich auf sich verändernde Verhältnisse einstellen.
22 Vgl. hierzu auch Krotz 2016.

es Netzneutralität und Privatheit gibt oder ob die großen Unternehmen bestimmen dürfen, wie wir mit den Medien zu leben haben. Mediatisierung, wie wir sie erleben, muss man sich also als Ergebnis individueller wie gesellschaftlicher Aushandlungsprozesse vorstellen und nicht als unveränderbares Schicksal. Es gibt folglich unterschiedliche Pfade der Mediatisierung. Hierauf werden wir noch eingehen.

Drittens muss Mediatisierungsforschung systematisch alle möglichen Kontexte berücksichtigen, in denen Veränderungen, um die es geht, relevant werden. Das kommunikative Handeln der Menschen erscheint als etwas recht Flüchtiges im Vergleich zu den harten und die Gesellschaft prägenden Strukturen der kapitalistischen Wirtschaft und Arbeit, sodass es manchmal schwerfällt, den Wandel von Medien und Kommunikation als etwas Bedeutsames und Einflussreiches anzusehen. Aber der Mensch ist nicht nur ein arbeitendes und seinen Körper reproduzierendes Wesen, sondern vor allem auch ein symbolisches Wesen, wie es Ernst Cassirer[23] auf den Punkt gebracht hat: Alles, was er erlebt und tut, hat einen symbolischen Charakter. Wir erleben nicht die Wirklichkeit, »wie sie ist«, sondern eine in unserem Denken und Handeln, Wahrnehmen und Äußern durch Symbole vermittelte und sicher zum Teil dadurch auch konstituierte Realität. Wie wir mit ihr umgehen, wie wir sie wahrnehmen und erleben, dies alles beruht auf gelernten, angeeigneten und damit veränderbaren Prozessen, so tief sie auch in uns verankert sind. Insofern dient Kommunikation der Koordination, aber sie ist auch die Grundlage des Wahrnehmens, Denkens und der Reflexion, des Präsentierens und Inszenierens, von Nähe und Distanz, sozialen Beziehungen und der Wirklichkeit. Von daher sind alle symbolischen Operationen der Menschen immer auch Interpretationen und so jeweils durch die herangezogenen Interpretationskontexte beeinflusst. Das gilt auch für den Medienwandel und dessen Wahrnehmung. Deswegen kann Mediatisierung auch nie nur für sich alleine und abgetrennt von allem anderen untersucht und theoretisiert werden. Im Hinblick auf Wandel beispielsweise muss Mediatisierung als ein sozialer Metaprozess gedacht werden, der auch im Zusammenhang mit anderen bedeutsamen Metaprozessen, etwa Globalisierung, Individualisierung, Kommerzialisierung, stattfindet.

Beispielsweise impliziert der Globalisierungsprozess, dass immer mehr, immer detailliertere und immer brauchbarere Information über immer mehr Länder, Wirtschafts- und Lebensbedingungen nachgefragt werden: Der Spekulant will wissen, wie es mit der Kaffeeernte in Guatemala steht, die einzelnen Menschen sammeln Informationen für ihre Urlaubsreisen oder

---

23   Vgl. hierzu Cassirer 1994.

für die Arbeitsmigration, die Ökonomie will Bescheid wissen über die wirtschaftlichen und organisatorischen Zusammenhänge in anderen Ländern, mit denen man Handel betreibt etc. [24] Dagegen wirkt sich Kommerzialisierung so aus, dass verlässliche und belastbare Informationen immer teurer und somit weniger leicht zugänglich werden. Selbst große Tageszeitungen wie die Frankfurter Allgemeine Zeitung betreiben nebenbei Datenbanken für die Wirtschaft, für deren Zugang man reichlich bezahlen muss. Ähnliche Beispiele lassen sich leicht finden, wenn man auch die Individualisierungsprozesse in den heutigen Gesellschaften als Entwicklungen betrachtet, die ein verändertes Informationsbedürfnis wie auch veränderte Geschäftsmodelle von Informationskonzernen bewirken. Wie sich etwas auf Mediatisierung auswirkt, ob es diesen Metaprozess vorantreibt oder behindert oder irrelevant dafür ist, muss dementsprechend von Fall zu Fall untersucht werden.[25]

Viertens schließlich folgt aus dem bisher Gesagten, dass Mediatisierungsforschung dreierlei Komponenten besitzen muss: aktuelle Forschung, historische Forschung und kritische Forschung:

Was die aktuelle Forschung angeht, so ist es die zentrale Frage, unter welchen Bedingungen in welchen Lebensbereichen sich welche sozialen Zusammenhänge im Kontext des Wandels der Medien wie verändern – wie sich beispielsweise Facebook in Beziehungen einmischt, Google die Wissenskultur und das Wissen verändert, in welchen Fällen und wofür »Augmented Reality« eine Rolle spielt oder wie die computergesteuerte Infrastruktur sich (mittelbar über Menschen und Institutionen) auf Politik, Demokratie und Partizipation auswirkt.

Ein gutes Beispiel für derartige Prozesse ist der fortlaufende Wandel von Familien mit Kindern im Kontext des Wandels des Computers: Ursprünglich kollidierte das neue Gerät in seiner Stand-alone-Form in den 1980er-Jahren mit dem Fernseher und wurde deshalb oft ins Schlafzimmer der Eltern ausgelagert. Der meist männliche Haushaltsvorstand gab dafür sogar die Kontrolle über die Fernsehfernbedienung frei. Mit Festplatte, Ton und Farbe wurde der PC dann zum Objekt des Begehrens der Kinder, die damit spielen wollten. Sozial entstanden daraus etwa Autoritätsprobleme, Probleme der Kontrolle durch die Eltern sowie eine Konkurrenz der Generationen, wer vorrangig Zugriff hatte. In seiner zeitlich nächsten Form als Handy beziehungsweise als Computer mit Internetanschluss wurde die Familienkommunikation zwar für alle anders, aber gleichzeitig wurde durch diese neuen Medien auch der Zusammenhalt und der familiäre Raum aufgebrochen oder zumindest infrage

---

24 Vgl. hierzu auch Krotz 2001: 213–264.
25 Vgl. hierzu Krotz 2001, Krotz 2007.

gestellt. Zum Streitpunkt wurde bekanntlich oft die Frage, ob beim Essen das Handy ausgeschaltet oder ignoriert werden musste. Der PC in der dann folgenden Form als Zugang zur sogenannten sozialen Software führte zu einer weiteren Diversifizierung von Handlungs- und Beziehungsorientierungen der Familienmitglieder, und als Smartphone mit weiteren angeschlossenen Geräten wurde der Computer schließlich zum individualisierten alltäglichen Begleiter der einzelnen Familienmitglieder, sodass, was Medien angeht, nur noch gelegentliche oder aber gezielt hergestellte Kommunikationsgelegenheiten innerhalb der Familie zur Verfügung standen. Die Entwicklungsgeschichte ist damit zweifelsohne noch nicht beendet.

Die Analyse aktueller Kommunikationsformen machte schnell deutlich, dass der Mediatisierungsansatz auch historischer Forschung bedarf. Dies aus viererlei Gründen. Zum einen, weil der heutige Mediatisierungsschub ohne Zweifel nicht der erste ist – man denke hier nur an den Jahrhunderte dauernden Wandel durch die Erfindung der Schrift oder die Druckerpresse in Europa. Zum Zweiten, weil der Medienwandel von heute frühere Entwicklungen voraussetzt: Eine differenzierte Nutzung des Internets heute verlangt ja (zumindest bisher), dass die Menschen lesen können. Zum Dritten, weil, wie oben schon angemerkt, Medien und Medienentwicklungen schon immer die Menschheit begleiten und Mediatisierung so in ihrem inneren Zusammenhang verstanden werden muss – wir sprechen ja deshalb vom Metaprozess Mediatisierung. Zum Vierten schließlich auch aus einem ganz pragmatischen Grund: Weil wir von der Vergangenheit lernen können. Beispielsweise wurde das Radio im Ersten Weltkrieg zur Kriegsführung benutzt, spielte danach in Deutschland aber ein kurzes Jahrzehnt lang eine zum Teil auch emanzipatorische Rolle, etwa, als die Matrosen der deutschen Flotte darüber zur Revolution aufriefen und sich später die Gewerkschaften um einen eigenen Sender bemühten (den sie aber in Deutschland nie erhielten). Am Ende aber war das Radio gezähmt, in Programmschemata und -abläufe eingeteilt und funktionierte als Staatsrundfunk, der dann problemlos von den Nazis übernommen werden konnte.[26]

Schließlich brauchen wir auch eine kritische Mediatisierungsforschung, die sich der Frage widmet, wer über die derzeitigen Entwicklungen bestimmt und mit welchem Recht. Denn die Entwicklungen betreffen unser aller Leben auf fundamentale Weise, jedenfalls langfristig, und sind auch für grundlegende zivilgesellschaftliche Entscheidungen relevant: Wie Bildung aussieht, was Kinder lernen müssen, wie journalistisch brauchbare Berichterstattung

---

26 Vgl. hierzu auch Dahl 1983.

zustande kommen kann, damit die Menschen wissen, worüber sie diskutieren und was sie wählen können und so weiter. Wenden wir uns deshalb nun zunächst der Frage zu, wie Mediatisierungsprozesse genau zustande kommen. Im Anschluss daran werden einige grundlegende Erkenntnisse vorgestellt, die sich aus dem Mediatisierungsansatz empirisch beziehungsweise theoretisch ableiten lassen.

4. Ergebnisse der Forschung: Wie Mediatisierung funktioniert und wie sich Alltag, Kommunikation und Handeln der Menschen verändern

Hier geht es also zunächst um die Frage, wie sozialer Wandel im Kontext des Medienwandels theoretisch konzipiert und empirisch rekonstruiert werden kann. Dazu bietet es sich an, das oben entworfene Medienkonzept aus vier Ebenen heranzuziehen, um vier Arten von unterschiedlichen Zusammenhängen abzuleiten[27], wie die Nutzung neuer beziehungsweise veränderter Medien für soziale Lebensbedingungen relevant werden kann:

(1.) Wenn neue Institutionen entstehen, die neue Medien betreiben beziehungsweise deren gesellschaftliche Rolle formen, so ändert sich das institutionelle Machtgefüge – beispielsweise hat dies in einer Demokratie Einfluss auf die Politik.[28]

(2.) Wenn neue Techniken neue Kommunikationspotenziale zur Verfügung stellen, wie dies beispielsweise mit dem Mobiltelefon, Blogs und E-Mails der Fall war, kann dies Informationsverhalten, soziale Beziehungen und anderes verändern.[29]

(3.) Wenn die von Medien verbreiteten Kommunikate inhaltlich, formal oder ästhetisch neu im Sinne von anders als früher sind, wie das etwa bei dem Entstehen des 3-D-Fernsehens oder bei der Verwendung von Satellitenkommunikation für die politische Berichterstattung im Fernsehen der Fall war, so kann dies zum Wandel von Alltag, Kultur und Gesellschaft beitragen,

---

27 Es muss hier betont werden, dass es auch Einflüsse aus der Transformation von Medien auf das Zusammenleben der Menschen gibt, die nicht so direkt an die Ebenen beziehungsweise Momente von Medien gebunden sind. Beispielsweise können Staaten Zensur einführen oder abschaffen, sie können im Hinblick auf Schriftmedien mehr oder weniger die gesamte Bevölkerung alphabetisieren wie in Mitteleuropa im 19. Jahrhundert etc. Dies kann hier nicht weiter vorgestellt werden. Zu verweisen ist hier auch auf die Idee einer reflexiven Mediatisierung (vgl. Krotz/Hepp 2012).

28 Vgl. hierzu allgemein Lundby 2009, Lundby 2014.

29 Vgl. hierzu auch Röser/Peil 2014 sowie Wagner/Gebel 2014.

beispielsweise im Falle von Politik als Partizipation oder dadurch, dass sich Wissen verändert.[30]

(4.) Wenn Menschen in von neuen Medien aufgespannten Erfahrungsräumen neue Erfahrungen machen oder anderes Wissen erwerben, etwa über Praktiken in anderen Kulturen, die die früher einsozialisierten Praktiken und Wissensbestände infrage stellen, so kann dies Konsequenzen für ihr soziales Handeln, ihre Bedürfnisse und Interessen haben.[31]

Im Rahmen der in diesem Band unter anderem vertretenen Beiträge des DFG-Schwerpunktprogramms »Mediatisierte Welten« wurde die Idee entwickelt und erprobt, für solche konkret medienbezogenen Veränderungen auf das im Symbolischen Interaktionismus vor allem von Anselm Strauss entwickelte Konzept der »Sozialen Welt« als konzeptionelle Einheit von Veränderung zurückzugreifen.[32] Diese sind als »a set of common or joint activities or concerns bound together by a network of communication«[33] definiert, bezeichnen also einen thematisch umrissenen Bereich kommunikativen Handelns und sind so auch eine Verallgemeinerung des Publikumsbegriffs.[34] Als soziale Welten lassen sich der Arbeitsplatz und die Familie, die Schulklasse und die Peergroup, Fankulturen und Pokerrunden, Sportstudios, Hobbygruppen und allgemein situative und übersituative Kommunikationsgemeinschaften begreifen.

Dieses Konzept eignet sich dazu, sozialen und kulturellen Wandel im Kontext des Medienwandels zu beschreiben. Denn wie empirische Untersuchungen zeigen, benutzen Menschen Medien im Hinblick auf bestimmte Themen, Intentionen, Absichten und Fragestellungen und lernen sie auch in bestimmten Lebensbereichen kennen.[35] Das kann die Familie oder der Arbeitsbereich sein, das kann in institutionellen Zusammenhängen oder unorganisiert und privat geschehen. Und wenn sich ein solches Kennenlernen als hilfreich erweist, kann ein solches Medium auch für andere Zwecke erprobt und benutzt werden. In Arbeits- und Lernverhältnissen können solche neuen Nutzungsformen natürlich auch erzwungen sein. Ein neues Medium wird also nicht für alles auf einmal verwendet und auch nicht von allen Menschen gleichzeitig ausprobiert, vielmehr finden hier individuelle, in bestimmten Lebensbereichen angesiedelte Erprobungsprozesse in unterschiedlichen Nutzungsformen statt. In solchen sozialen Welten entwi-

---

30 Vgl. hierzu beispielsweise Thimm in diesem Band.
31 Vgl. hierzu etwa Grenz/Möll/Reichertz 2014.
32 Vgl. hierzu Strauss 1978, Strübing 2007, Krotz 2014b.
33 Strauss 1984: 135.
34 Vgl. hierzu Krotz 2014a, Krotz 2014b.
35 Vgl. hierzu Bakardijeva 2005, Röser/Peil 2014, Krotz 2014a.

ckeln sich dann neben Face-to-Face-Kommunikation spezifische Formen
medienvermittelter sowie medienbezogener Kommunikation, die aber die
Face-to-Face-Kommunikation in der Regel nicht verdrängen, sondern ergänzen und verändern. Man kann dann gegebenenfalls von einer mediatisierten
sozialen Welt sprechen, wie oben bereits erläutert, wenn das Geschehen in
dieser sozialen Welt ohne Berücksichtigung der Medien nicht mehr adäquat
verstanden werden kann.

Ein gutes Beispiel für eine mediatisierte soziale Welt von heute ist beispielsweise die Welt des professionellen Sports, etwa eines Fußballvereins.[36]
Dort wird nicht nur mit allen möglichen Medien kommuniziert, sondern das
gesamte Geschehen bezieht sich insbesondere auf Zeitungen, Zeitschriften
und das Fernsehen sowie natürlich heute das Internet, insofern etwa Einkommen und Image eines Fußballklubs davon abhängen, Fußballspieler darüber
zu Stars gemacht oder als Stars abgesetzt werden können und Medien bei
allem Geschehen besonders bevorzugt werden: Medien sind hier unverzicht-
bar und in jeder Hinsicht dominant. Die in diesem Band unter anderem
vorgestellten Beiträge aus dem DFG-Schwerpunktprogramm »Mediatisierte
Welten« haben eine Reihe von Prozessen dieser Art untersucht und werden
darüber differenzierte Ergebnisse vorstellen.

Grundsätzlich lassen sich Mediatisierungsprozesse in der Geschichte der
Menschheit als Ausdifferenzierung von Medien und von Kommunikation
beschreiben. Dabei sind die Nachfolger der früher Massenmedien genannten
Medien, die genauer »allgemein adressierte Medien mit standardisierten
Inhalten in vorgegebenen Formen« genannt werden sollten, nach wie vor
wichtig, sie haben aber ihre bisherige Alleinstellung verloren, insofern sie
in völlig neue Kontexte transformiert worden sind, wie mit der Entstehung
einer computergesteuerten digitalen Infrastruktur beschrieben wird.

Im Rest dieses Teilkapitels werden vor diesem Hintergrund nun fünf
allgemeine charakteristische Einsichten der Mediatisierungsforschung kurz
umrissen.

(1.) Nach der Mediatisierung per Computer und Internet ist der derzeitige
Mediatisierungsschub vor allem auf die Situationen gerichtet, in denen Menschen handeln und kommunizieren.[37] Dafür ist das Smartphone gedacht, und
dafür stehen viele Apps, etwa die medizinischen zur Selbststeuerung oder
die Apps für Verfahren der »Augmented Reality«, zur Verfügung, aber auch
die an das Smartphone angeschlossenen Zusatzgeräte von den Ohrhörern
bis zur Google-Brille. Für Unternehmen und Geheimdienste ist dies auch

---

36 Vgl. Krotz 2014b.
37 Vgl. hierzu Krotz 2014a.

deswegen interessant, weil so situative Handlungen von außen katalogisiert, überprüft und beeinflusst werden können – etwa, wenn Autoversicherer oder Krankenkassen richtiges Verhalten mit Prämienrabatten belohnen. Die These hier ist, dass die computergesteuerten Medien zum Teil des menschlichen Körpers und des vom Menschen darum herum beanspruchten Körperraums werden, wie ihn Edward Hall[38] beschrieben hat: Es entsteht eine stets an die Netze angeschlossene »Augmented Personality«, also eine vergrößerte kommunikative Persönlichkeit, die nicht mehr nur an den Körper gebunden sein muss, sondern zum Teil auch im Netz lebt.

(2.) Deutlichstes Kennzeichen des auf die Entstehung einer digitalen Infrastruktur zurückgehenden Wandels sozialer Lebensformen ist ihre ständige potenzielle Verbundenheit mit anderen, also eine zunehmende und radikale Verdichtung von Vergemeinschaftung beziehungsweise Vergesellschaftung. Im Vergleich zu früheren Kommunikationsbedingungen kann von einer Vervielfältigung von Kontakten sowie der Kommunikationen ausgegangen werden, durch die manche Beziehungen wie beispielsweise die gut erreichbaren bevorzugt und andere, etwa schwieriger erreichbare, benachteiligt werden. Zudem verfügen immer mehr Menschen über eine wachsende Vielfalt situativer, manchmal aber auch situationsübergreifender Präsentationsformen, etwa gewählte Kunstnamen, E-Mail-Adressen und Identitätsbausteine oder konstruierte Avatare, die das Individuum als handelndes Wesen im Netz darstellen. Das Individuum entfaltet sich so im Netz. Die daraus ableitbare These ist folglich, dass die zunehmend über ihre Teilhabe an der computergesteuerten digitalen Infrastruktur vergesellschafteten Individuen das Netz immer weitergehend zu ihrem Lebensraum machen.[39] Dabei löst sich die Person zunehmend in attributive Daten auf – dies ist deshalb auch ein Beitrag zum Individualisierungsprozess.

(3.) Die Vergemeinschaftungsformen im Internet sind mittlerweile entweder durchkommerzialisiert oder sie werden gerade durchkommerzialisiert und darüber auch überwacht. Die Behauptung, dass dazu nur vorhandene Datenspuren eingesammelt werden, ist aber eine der verharmlosenden Lügen. Richtig ist, dass Aktivitäten der Nutzer systematisch angeregt, beobachtet und registriert werden, dass die Apps so programmiert wurden, dass möglichst viele Spuren entstehen, und dass eine Vielzahl von Computerprogrammen entwickelt wurde, die diese Spuren einsammeln. Die These hier ist, dass langfristig nur eine radikale Dezentrierung und Begrenzung der Funktionen von Hardware/Software-Systemen wie Google und Facebook

---

38 Vgl. Hall 1959.
39 Vgl. hierzu etwa Krotz/Schulz 2014.

und ähnlicher Internetgiganten und Geheimdiensten etc. den Menschen eine
wenigstens teilweise Privatsphäre belassen wird, was allerdings wohl kaum
durch freundliche Gespräche und Empfehlungen durchsetzbar sein wird.

(4.) Bei den Jugendlichen von heute wird ein sich wandelndes Informationsverhalten deutlich: »Sich informieren bedeutet für 77 Prozent der
Jugendlichen vor allem, ihre Anliegen und Fragen in Suchmaschinen zu
formulieren (Mädchen: 74 %, Jungen: 80 %).«[40] Ein derartiges situatives
Informationsverhalten ist in informationsreichen Gesellschaften zwar
zweckmäßig und effektiv, wirft aber umgekehrt in einer auf Basis von
unkontrollierten Interessen geleiteten Medienangeboten sofort die Frage auf,
wie man in einer konkreten Situation zugelieferte Informationen überprüfen
und beurteilen kann.[41] Langfristig wird auch das Internet der Dinge, das aus
mit am Computer angeschlossenen Sensoren und sogenannten Aktanten, die
etwas in der Offline-Realität auslösen, funktioniert, sowie interaktive Kommunikation mit Robotern, wie beispielsweise mit Siri auf Apple Computern,
Tablets und iPhones von wachsender Bedeutung sein: Deren Simulation von
sinngeleiteten Sätzen funktioniert auf der Basis von schnellen Auswertungen ungeheurer digitaler Datenmengen und findet dementsprechend in der
Cloud statt und kann dort als Datum verwertet werden. Eine These[42] hier
kann lauten: Es ist eine zutiefst menschliche Aktivität, Erleben zu reflektieren und es dadurch in Erfahrungen umzuwandeln, aus denen sich neue
oder verbesserte Handlungsweisen und neue Handlungsoptionen ergeben.
Die computergesteuerte Infrastruktur verändert diese Reflexion, insofern sie
dazu anregt, sie im Zusammenhang mit anderen, also in einer präsentativen
Form zu machen, indem man etwa ein Selfie oder einen Bericht postet und
dann abwartet, was man zurückbekommt.

(5.) Medien tragen zum Wandel des Subjekts bei, insofern sie Habitus
und Sozialcharakter der zeitgenössischen menschlichen Akteure verändern.
Der von Theodor W. Adorno als autoritär bezeichnete, von Erich Fromm
kapitalistisch und durch Furcht vor der Freiheit geprägt genannte, von
David Riesman als außengeleitet konzipierte und von Thomas Ziehe sowie
Christopher Lash als narzisstisch beschriebene menschliche Sozialcharakter
einer Epoche hat schon immer die Bedeutung der jeweiligen Medien zu
berücksichtigen versucht, ebenso der von Pierre Bourdieu geprägte klassen-
beziehungsweise ko-kulturbezogene Begriff des Habitus.[43] Dahinter steht,

40 Kutteroff et al. 2009: 35.
41 Vgl. Krotz 2012 mit weiteren Literaturangaben.
42 Vgl. Krotz 2014, Krotz 2014a, Krotz 2014b.
43 Vgl. Adorno et al. 1950, Fromm 1942, Riesman/Denney/Gazer 1961, Ziehe 1975, Lash 1979
    sowie Bourdieu 1987.

dass nicht nur Lesen und Schreiben als wesentliche Kulturtechniken, sondern auch Sehen, Hören und Riechen, also alle Wahrnehmungsweisen, erlernt und als Gewohnheiten in Körper und Handlungsweisen integriert sind. Diese Gewohnheiten, Wahrnehmungs- und Handlungsweisen sind damit insbesondere auch an konkrete sich wiederholende Situationen, typische soziale Biografien, spezifisch ausgeprägte Lebenswelten und soziale beziehungsweise kulturelle Strukturen gebunden, zudem an die wesentlichen Sozialisationsinstanzen, die aber wie Familie, Peergroups und Schule beziehungsweise Arbeit ihrerseits heute ebenfalls mediatisiert sind. Hier lässt sich die These[44] formulieren, dass früher der Alltag stabil und die Medien ein ihn belebendes Element waren, genau dieser Alltag aber heute in zahllose verschiedenen sozialen Welten zerfällt, die in der Perspektive der Individuen zunehmend nur noch durch die in allen sozialen Welten prinzipiell verwendbaren Medien zusammen gehalten werden. Medien dienen so nicht mehr dazu, die Welt zu verstehen, sondern der erlebte Alltag und die wahrgenommene Welt werden auf die medialen Angebote und das Wissen daraus bezogen.

5. Kritik und Ausblick

Abschließend an diese Beschreibungen drei Anmerkungen.

(1.) Medien beinhalten immer Chancen und Risiken. Das heißt, dass man die Entwicklungen nicht von vorneherein ablehnen sollte. Gleichwohl ist es aber dringend notwendig danach zu fragen: Chancen für wen? Risiken für wen? Und wer entscheidet das? Dabei ist es wichtig, sich klarzumachen, dass es keinen naturwüchsigen oder gottgegebenen Pfad von Mediatisierungsentwicklungen in einer vorgegebenen Kultur und Gesellschaft gibt. Stattdessen muss von verschiedenen Interessen und damit von daraus resultierenden unterschiedlichen Pfaden der Mediatisierung ausgegangen werden – beispielsweise, ob die Netze im Sinne einer Netzneutralität und zugunsten einer Sicherung von Privatheit organisiert sind, oder aber, ob die sogenannten Internetgiganten und Geheimdienste tun können, was sie wollen. Bisher haben Technik und Kommerzialisierung die Entwicklungen bestimmt, zusammen mit den Verwaltungsinteressen der Staaten, obwohl es in Demokratien eigentlich um Aushandlungsprozesse geht, an denen die Zivilgesellschaft relevant und prominent beteiligt sein sollte. Denn die Entscheidung, ob die Entwicklungen von heute zur Selbstverwirklichung der Menschen und zur Demokratisierung der Gesellschaft beitragen oder ob sie als gigantisches Experiment auch in

---

44 Vgl. Krotz 2014b.

üble Verhältnisse führen können, kann weder dem Staat noch der Ökonomie und der Technik überlassen bleiben. Die sich ankündigende zukünftige Entwicklung der Erwerbsarbeit macht die damit verbundenen Probleme ganz deutlich: Sie wird in der vorhandenen Form weitgehend verschwinden, was für viele Menschen gut ist, weil sich ihnen andere Möglichkeiten erschließen werden, aber das wird nur dann Sinn machen, wenn diese Menschen, also wir alle, dann nicht als überflüssig ausgegrenzt oder als aktive soziale und ökonomische Subjekte vernichtet werden.

(2.) Als zentraler Kern der entstehenden digitalen Infrastruktur sind, wie bereits oben begründet, die Computer zu nennen, ohne die diese Datenmengen nicht kontrolliert und zugeordnet, nicht sortiert und ausgewertet, nicht sinnvoll gespeichert und nicht wieder aufgefunden und somit nicht verwertet werden können. Natürlich können Computer heute immer nur das, was ihnen ihre Software vorgibt beziehungsweise ermöglicht. Software ist aber prinzipiell akkumulativ angelegt, wie die Modulbauweise von Computerprogrammen zeigt. Das heißt, Programme können immer miteinander verbunden werden und ermöglichen so Computern langfristig die Bearbeitung immer komplexerer Aufgaben. Wie etwa selbstfahrende Autos zeigen, werden sie auch zunehmend Entscheidungen treffen. Computersoftware wird im Rahmen dieser Entwicklungen immer komplexer, sodass Entscheidungen nicht mehr vom Programmierer deterministisch vorgegeben werden können, sondern in komplexen Rechenprozessen getroffen werden, die vielfach etwa bei Big-Data-Berechnungen auch kaum noch von Menschen nachvollziehbar sind.

Die ethischen Fähigkeiten von Computern bleiben dabei ausgesprochen zweifelhaft. Dass dabei die Menschen in die Computernetze quasi eingearbeitet werden können, zeigt sich bereits heute, wenn User sich so intensiv auf die Potenziale von Social Software einlassen, dass sie zu nichts anders mehr kommen. Dabei spielen auch die Bemühungen etwa von Amazon, Facebook und Google eine Rolle, Daten in personalisierter Form zu offerieren, also selektiv auf die einzelnen Individuen zuzuschneiden, was natürlich Tür und Tor für das öffnet, was man früher als Manipulation bezeichnet hat. War das Wissen der Menschheit früher in Bildern, Schrift und Sprache aufgehoben und darüber auch für Menschen prinzipiell direkt zugänglich, so ist es das jetzt nur noch für Computer, für die die Daten codiert und organisiert sind. Diese geben das Wissen, das sie jetzt schon verwalten, nur noch personalisiert frei, das heißt teilen es zu. Die Traditionen und das Wissen der Menschen wird den Menschen selbst so mindestens fremder, ihr darauf bezogenes Denken von Computern abhängig. Hinzu kommt, dass die digitale computergestützte Infrastruktur – die man unter diesen Bedingungen auch als computerkontrollierte Infrastruktur bezeichnen könnte – zwar prinzipiell partizipatives kommunikatives Handeln ermöglicht, die Menschen so aber auch in endlose kommunikative Aktivitäten verwickeln kann, dass für anderes kein Platz mehr ist.

(3.) Das abendländische autonome Individuum erweitert im Rahmen der Entstehung der computerkontrollierten Infrastruktur für symbolische Operationen zweifelsohne sein Ich, macht es gleichzeitig durchlässiger und bettet es auf neue Weise in die Gesellschaft ein. Es integriert sich medial vernetzt in einer neuen, partialisierten und von allen konkreten Bezügen abgegrenzten Weise, macht sich aber gleichzeitig auch von der gewählten oder so erreichten Umwelt abhängiger, insofern immer mehr und immer wesentlichere Handlungsweisen an diese medialen Einbettungen gebunden sind. Der Wandel des Subjekts als kommunikativ vermittelte Psychogenese erscheint dann unter anderem auch als eine Internalisierung von Regeln vor allem über Hardware/Software-Systeme im Rahmen einer Soziogenese, in deren Verlauf den Menschen der Zugang zu ihren Wurzeln entzogen wird. In diesem Rahmen findet soziale Integration nicht mehr wie früher auf der Basis von gleichartigem Tun und gleichartigen Erfahrungen statt, sondern auf der Basis der Kommunikationsfähigkeit der Individuen und damit auch in Abhängigkeit von ihrer Kommunikationsbereitschaft. Zumindest ihre Kommunikationsfähigkeit wird aber in einem hegemonialen technischen Rahmen darauf reduziert, innerhalb einer vorgegebenen Infrastruktur zu kommunizieren und sich anderer Fähigkeiten zu entwöhnen. Zur Kommunikationsbereitschaft trägt das wohl nicht bei.

Der Aufbruch in neue Welten muss aber nicht so enden, sondern kann auch zu einem Aufbruch zu einem neu sozialisierten Individuum in einer technisch anderen, gleichwohl materiell und symbolisch offeneren, einer transparenten und gerechteren Welt führen. Die derzeitigen Treiber der Entwicklung, die Technik und die Ökonomie, verwandeln die digitalen Netze zwar in gigantische Marktplätze, vom Staat, seinen Drohnen- und Cyberkriegen einmal abgesehen. Entscheiden muss aber die Zivilgesellschaft, in einer Situation schneller und folgenreicher Entwicklungen wie heute auch auf der Basis historisch gestützter Einsichten. Dazu kann der Mediatisierungsansatz beitragen, um die Netze als Raum zivilgesellschaftlich akzeptierter und demokratisch orientierter Selbstverwirklichungsformen zurückzuerobern.

Abstract

The paper serves as an introduction into the mediatization approach. The first part explains the use of the concept mediatization and explains that with some examples of media and its role in the predigital time. The second part is concerned with the general concept of media change: today we live in the time of an upcoming computercontrolled digital infrastructure, which is relevant for more and more symbolic operations of the people. The third part then introduces Mediatization as a concept which intends to describe changes in everyday life, culture and society in the context of the transformation of media. Part four then explains some deeper going results of mediatization research. Finally, the fifth part is concerned with some critical questions: media are relevant for the whole life of the people, including their chances for self realization and the democratic forms of living together. But today, media development takes place under the rules of huge enterprises like Facebook and Google, which thus decide about the human future. This cannot be the case – it is the civil society which must decide.

Literatur

Adorno, Theodor W. / Frenkel-Brunswik, Elisabet / Levinson, Daniel / Sanford, Richard (1950): The Authorian Personality, New York.

Bakardjieva, Maria (2005): Internet Society: The Internet in Everyday Life, London.

Benjamin, Walter (1977): Das Kunstwerk im Zeitalter seiner technischen Reproduktion, Frankfurt/M.

Bösch, Frank (2011): Mediengeschichte, Frankfurt/New York.

Bourdieu, Pierre (1987): Die feinen Unterschiede. Kritik der gesellschaftlichen Urteils-kraft, Frankfurt/M.

Cassirer, Ernst (1994): Wesen und Wirkung des Symbolbegriffs, Darmstadt.

Childe, V. Gordon (1970): Soziale Evolution, Frankfurt/M.

Dahl, Peter (1983): Radio. Sozialgeschichte des Rundfunks für Sender und Empfänger, Reinbek bei Hamburg.

Faulstich, Werner (2004): Medienwissenschaft, Paderborn.

Fromm, Erich (1942): Character and Social Process. An Appendix to Fear of Freedom (1942) (online unter: www.marxists.org/archive/fromm/works/1942/character.htm – letzter Zugriff: 06.02.2018).

Grenz, Tilo / Möll, Gerd / Reichertz, Jo (2014): Zur Strukturierung von Mediatisierungs-prozessen, in: Friedrich Krotz / Cathrin Despotovic / Merle-Marie Kruse (Hg.), Die Mediatisierung sozialer Welten. Synergien empirischer Forschung, Wiesbaden, S. 73–92.

Hall, Edward T. (1959): The Silent Language, Greenwich.

Hepp, Andreas / Krotz, Friedrich (2014): Mediatized Worlds. Culture and Society in a Media Age, Basingstoke.

Hörisch, Jochen (2004): Eine Geschichte der Medien, Frankfurt/M.

Innis, Harold A. (1951): The Bias of Communication, Toronto.

Innis, Harold A. (2007): Empire and Communications, Lanham.

Kleinsteuber, Hans (2005): Mediensysteme, in: Siegfried Weischenberg / Hans Kleinsteuber / Bernhard Pörksen (Hg.), Handbuch Journalismus und Medien, Konstanz, S. 275–280.

Krotz, Friedrich (1995): Elektronisch mediatisierte Kommunikation, in: Rundfunk und Fernsehen 43 (4/1995), S. 445–462.

Krotz, Friedrich (2001): Die Mediatisierung kommunikativen Handelns. Wie sich Alltag und soziale Beziehungen, Kultur und Gesellschaft durch die Medien wandeln, Opladen.

Krotz, Friedrich (2007): Mediatisierung. Fallstudien zum Wandel von Kommunikation, Opladen.

Krotz, Friedrich (2011): Mediatisierung als Metaprozess, in: Jörg Hagenah / Heiner Meulemann (Hg.), Mediatisierung der Gesellschaft?, Münster, S. 19–41.

Krotz, Friedrich (2012): Von der Entdeckung der Zentralperspektive zur Augmented Reality. Wie Mediatisierung funktioniert, in: Friedrich Krotz / Andreas Hepp (Hg.), Mediatisierte Welten. Forschungsfelder und Beschreibungsansätze, Wiesbaden, S. 27–58.

Krotz, Friedrich (2014a): Die Mediatisierung von Situationen und weitere Herausforderungen für die kommunikationswissenschaftliche Forschung, in: Medienjournal 38 (4/2014), S. 5–20.

Krotz, Friedrich (2014b): Einleitung. Projektübergreifende Konzepte und theoretische Bezüge der Untersuchung mediatisierter Welten, in: Friedrich Krotz / Cathrin Despotovic / Merle-Marie Kruse (Hg.), Die Mediatisierung sozialer Welten. Synergien empirischer Forschung, Wiesbaden, S. 7–32.

Krotz, Friedrich (2016): Pfade des Mediatisierungsprozesses. Plädoyer für einen Wandel, in: Michaela Pfadenhauer / Tilo Grenz (Hg.), De-Mediatisierung. Diskontinuitäten, Non-Linearitäten und Ambivalenzen im Mediatisierungsprozess, Wiesbaden, S. 27–44.

Krotz, Friedrich / Despotovic, Cathrin / Kruse, Merle-Marie (Hg.) (2014): Die Mediatisierung sozialer Welten. Synergien empirischer Forschung, Wiesbaden.

Krotz, Friedrich / Hepp, Andreas (Hg.) (2012): Mediatisierte Welten. Forschungsfelder und Beschreibungsansätze, Wiesbaden.

Krotz, Friedrich / Schulz, Iren (2014): Jugendkulturen im Zeitalter der Mediatisierung, in: Kai-Uwe Hugger (Hg.), Digitale Jugendkulturen, 2. Aufl., Wiesbaden, S. 11–28.

Lasch, Christopher (1979): The Culture of Narcissism, New York.

Lundby, Knut (Hg.) (2009): Mediatization. Concept, Changes, Consequences, New York.

Lundby, Knut (Hg.) (2014): Handbook Mediatization of Communication, Berlin.

McLuhan, Marshall (1964): Understanding Media. The Extensions of Man, New York.

Kutteroff, Albrecht / Behrens, Peter / König, Tina / Schmid, Thomas (2009): JIM 2009. Jugend, Information, (Multi-)Media. Basisstudie zum Medienumgang 12- bis 19-Jähriger in Deutschland, hrsg. vom Medienpädagogischen Forschungsverbund Südwest, Stuttgart (online unter: www.mpfs.de/fileadmin/files/Studien/JIM/2009/JIM_Studie_2009.pdf – letzter Zugriff: 01.03.2018).

Riesman, David / Denney, Reuel / Gazer, Nathan (1961): Die einsame Masse, Frankfurt/M.

Röser, Jutta / Peil, Corinna (2014): Internetnutzung im häuslichen Alltag. Räumliche Arrangements zwischen Fragmentierung und Gemeinschaft, Wiesbaden.

Strauss, Anselm (1978): A Social World Perspective, in: Norman K. Denzin (Hg.), Studies in Symbolic Interaction, Bd. 1, Greenwich, S. 119–128.

Strauss, Anselm (1984): Social Worlds and Their Segmentation Process, in: Norman K. Denzin (Hg.), Studies in Symbolic Interaction, Bd. 5, Greenwich, S. 123–139.

Strübing, Jörg (2007): Anselm Strauss, Konstanz.

Wagner, Ulrike / Gebel, Christa (2014): Jugendliche und die Aneignung politischer Information in Online-Medien, Wiesbaden.

Ziehe, Thomas (1975): Pubertät und Narzissmus, Köln.

I. Neue Lebens- und Handlungsformen

Michaela Pfadenhauer

Artificial Companions

Zum Reiz der Begleitung durch digitale Technik

1. Einleitung

Als »Artificial Companions« werden gegenwärtig technische Gerätschaften in Aussicht gestellt, die dazu angetan sein sollen, Menschen einen zufriedenstellenden Sozialkontakt zu vermitteln. Gemeint sind medien- und kommunikationstechnologisch avancierte Artefakte in mensch-, tier- oder comicähnlicher Gestalt, die mit Sprach- und vielleicht mit Gesichts- und Gestenerkennung ausgestattet sind, die möglicherweise ein emotionales Ausdrucksvermögen aufweisen und sich sogar eigengesteuert bewegen. Derlei Gerätschaften werden auf den großen Technikmessen derzeit als smarte beziehungsweise digitale Assistenten beworben. Und es mehren sich bereits kritische Einwände, die um Datenschutz und Überwachung kreisen.[1]

Angesichts der zumeist noch sehr spielzeughaft anmutenden Artefakte liegt es nahe, uns für noch sehr weit entfernt von einer Gesellschaft zu halten, in der eine »Sozialität mit Objekten«[2] zum Alltag gehört. Der Umstand, dass zumindest in unserer westlichen Zivilisation die »Grenzen der Sozialwelt«[3] sehr eng um die der Menschenwelt gezogen sind, ist allerdings das Ergebnis eines sozio-historischen Konstruktionsprozesses, den man mit Max Weber als »Entzauberung« bezeichnen kann.[4] Selbst dann, wenn wir eine Wiederverzauberung, eine Re-Animierung für ausgeschlossen halten, könnte doch die Tatsache, dass nicht nur unsere Umwelt, sondern wir selber immer technischer werden, weil wir uns künstliche Herzklappen, Gelenke und Prothesen einbauen lassen, unser Verhältnis zu Technik allmählich verändern.

---

1 Vgl. Brühl 2017, Kühl 2017.
2 Vgl. Knorr Cetina 1998: Kennzeichen einer Post-Sozialität sind demnach Beziehungen auch zu Objekten beziehungseise »Non-Humans«.
3 Vgl. Luckmann 1983: In anderen Kulturen war und ist es durchaus üblich, neben Menschen auch (bestimmte) Tiere und andere Wesen beziehungsweise Dinge, die wir als Natur(dinge) bezeichnen, in den Kreis dessen einzurechnen, was Sozialbeziehungen unterhalten kann.
4 Vgl. Weber 1919.

2. Bindung an (künstliche) Dinge

Im Hinblick auf Artifical Companionship geht es um die Möglichkeit einer
nicht nur punktuellen, sondern situationsübergreifenden Bindung an technische Dinge.[5] Thomas Luckmann hat den zugrunde liegenden Vorgang als
»universale Projektion«[6] bezeichnet: als jene Bewusstseinsleistung, mit der
Menschen die eigene Leiblichkeit (als Einheit von innen und außen) erst einmal
auf alles übertragen, das ihnen in der Welt begegnet. Diese menschliche Fähigkeit, die in der Psychologie als »personifizierende Apperzeption«[7] beschrieben
wird, stellt jedes Kind im Spiel mit Puppen unter Beweis, bevor es – in unserem
Kulturkreis – mit dem soziohistorischen Faktum vertraut gemacht wird, dass
Puppen nicht leben, Tiere schon, aber nicht ganz so wie wir Menschen.

Phänomenologisch weist Luckmann darauf hin, dass die selbsttätige
Bewusstseinsleistung der Sinnübertragung, »welche die gesamte Wirklichkeit zu beseelen versucht, durch manche Körper Bestätigung [erfährt, M.P.],
während sich ihr bestimmte Eigenschaften anderer Körper widersetzen.«[8]
Das heißt, die universale Projektion wird zweifelhaft, wenn Körper a) eine
starre Physiognomie aufweisen, wenn sie sich b) nicht im Raum bewegen
und wenn sie c) nicht kommunizieren können. In ihr Gegenteil verkehrt
liest sich diese Liste von Eigenschaften nun geradezu wie eine Anleitung
zum Bau jener avancierten Technik, die derzeit als »Artificial Companions«
und »Social Robots« verhandelt wird: Eine a) flexible Physiognomie, also
eine veränderliche Mimik, b) Mobilität, das heißt eine nicht fremd-, sondern
eigengesteuerte Bewegung im Raum und c) Kommunikation, das heißt eine
verbale und gestische Ausdrucksfähigkeit, sind Funktionen, zu denen im
Feld der Artificial Companions intensiv geforscht wird.

3. Forschung und Entwicklung von Artificial Companions

Für die Entwicklung von Artificial Companions werden vier Technologien
kombiniert: (1.) Kontrolltechnologien, wie sie zur medizinischen Beobachtung und der Überwachung des öffentlichen Raums und in Smart Homes

---

5 Gerade im Kontext der Social Robotics wird hier vorschnell von einer sozialen Beziehung
   ausgegangen (vgl. kritisch dazu Pfadenhauer 2014 sowie zu einer Begriffsklärung Pfadenhauer
   2017).
6 Vgl. Luckmann 1983.
7 Vgl. Wundt 1896.
8 Luckmann 2007: 131.

eingesetzt werden, (2.) Mensch-Computer-Interface-Design, (3.) Technologien für Assistenzsysteme und (4.) programmierbare Kommunikationsmedien. Die Forschung und Entwicklung auf diesem Gebiet nimmt seit der
Jahrtausendwende rasant an Fahrt auf und Fördervolumen zu.[9]
Artificial Companions – Wegbegleiter, Kamerad, Helfer in der Not,
Berater, Beschützer, Wächter, Schutzengel, Stütze im Alltag, guter Freund,
beste Freundin, Ratgeberin, bessere Hälfte, Haberer, Spezl… – Artificial
Companion sind nicht nur für uns, sondern auch im interdisziplinären Feld
der Service Robotics, Artificial Intelligence und Human-Computer-Inter-
action eine assoziationsreiche Metapher, ja mehr noch: Die Metapher ist eine
Leitvision für alldiejenigen, die hier in Forschung und Entwicklung tätig
sind.[10] Das heißt, sie ist ein Ausdrucks- und Verständigungsmittel innerhalb
der Scientific Community, ein Werbemittel (für Forschungsgelder) und ein
öffentlicher Aufmerksamkeitserreger. Außerdem wohnt ihr im Verstande
eines Seinsollens eine Gestaltungskraft im Hinblick auf die Zukunft, auf eine
bestimmte unter vielen möglichen Zukünften inne.

Die bereits erwähnte Studie zu *Artical Companionship als Leitvision* findet
selbst bei einer Konzentration auf AC-Projekte nur in Europa und nur im
Bereich der Health Care for Elderly drei Konnotationen von Begleitung:
»Companions as Guardians«, »Companions as Assistents« und »Companions
as Partners«.[11] Gegenüber den Ansätzen des Überwachens und Unterstützens
betonen Projekte des dritten Ansatzes den affektiven Faktor. Das heißt, sie
heben im Design sowohl auf den Ausdruck von Emotionalität beim technischen
Artefakt als auch auf das Evozieren von Gefühlen beim menschlichen Gegenüber ab. Hier stehen also Relationship und Interactivity im Entwicklungsfokus.

4. Vorstellungen von Companionship

Mit diesem Akzent auf die Human-Robot-Interaction verfolgen die For-
schungsverbünde zu Artificial Companions allesamt die Zielsetzung einer
längerfristigen affektiven Bindung des Nutzers an das Artefakt. Dabei wird
wie selbstverständlich davon ausgegangen, dass Companionship positiv konnotiert ist. Besonders augenfällig wird dies in den Verlautbarungen des *Companion*-Projekts. Der Koordinator dieses europäischen Forschungsverbunds
hat seine Vision von Companionship im Rückgriff auf die historische Figur

---

9   Vgl. Böhle/Bopp 2014.
10 Vgl. Böhle/Bopp 2014.
11 Vgl. Böhle/Bopp 2014: 162–164.

der viktorianischen Gesellschafterin ausbuchstabiert, der er Eigenschaften
wie uneingeschränkte Verfügbarkeit, Unaufdringlichkeit, Diskretion und
gehobenen Unterhaltungswert zuschreibt.[12]

Ähnlich wie im 1989 erschienenen Roman *The Remains of the Day* von
Kazuo Ishiguro steht hier die Vorstellung eines dienstbeflissenen, ergebenen
und loyalen Dieners Pate, der jederzeit greifbar ist, aber sichtbar unsichtbar
ist, wenn er nicht gebraucht wird.[13] Für seine Darstellung des Protagonisten,
der seine Gefühle von einer unterkühlten Reserviertheit bis hin zur Selbst-
aufgabe im Griff hat, hat Anthony Hopkins in der Romanverfilmung *Was
vom Tage übrig blieb* einen Oscar bekommen. Dies ist im Kontrast zum erst
vor Kurzem erfolgreichen Film *Her* bemerkenswert. Hier verliebt sich der
Protagonist in ein Betriebssystem[14], das mit dem Slogan »It's not just an operating system, it's a consciousness« beworben wird und einen nahezu idealen
Artificial Companion abgibt. Einzig die Körperlosigkeit des Systems trübt
das Bild der perfekten Begleitung (aus der Sicht des Systems!) – und verhin-
dert überdies Scarlett Johanssons Nominierung für einen Golden Globe.
Aus Sicht des Menschen wiegt die Allzeit-Bereitschaft in Kombination mit
Allwissenheit die Körperlosigkeit der künstlichen Begleiterin beinahe auf.
Die Beziehung scheitert an der Möglichkeit potenzieller Überlegenheit des
Computers gegenüber dem in seinen Fähigkeiten eingeschränkten Menschen,
das heißt am sogenannten »Inferioritätsproblem«. Damit bleibt der Film im
Paradigma der Künstlichen Intelligenz verhaftet, das in der Forschung seit
einiger Zeit in Richtung affektiver Human-Robotic-Interaction verlassen
wird, bei dem es um doppelte Unvollkommenheit geht.

Anhand dieser Fiktionen lassen sich die Pole illustrieren, zwischen denen
Companionship angesiedelt sein kann und zwischen denen sich zahlreiche
aktuelle Beispiele anordnen lassen: Zum Beispiel die Umsetzung des aufrech-
ten Begleiters in *Robot and Frank* oder die komplexere in der vermutlich
bekannteren Fernsehserie *Real Humans*. Darüber hinaus kennen zumindest
Cineasten den spanischen Film *Eva*, in dem ein von Daniel Brühl verkörperter
genialer Erfinder das Projekt verfolgt, einen vollkommenen Menschen, ein
lebensechtes Kind zu erbauen und auch hier aus Inferioritätsbefürchtungen,
das heißt, mit Günter Anders gesprochen, aus »prometheischer Scham« vor
der Umsetzung zurückschreckt.[15] Das interessanteste Geschöpf darin ist die

---

12 Vgl. Wilks 2010.
13 Vgl. Ishiguro 1989.
14 Die männliche Hauptfigur des Films verliebt sich also in das sich mit der Stimme einer Frau
    äußernde Computerprogramm, das die Schnittstelle zwischen den Hardware-Komponenten
    und Anwendungsprogrammen auf dem Smartphone bildet.
15 Vgl. Anders 1956.

Roboterkatze, die deshalb ausgesprochen »kätzisch« wirkt, weil der fiktive
Entwickler sie – unter Verstoß gegen alle Robotikgesetze – mit einem eigenen
Willen ausgestattet hat; sie also eigensinnig ist und (trotzdem) freiwillig in
seiner Nähe bleibt. Interessant ist sie deshalb, weil die Katze häufig Modell
für zoomorphe Roboter steht und hier enorme Erfolge im Nachbau des
Bewegungsapparats erzielt worden sind.

5. Begleitung aus individualisierungstheoretischer Sicht

Soziologisch stellt sich die Frage, wie zeitgemäß die Vorstellungen der Entwickler von Companionship sind. Unter für westlich moderne Gesellschaften
symptomatischen Individualisierungsbedingungen kann ein Konzept von
Begleitung nicht schlicht in ein Verhältnis zu Lebenslagen, zum Beispiel einer
Zuwendungs- und Pflegebedürftigkeit im Alter, gestellt werden (das ohnehin
pathologisiert wird). Für eine zeitgemäße Konzeption von Begleitung wären
die flexiblen Identitäts- und Lebensentwürfe einer durch Diversität gekenn-
zeichneten Gesellschaft zu berücksichtigen. Selbst wenn mit zunehmendem
Alter der Bedarf an Unterstützung und Sicherheit steigt, sind auch ältere
Menschen »Kinder der Freiheit«[16] – und damit vor die Frage gestellt, wie »die
Sehnsucht nach Selbstbestimmung mit der ebenso wichtigen Sehnsucht nach
Gemeinsamkeit in Einklang gestellt werden« kann.[17] Grundsätzlich könnte
sich in Anbetracht dessen, dass sich soziale Beziehungen heute sowohl im
Tages- als auch im Lebensverlauf als Teilzeit-Konstellation erweisen, eine
ununterbrochene Begleitung eher als bedrohliches »Lebenslänglich« denn als
Verheißung erweisen.

Vor dem Hintergrund eben dieser Individualisierung wird Beziehungsmüdigkeit als wesentlicher Grund benannt, warum Artificial Companions
für den modernen Menschen attraktiv sein könnten. Individualisierung meint
die Freisetzung des Menschen aus herkömmlichen Milieubindungen ebenso
wie aus Milieufürsorglichkeiten, ist also eine sozialstrukturelle Kategorie, die
den veränderten Handlungsrahmen für den heutigen Menschen zu beschreiben
versucht. Wenn wir dies nun als Handlungsproblem betrachten, dann erlebt sich
der individualisierte Mensch nicht mehr in stabile Verhältnisse überkommener
Großgruppenlagen wie Standes-, Klassen- und Schichtbindungen eingebunden,
sondern vor eine verwirrende Vielzahl neuer beziehungsweise neu skandalisier-

---

16 Vgl. Beck 1997.
17 Beck 1997: 12.

ter Ungleichheiten gestellt.[18] Individualisierte Menschen müssen dabei ständig mit vielfältigen, kulturell nicht aufeinander abgestimmten Deutungs- und Handlungsschemata umgehen und sie sind in eine Vielzahl von Beziehungen verstrickt, die sie selber hergestellt haben.

Sherry Turkle zufolge ist es das Leiden an dieser ständig erforderlichen Beziehungsarbeit, das Beziehungen mit »Non-Humans« attraktiv macht.[19] Laut Karin Knorr Cetina mündet Individualisierung folglich in Objektualisierung, das heißt in eine Sozialität mit Objekten.[20] Noch härter, nämlich in der Rational-Choice-Logik formuliert, könnten sich Companion-Systeme für den unter Individualisierungsbedingungen nicht mehr seltenen rationalisierenden Egozentriker als »bequemere« Alternativen zu den (zwangsläufig eigenwilligen) menschlichen Alter Egos erweisen. Denn schon im Vergleich zum Haustier sind sie »pflegeleichter«, weil sie nach Lust und Laune an- und abgeschaltet werden können. Die These der Beziehungsmüdigkeit oder auch -faulheit leuchtet ein, weil sie den Zeitgeist einer allgemeinen Überforderung des individualisierten Menschen, des »erschöpften Selbst«[21] artikuliert. So rufen die Beschleunigungsprozesse der Moderne die Sehnsucht nach Entschleunigung auf den Plan, ohne dass diese, so jedenfalls Hartmut Rosa, gute Chancen auf Erfüllung haben (aus Systemgründen nämlich).[22]

Die These der Beziehungsmüdigkeit ist allerdings nicht belegt; empirische Untersuchungen bestätigen lediglich, dass die Sequenzialität von Beziehungen zum Normalverlauf wird. Und die These wird auch nicht durch Erkenntnisse aus der Medien- und Kommunikationsforschung gestützt, obwohl gerade die neuen Medien als Ausdrucksfläche ausgemacht werden. So gehe es uns beim Texten und Chatten nur mehr darum, Aufmerksamkeit (von anderen) und Emotionen (bei uns selber) zu evozieren. »Früher dachte man«, so Sherry Turkle,»›Ich habe ein Gefühl, also will ich einen Anruf machen.‹ Heute ist unser Impuls: ›Ich will ein Gefühl haben, also muss ich eine SMS verschicken‹.«[23]

6. Gefühlsaufladung

Für die Faszination neuer Technik bieten Leopoldina Fortunati und Jane Vincent das Konzept der »Electric Emotions« an, womit sie Gefühle bezeich-

---

18 Vgl. Hitzler 2000.
19 Vgl. Turkle 2011.
20 Vgl. Knorr Cetina 1998.
21 Vgl. Ehrenberg 2004.
22 Vgl. Rosa 2013: 55.
23 Turkle 2012: 11.

nen, die durch technische Artefakte gelebt, re-aktualisiert oder erst entdeckt werden.[24] Ihnen zufolge ist das Smartphone ein mit uns interagierender personalisierter Social Robot: eine Maschine, die mit unseren Emotionen »durchwirkt« ist und die wir in Momenten der Einsamkeit, Freude, Krise und schlichter Langeweile anschalten, um Trost beziehungsweise Anleitung zu finden und unser Wohlbefinden zu steigern. Satomi Sugiyama, die dies für junge Japaner bestätigt, beschreibt das, was da vor sich geht, als Verschmelzung der Informations- und Kommunikationstechnik (ICT) mit dem Selbst und Beziehungspartnern.[25]

Hiermit ist ein dialektischer Prozess angedeutet: Einerseits materialisieren sich Emotionen als digitale Einschreibungen in ICT, das heißt gefühlsmäßige Aufladungen von Situationen werden gleichsam in das Gerät »eingeschrieben«[26]. Andererseits wird Technik in dem Sinne dematerialisiert, dass sie in ihrer Eigenständigkeit gewissermaßen verschwindet. Diese Überlegung nimmt ihren Ausgang bei McLuhans These, wonach Medien den Körper in die öffentliche Sphäre ausweiten.[27] Im Verständnis einer »Second Skin« rückt Technik – wie das permanent am Körper getragene Smartphone – immer näher an den einzelnen heran, wodurch Mensch und Maschine zu einem Homo technologicus[28] in der Form eines von Haraway beschriebenen Cyborgs verschmelzen.[29] Die italienische Mediensoziologin Fortunati beschreibt dies als »ubiquitous social roboting«.[30]

Das in alledem durchschimmernde poststrukturalistische Argument der Hybridisierung[31], das heißt der Auflösung der Grenzen, findet in alltagsweltlichen Beschreibungen eine Entsprechung, wonach sich Menschen ohne ihr Handy tatsächlich unvollständig fühlen. Wie amputiert fühle es sich an, wenn sie ihr Mobile zu Hause vergessen, so haben meine Studenten an der Boston University ihren Zustand beschrieben. Und die Sorge um das »Battery Life« des Smartphones scheint dem Tamagotchi-Hype der 1990er-Jahre in nichts nachzustehen, nur dass sie weit mehr als eine Minderheit erfasst hat.

---

24 Vgl. Fortunati/Vincent 2009.
25 Vgl. Sugiyama 2009.
26 Lasén 2013: 86.
27 Vgl. McLuhan 1994.
28 Vgl. Longo 2003.
29 Haraway 1991: 443.
30 Fortunati 2013: 126.
31 Paradebeispiel für Hybridisierung ist der Körper, für den die Trennung von Natur und Kultur beziehungsweise Natürlichkeit versus Künstlichkeit lange Zeit bestimmend war. Zum Menschen als Hybrid beziehungsweise Cyborg vgl. Haraway 1995.

Wenn man das Phänomen, mit dem wir es zu tun haben, nun aber von seiner Metaphorik einer Verschmelzung von Mensch und Technik entkleidet, dann zeigt sich im Kern, dass immer mehr Menschen infolge der Mobilität dieser Medien immer mehr daran gewöhnt sind, permanent mit Menschen in Kontakt zu stehen beziehungsweise stehen zu können, die sich nicht in ihrer unmittelbaren Umgebung aufhalten. Von diesen, das heißt von der Sozialwelt in potenzieller Reichweite, fühlen sie sich ohne ihr Handy in unmittelbarer Reichweite und damit ohne potenziell permanenten Zugriff auf deren mögliche Anwesenheitszeichen abgeschnitten.

7. Wandel der Beziehungspflege

Die Präferenz, die nicht nur junge Menschen für Textnachrichten entwickeln, wird in der Psychologie darauf zurückgeführt, dass sie damit eine Beziehung pflegen können, ohne sich der synchronen Wechselseitigkeit etwa des Telefonierens aussetzen zu müssen. Dem stehen gattungsanalytische Befunde entgegen, wonach es sich bei SMS-Kommunikation zwar um mittelbares Handeln handelt, das jedoch nicht durch Einseitigkeit, sondern durch Dialogizität und Intersubjektivität gekennzeichnet ist.[32] Hubert Knoblauch hat dies bereits für Botschaften auf Anrufbeantwortern herausgearbeitet.[33] Diese Geräte, die wegen ihrer Einseitigkeit als »Dictatorial Robots« bezeichnet wurden, übermitteln nicht einfach einseitig Information. Nachrichten auf dem Anrufbeantworter enthalten vielmehr »Kontextualisierungsschlüssel, die Dialogizität, Reziprozität erzeugen und die Art der (eingeschränkten) Beziehung zum Ausdruck bringen«.[34]

Nicht nur der Kommunikation via SMS und WhatsApp, sondern den Social Media schlechthin wird eine unterstützende Wirkung für die Akzeptanz technischer Gerätschaften als »Begleiter« zugeschrieben. Denn in sozialen Netzwerken pflegen Menschen spezielle Arten von Beziehungen beziehungsweise Beziehungen auf spezielle Weisen: »Die Aktivität des Befreundens (›friended‹) erlangt in den Social Network Sites eine viel größere Bedeutung als der stabile Zustand des Freund-Seins, der auf der Ebene des Intersubjektiven an zentraler Stelle steht«.[35] Demgegenüber weisen die australischen Medienforscherinnen Larissa Hjorth, Jean Burgess und Ingrid Richardson auf die Vielseitigkeit der

---

32 Vgl. Günthner 2012.
33 Vgl. Knoblauch 1995.
34 Knoblauch 1995: 208.
35 Adelmann 2011: 132.

Kommunikation in sozialen Netzwerken insbesondere durch das Smartphone hin.[36] Immer dann, wenn die Verarmung der Kommunikation und Beziehung durch »Hyperconnectedness« beklagt werde, solle berücksichtigt werden, dass Medienkommunikation in verbaler, aber auch visueller, taktiler, emotionaler und sensitiver Hinsicht vieldimensional geworden seivehikel.

Die empirischen Befunde ebenso wie die Dauernutzung der neuen Medien weisen also nicht auf eine Beziehungsmüdigkeit, sondern auf einen Wandel der Beziehungen beziehungsweise der Beziehungspflege hin. Die hier angesprochenen Veränderungen sind im weiteren Zusammenhang von Mediatisierung zu betrachten, die seit einigen Jahren in einem DFG-Schwerpunktprogramm untersucht werden.[37] Friedrich Krotz bezeichnet damit den gesellschaftlichen Metaprozess des Medienwandels, nach dem der Verlauf der Menschheitsgeschichte durch die Entwicklung von immer neuen Kommunikationsmedien begleitet ist, die von den Menschen in immer mehr Handlungsbereiche einbezogen und zunehmend differenzierter verwendet werden (Menschen und nicht Medien sind damit der »aktive Teil« von Veränderungen[38]). Die rasante weltweite Verbreitung der digitalen Medien kennzeichnet lediglich die jüngste Entwicklung.[39]

Wesentliche Aspekte von Mediatisierung sind »Medialisierung« und »Mediation«, das heißt die Allgegenwärtigkeit und das Unscheinbarwerden von Medientechnik in der Überwindung räumlicher und zeitlicher Grenzen. Mit diesen im Konzept der »Ubiquitous Social Robots« angesprochenen Elementen ist bereits angedeutet, dass mit Mediatisierung nicht nur die quantitative Dimension des Medienwandels, sondern die qualitative Dimension des Wandels von Kommunikation und dadurch von Gesellschaft und Kultur erfasst werden soll.

8. Beziehungen unter Mediatisierungsbedingungen

Der zentrale Aspekt von Mediatisierung ist das Überschreiten der Vorrangigkeit der Face-to-Face-Situation.[40] Das heißt: Mittels mediatisierter Kommunikation wird über die unmittelbare Situation und ihren Kontext hinaus ein weiterer Kontext erschlossen, den Alfred Schütz als »Welt in poten-

36 Vgl. Hjorth/Burgess/Richardson 2012.
37 Vgl. dazu die Beiträge in diesem Band.
38 Krotz 2001: 19.
39 Vgl. Krotz 2007.
40 Vgl. Knoblauch 2013.

tieller Reichweite« beziehungsweise »sekundäre Wirkzone«[41], Hans-Georg Soeffner als »Welt des vermittelten Handelns und Wissens«[42] und Hubert Knoblauch als »virtuelle Sozialwelt«[43] bezeichnen.

Wesentlich für die hier kennzeichnende Mittelbarkeit ist neben der raumzeitlichen Erfahrungsdistanz, die mittels Medienkommunikation überbrückt wird, ein gewisser Grad der Anonymisierung. Denn die Kommunikation erfordert eine stärkere Typisierung, sie verläuft stilisierter als in der Face-to-Face-Situation, das heißt verstärkt innerhalb kommunikativer Formen, und der Gesprächspartner wird deshalb vor allem als Typus adressiert.

Für ein Verständnis dessen, worum es hier geht, legt Shanyang Zhao eine Spur. Alfred Schütz zufolge besteht die Sozialwelt aus einer Sphäre von Mitmenschen (»consociates«) und einer von Zeitgenossen (»contemporaries«). Anders als im Alltag ist die Kategorie »Mitmensch« phänomenologisch sehr eng gefasst, weil sie nur diejenigen umfasst, von denen ich sicher sein kann, dass es sie gibt. Alle anderen sind – wesentlich unaufdringlichere – Zeitgenossen (dies gilt umso mehr für Vorfahren und Nachkommen). Zhao zufolge müssen diese beiden Sphären um einen Bereich der »Consociated Contemporaries« ergänzt werden.[44] Ihm geht es um die Situation der »Telecopresence«, in der Menschen jene als »face to device« bezeichnete Interaktionsweise praktizieren – zeitgleich, aber an unterschiedlichen Orten beziehungsweise im Cyberspace.[45]

Meiner These zufolge erweitert sich die Sozialität in mediatisierten Zeiten um, wenn man das so sagen kann: Contemporarian Consociates. Vergleichbar damit, dass manche Mitmenschen schon in der Face-to-Face-Situation nur als Rollenträger (Verkäufer, Postboten) interessieren, tritt mir in mediatisierter Kommunikation auch der vertrauteste Mitmensch (Familie, Partner, Freunde) nur mit einem Ausschnitt seiner Persönlichkeit gegenüber. Durch die Wahl des Mediums (SMS oder WhatsApp, SMS oder E-Mail, Wahl der beruflichen oder privaten E-Mail-Adresse), durch die Art der Ansprache (mit oder ohne Anrede, mit oder ohne Emoticons) und so weiter kann ich Menschen, die mir face-to-face als ganze Person gegeben sind, im mir jeweils passenden Ausschnitt – und damit holzschnittartig – in meine Face-to-Face-Situation hineinholen. In diesem Verständnis pflegen wir in mediatisierter

---

41 Vgl. Schütz/Luckmann 1973.
42 Soeffner 1991: 70.
43 Knoblauch 1995: 235.
44 Vgl. Zhao 2004.
45 Vgl. Zhao 2006.

Kommunikation eine *beschränkte* Beziehung zu unseren Mitmenschen, die uns für Artifical Companions bereit macht.

9. Artificial Companions als Vehikel in Erlebniswelten

Welchen Beitrag leisten nun die technischen Artefakte selber zu dieser Wirkung? Wie wirken Artificial Companions? Aus der Perspektive eines wissenssoziologischen Sozialitätskonzepts ist ein Artificial Companion weder ein soziales Gegenüber noch vermittelt er neutral zwischen sozialen Beziehungen. Die wenigen bereits vorliegenden Untersuchungen weisen vielmehr darauf hin, dass Menschen sie als Vehikel für ein nicht-alltägliches Erleben benutzen. Diese Vehikel sind mit Avataren und anderen Spielzeugen beziehungsweise Computerspielen vergleichbar, weisen aber nicht die gleiche Beschränkung der Kommunikation wie andere Medientechnologien auf, weshalb Andreas Hepp von »Interlog« (statt Dialog oder Monolog) als Kommunikationsmodus spricht.[46]

Nicht übersehen werden darf nun, dass mit diesen Vehikeln spezielle »Rahmenbedingungen« für außergewöhnliche Erfahrungszusammenhänge bereitgestellt werden. Genauer: Diese Vehikel werden *von anderen* mit der Intention vorproduziert, dass sie vom erlebenden Subjekt konsumiert werden. Das und der Umstand, dass diese Fantasiewelten kommunikativ erzeugt und verstetigt werden, macht sie zu *kulturellen* Erlebniswelten.

Als Vehikel in kulturellen Erlebniswelten eignen sich diese Produkte, weil sie als Erzeugnisse mit einer »allgemeinen Bedeutung«[47] versehen sind. Einen nicht unwesentlichen Beitrag dazu leistet schon die Bezeichnung als »soziale« Roboter oder eben künstliche »Begleiter«, aber auch die Beschreibungen in der Bedienungsanleitung sowie Werbung und Marketing, kurz: die kulturell bereit stehenden und medial verbreiteten Deutungsschemata sind. Die Features, mit denen der Entwickler das »Zeug« (Heidegger) ausstattet, und das, was sich kulturell daran angelagert hat, beeinflusst uns in unseren Umgang mit Artificial Companions, wobei wir uns – jeder von uns – subjektiv wie aus einem Steinbruch Versatzstücke aus dem kulturellen Bedeutungsüberschuss herausbrechen und die Erfahrung damit nicht nur zu einer ganz besonderen, sondern zu einer jeweils eigenen machen.

Von Christopher Scholtz, der schon früh sein eigenes Erleben des AIBO, eines bis 2006 kommerziell vertriebenen Roboters in Hundegestalt, unter-

---

46 Vgl. Hepp 2013: 61.
47 Schütz 2004: 271.

sucht hat, stammt die These, dass der Reiz von Artificial Companions im Sich-Einlassen auf den Anschein von lebendiger statt toter Materie, von Kontingenz statt Kausalität etc. besteht.[48] Dies ist aber nur halb beschrieben, wenn man das ständige Durchbrechen des Sich-Einlassens durch Distanzierungsbewegungen nicht zur Kenntnis nimmt: Eine phänomenologische Zuwendung zum Erleben zeigt, dass man sich sozusagen am eigenen Schopf aus den Momenten herauszieht, in denen man sich auf den Eindruck eines lebendigen Gegenübers einlässt. Bildlich gesprochen fahren wir mit diesem Vehikel ständig auf der Grenze zwischen Affinität und Rationalität hin und her. Der Reiz derartiger Roboter besteht also nicht im »So-tun-als-ob«, sondern – eine Drehung weiter – im Spiel mit dem »So-tun-als-ob«, das heißt im »Spiel mit der Uneindeutigkeit«.

Viele auch erwachsene Menschen sind dazu bereit, sich mittels Roboter in solche kulturell neuen Erlebniswelten befördern zu lassen. Dazu gehört auch, dass die aus der Konstruktion resultierenden Unvollkommenheiten um- beziehungsweise wegdefiniert werden, damit diese unser »besonderes« Erleben nicht beeinträchtigen. Weder aus dem einen noch aus dem anderen lässt sich aber bereits schließen, dass sich »eine Projektion auf ein Objekt in eine Beziehung zu einem Subjekt verwandelt«[49], dass Menschen also eine *soziale* Beziehung im Sinne einer sich wechselseitig bestätigenden »Wir-Beziehung«[50] zu einem Roboter pflegen. Wir eignen uns diese Artefakte vielmehr in ihrer Uneindeutigkeit für unsere Zwecke an.

Georg Simmel zufolge kann alles zum Gegenstand von Kulturarbeit werden, wenn sich der Mensch aus der Vielfalt an kulturellen Anregungen bedient und die herausgegriffenen Elemente zu einer Einheit zusammenfügt.[51] Diesen mit Aneignung bezeichneten Aspekt subjektiver Kultur hat Hans-Georg Soeffner als »kulturelle Einstellung« akzentuiert. Diese Einstellung ist nicht das Gegenteil, sondern eine Verfeinerung, Steigerung, kurz: die Ästhetisierung des pragmatischen Wahrnehmungs- und Handlungsstils. Grundlage für diese Einstellung ist die »Fähigkeit des Menschen, Optionen zu entwerfen, also etwas als kontrafaktisch wirklich anzunehmen«.[52] Die Fähigkeit ist keineswegs jenen vorbehalten, die sich mit den schönen Künsten befassen oder diese gar hervorbringen, sondern sie ist allen Menschen gegeben. Sie ist die Voraussetzung für das erwähnte Spiel mit Ambiguität.

---

48 Scholtz 2008: 296ff.
49 Turkle 2011: 95.
50 Schütz/Luckmann 2003: 109.
51 Simmel 1996: 390.
52 Soeffner 2003: 183.

10. Fazit

Diese prosperierende Technikentwicklung der Artificial Companions stellt also Vehikel in kulturelle Erlebniswelten bereit, denen Menschen in einer kulturellen Einstellung begegnen.[53] Für Menschen, deren privater und beruflicher Alltag sich zunehmend in »mediatisierten Welten« abspielt, erschließen derlei künstliche Dinge eine diesem mediatisierten Alltag entsprechende Außeralltäglichkeit beziehungsweise »virtuelle Sozialwelt«[54]. Menschen kombinieren hierbei spezielle Kommunikationsweisen mit einer kulturellen Einstellung. Ersteres betrifft den Umgang mit Menschen, Letzteres den Umgang mit Dingen. Mediatisierung trifft auf Symbolisierung, die das Geflecht der Bedeutungen »zusätzlich durch einen Wertakzent ab[sichert]; Kultur als menschliche Einstellung ist Frömmigkeit gegenüber den Dingen«[55], die auch vor solchen technischen Dingen nicht halt macht. Auch wenn wir in naher Zukunft keine Hochzeiten zwischen Menschen und Artifical Companions besuchen werden, heißt das nicht, dass diese Gerätschaften nicht bald unsere Haushalte bevölkern werden. Unbeschadet dessen, ob dies nun als privates Glück oder Horrorszenario erachtet werden muss: Anders als frühere sind die neueren Entwicklungen zugleich Datensammler, Datenspeicher und Datenlieferanten für ihre jeweiligen Hersteller, womit die Privatheit des Privathaushalts empfindlich tangiert wird.

Abstract

With »artificial companions«, a technology is held in prospect, which is intended to convey social contacts to individuals. This is not only about virtual agents and avatars, but also artefacts in human or animal-like form advanced by media and communication technology. They are endowed with facial, speech and gesture recognition and emotional expressiveness and able to move by self-control. Research and development in this field of so-called »social robotics« emphasize the fact that individuals build actual social relationships to these technologies. In fact, they perceive these relationships as mutual and maintain them permanently. In the paper, the perception and effects of this robotic digital technology and the attractiveness of Artificial

---

53 Vgl. Betz/Hitzler/Pfadenhauer 2011.
54 Knoblauch 1995: 235.
55 Soeffner 2003: 192.

Companions are explored. By virtue of the fact that their appeal lies in the play with ambivalence, to wit in the simultaneous disenchantment of and surrender to the semblance of contingency and vitality, they are suitable as vehicles into mediatized worlds of experience. There, an immediate experience and action is transformed into a mediated.

Literatur

Anders, Günther (1956): Die Antiquiertheit des Menschen. Über die Seele im Zeitalter der zweiten Industriellen Revolution, München.

Adelmann, Ralf (2011): Von der Freundschaft in Facebook. Mediale Politiken sozialer Beziehungen in Social Network Sites, in: Oliver Leistert / Theo Röhle (Hg.), Generation Facebook. Über das Leben im Social Net, Bielefeld, S. 127–144.

Beck, Ulrich (1997): Kinder der Freiheit: Wider das Lamento über den Werteverfall, in: Ulrich Beck (Hg.), Kinder der Freiheit, Frankfurt/M., S. 9–33.

Betz, Gregor / Pfadenhauer, Michaela / Hitzler, Ronald (Hg.) (2011): Urbane Events, Wiesbaden.

Böhle, Knud / Bopp, Kolja (2014): What a Vision: The Artificial Companion, in: Science, Technology and Innovation Studies 10 (1/2014), S. 155–186.

Brühl, Jannis (2017): Verbotenes Spielzeug: So spioniert »Cayla« Kinder aus, in: Süddeutsche Zeitung, 17. Februar 2017 (online unter: www.sueddeutsche.de/digital/verbotenes-spielzeug-so-spioniert-die-puppe-cayla-kinder-aus-1.3383387 – letzter Zugriff: 05.03.2018).

Ehrenberg, Alain (2004): Das erschöpfte Selbst: Depression und Gesellschaft in der Gegenwart, Frankfurt/M.

Fortunati, Leopoldina (2013): Afterword: Robot Conceptualizations Between Continuity and Innovation, in: Satomi Sugiyama / Jane Vincent (Hg.), Social Robots and Emotion: Transcending the Boundary Between Humans and ICT (= Intervalla 1), S. 116–129.

Fortunati, Leopoldina / Vincent, Jane (2009): Introduction, in: Jane Vincent / Leopoldina Fortunati (Hg.), Electronic Emotion, the Mediation of Emotion via Information and Communication Technologies, Oxford, S. 1–31.

Günthner, Susanne (2012): »Lupf meinen Slumpf«: Die interaktive Organisation von SMS-Dialogen, in: Ruth Ayaß / Christian Meyer (Hg.), Sozialität in Slow Motion, Wiesbaden, S. 353–372.

Haraway, Donna (1991): A Cyborg Manifesto. Science, Technology, and Socialist-Feminism in the Late Twentieth Century, in: Donna Haraway (Hg.), Simians, Cyborgs, and Women: The Reinvention of Nature, New York, S. 149–181.

Haraway, Donna (1995): Die Neuerfindung der Natur. Primaten, Cyborgs, Frauen, Frankfurt/New York.

Hepp, Andreas (2013): Medienkultur. Die Kultur mediatisierter Welten, Wiesbaden.

Hitzler, Ronald (2000): Vollkasko-Individualisierung. Zum Phänomen der Bastelexistenz unter Wohlfahrtsstaatsbedingungen, in: Manfred Pisching (Hg.), Ethik im Sozialstaat, Wien, S. 155–172.

Hjorth, Larissa / Burgess, Jean / Richardson, Ingrid(Hg.) (2012): Studying Mobile Media: Cultural Technologies, Mobile Communication, and the iPhone, New York.

Ishiguro, Kazuo (1989): The Remains of the Day, London.

Knoblauch, Hubert (2013): Communicative Constructivism and Mediatization, in: Communication Theory 23 (3/2013), S. 297–315.

Knoblauch, Hubert (1995): Kommunikationskultur. Die kommunikative Konstruktion kultureller Kontexte, Berlin/New York.

Knorr Cetina, Karin (1998): Sozialität mit Objekten. Soziale Beziehungen in post-traditionalen Wissensgesellschaften, in: Werner Rammert (Hg.), Technik und Sozialtheorie, Frankfurt/New York, S. 83–120.

Krotz, Friedrich (2001): Die Mediatisierung des kommunikativen Handelns. Der Wandel von Alltag und sozialen Beziehungen, Kultur und Gesellschaft durch die Medien, Opladen.

Krotz, Friedrich (2007): Mediatisierung. Fallstudien zum Wandel von Kommunikation, Wiesbaden.

Kühl, Eike (2017): My Friend Cayla. Vernichten Sie diese Puppe, in: Zeit Online, 17. Februar 2017 (online unter: www.zeit.de/digital/datenschutz/2017-02/my-friend-cayla-puppe-spion-bundesnetzagentur – letzter Zugriff: 05.03.2018)

Lasén, Amparo (2013): Digital Inscriptions and Loss of Embarrassment: Some Thoughts about the Technological Mediations of Affectivity, in: Satomi Sugiyama / Jane Vincent (Hg.), Social Robots and Emotion: Transcending the Boundary Between Humans and ICT (= Intervalla 1), S. 85–100.

Longo, Giuseppe (2003): Body and Technology: Continuity and Discontinuity, in: Leopoldina Fortunati / James Katz / Raimonda Riccini (Hg.), Mediating the Human Body: Technology, Communication and Fashion, Mahwah, S. 23–30.

Luckmann, Thomas (1983): On the Boundaries of the Social World, in: Thomas Luckmann (Hg.), Life-World and Social Realities, Portsmouth, S. 40–67.

Luckmann, Thomas (2007): Wirklichkeiten: Individuelle Konstitution, gesellschaftliche Konstruktion, in: Thomas Luckmann (Hg.), Lebenswelt, Identität und Gesellschaft, Konstanz, S. 127–137.

McLuhan, Marshall (1994): Understanding Media: The Extensions of Man, Cambridge (Mass.).

Pfadenhauer, Michaela (2014): On the Sociality of Social Robots. A Sociology of Knowledge Perspective, in: Science, Technology and Innovation Studies 10 (1/2014), S. 137–163.

Pfadenhauer, Michaela (2017): »Objektivation ist alles«. Zur Karriere eines wissenssoziologischen Konzepts, in: Martin Endreß / Alois Hahn (Hg.), Lebenswelt und Gesellschaft, Konstanz.

Rosa, Hartmut (2013): Beschleunigung und Entfremdung: Entwurf einer kritischen Theorie spätmoderner Zeitlichkeit, Berlin.

Scholtz, Christopher P. (2008): Alltag mit künstlichen Wesen. Theologische Implikationen eines Lebens mit subjektsimulierenden Maschinen am Beispiel des Unterhaltungsroboters Aibo, Göttingen.

Schütz, Alfred / Luckmann Thomas (1973): The Structures of the Life-World, Evanston.

Schütz, Alfred / Luckmann, Thomas (2003): Die Strukturen der Lebenswelt, Konstanz.

Schütz, Alfred (2004): Relevanz und Handeln 1: Zur Phänomenologie des Alltagswissens, hrsg. von Elisabeth List (= Alfred-Schütz-Werkausgabe, Bd. 6,1), Konstanz.

Simmel, Georg (1996): Der Begriff und die Tragödie der Kultur (= Gesamtausgabe, Bd. 14: Hauptprobleme der Philosophie. Philosophische Kultur, hrsg. von Rüdiger Kramme und Otthein Rammstedt, Frankfurt/M., S. 385–416.

Soeffner, Hans-Georg (1991): Zur Soziologie des Symbols und des Rituals, in: Jürgen Oelkers / Klaus Wegenast (Hg.), Das Symbol – Brücke des Verstehens, Stuttgart, S. 63–81.

Soeffner, Hans-Georg (2003): Die Perspektive der Kultursoziologie, in: Klaus E. Müller (Hg.), Phänomen Kultur. Perspektiven und Aufgaben der Kulturwissenschaften, Bielefeld, S. 171–194.

Sugiyama, Satomi (2009): The Decorated Mobile Phone and Emotional Attachment for Japanese Youths, in: Jane Vincent / Leopoldina Fortunati (Hg.), Electronic Emotion, the Mediation of Emotion via Information and Communication Technologies, Oxford, S. 85–103.

Turkle, Sherry (2011): Alone Together. Why We Expect More from Technology and Less from Each Other, New York.

Turkle, Sherry (2012): Wir müssen reden. Laptops, Smartphones, Tablets. Die digitale Technik verändert nicht unsere Kommunikation – sie verändert uns, in: Die Zeit, 3. Mai 2012, S. 11.

Weber, Max (1919): Wissenschaft als Beruf, München.

Wilks, Yorick (2010): On Being a Victorian Companion, in: Yorick Wilks (Hg.), Close Engagements with Artificial Companions, Amsterdam/Philadelphia, S. 121–130.

Wundt, Wilhelm M. (1896): Grundriss der Psychologie, Leipzig.

Zhao, Shanyang (2004): Consociated Contemporaries as an Emergent Realm of the Lifeworld: Extending Schutz's Phenomenological Analysis to Cyberspace, in: Human Studies 27 (1/2004), S. 91–105.

Zhao, Shanyang (2006): Humanoid Social Robots as a Medium of Communication, in: New Media and Society 8 (3/2006), S. 401–419.

Filme

- *Eva:* Kike Maillo (Regie), Escandalo Films S.L., 2011.
- *Real Humans:* Lars Lundström (Regie), Sveriges Television, 2012.
- *Robot and Frank:* Jake Schreier (Regie), Stage 6 Films, 2012.
- *The Remains of the Day:* James Ivory (Regie), Merchant Ivory Productions, 1993.
- *Her:* Spike Jonze (Regie), Annapurna Pictures, 2013.

Udo Göttlich / Luise Heinz / Martin R. Herbers

Das Fernsehen und der Second Screen

Aktuelle Aspekte der mediatisierten Mediennutzung

1. Einleitung: Die Nutzung des Fernsehens im Wandel

Das Medium Fernsehen befindet sich im digitalen Wandel: Auf organisationaler Ebene lassen sich neue Formen der Produktion und Distribution von Fernsehcontent finden, welche das ›klassische‹ Anbietermodell des öffentlich-rechtlich und privat-kommerziell organisierten Rundfunks infrage stellen. Neue Anbieter, darunter vor allem Streaming-Dienste wie Netflix oder Amazon Prime Video setzen darauf, zielgruppenorientiert zu produzieren und Inhalte als Exklusivangebote über ihre Plattformen zu vermarkten. Neben den Produktions- und Distributionsstrukturen befindet sich vor allem das Publikum im Wandel. Das Publikum wendet sich den Inhalten des Fernsehens nicht mehr allein über den TV-Bildschirm, also über den First Screen zu, sondern es nutzt vermehrt parallel dazu weitere Endgeräte, sogenannte »Second Screens«.[1] Hierdurch wird die Nutzung des Fernsehens mediatisiert, da die Rezeption nicht mehr nur auf den First Screen bezogen ist, sondern nun auch den Second Screen parallel und verschränkt mit in die Rezeptionssituation einbezieht. Blickt man insbesondere auf den unterhaltend-fiktionalen Programmbereich des Fernsehens, dann lässt sich feststellen, dass dessen Nutzungs- und Rezeptionsweisen aufgrund der digitalen Vernetzung einem bedeutenden Wandel unterliegen. Durch die parallele Nutzung des Fernsehens mittels digitaler und mobiler Endgeräte wie Smartphone, Tablet oder Laptop ergeben sich Nutzungs- und Rezeptionsweisen, die das klassische Fernsehmodell bereits jetzt als überholt erscheinen lassen, wenn

---

1 Mit der Konzentration auf die sogenannte Second- und Multi-Screen-Nutzung grenzen wir uns bewusst von der Benennung »Social TV« für scheinbar vergleichbare Phänomene ab, weil die Verbindung von »Social Media« und Fernsehen gerade einmal an ihrem Anfang steht und von daher noch gar nicht gesagt werden kann, was die zukünftige kulturelle Form des Fernsehens einmal mit ausmachen wird (vgl. Goldhammer et al. 2015: 29 sowie Buschow/Schneider 2015: 12).

man den in der fernsehbezogenen Marktforschung vertretenen Annahmen Glauben schenkt.[2]

Allerdings werden zum jetzigen Zeitpunkt vielfach nur spezielle Applikationen (Apps) der Sender auf dem Tablet oder dem Smartphone angesteuert, mit deren Hilfe mit den angebotenen Programminhalten interagiert werden kann. So ist etwa das Mitwirken der Zuschauer in Quizshows wie *Das Quizduell* (ARD) möglich. Daneben können sie über soziale Netzwerke wie Facebook oder Twitter das laufende Programm parallel zum First Screen kommentieren, indem sie sich mit anderen Nutzern verbinden und über die Inhalte austauschen. Solche Anwendungen, die von der Marktforschung bereits als »Social TV« angepriesen werden, schaffen aus deren Sicht einen Mehrwert für Nutzer und Produzenten. Letztere können ihre Inhalte schneller und zielorientierter verbreiten, während erstere durch die Unmittelbarkeit des Austauschs mit anderen über Kommentarfunktionen eine Steigerung der Erlebensqualität und ein Gefühl von Gemeinschaft erfahren würden.

Betrachtet man die aktuelle, von Marktforschungsinteressen getriebene Literatur zum Second Screen[3], so ergibt sich der Eindruck, dass diese parallele Nutzung von Fernsehinhalten und Angeboten auf dem Second Screen bereits jetzt der dominante Modus der Fernsehnutzung ist, der alles bisher Gewesene grundlegend infrage stellt. Aus der Sicht einer empirischen Wissenschaft muss bei der Beschreibung der Durchsetzung neuer Praktiken des Fernsehens jedoch deutlich differenzierter vorgegangen werden. Das Fernsehpublikum besteht nicht nur aus jenen jüngeren medienaffinen Gruppen, den sogenannten »Early Adopters«, im Alter von 19 bis 29 Jahren, die in der Marktforschung gemeinhin als Indikator für die unabweisbare Veränderung des Fernsehens bis hin zur bereits vollzogenen Etablierung des sogenannten Social TV verstanden werden. Weiterhin ist auch die Gruppe der älteren Mediennutzer ab 50 Jahren relevant, die das Fernsehen überwiegend in seiner traditionellen Form regelmäßig und habitualisiert nutzen. Veränderungen im Nutzungsstil halten bei dieser Gruppe nur langsam Einzug. Daneben gibt es allerdings auch die Gruppe der sogenannten »In-Betweener« im Alter von 30 bis 49 Jahren. Diese Gruppe weist sowohl traditionelle Nutzungsformen auf, nutzt aber auch schon die digitalen Endgeräte. Zugleich findet sich bei einigen die Technikaffinität der »Early Adopters«, da viele der »In-Betweener« dieser Gruppe gerade erst entwachsen sind. Weiterhin sind diese Gruppen idealtypisch gebildet, sodass sich immer auch Übergangs- und Zwischenformen finden lassen. In diesem Beitrag wird daher für die Rezeptions- und

---

2 Vgl. Proulx / Shepatin 2012.
3 Vgl. Johnen / Stark 2015.

Nutzungsseite ein differenzierteres Bild im Kontext der Mediatisierungsforschung gezeichnet und die Folgen für die weitere Entwicklung diskutiert.

2. Wandel der Fernsehnutzung als Wandel der Nutzungsstile

Der Zusammenhang zwischen dem Wandel der Organisationsstruktur des Mediums und den Handlungen der Rezipienten wurde in den letzten Jahrzehnten aus unterschiedlichen theoretischen Perspektiven beschrieben und eingeordnet. Ausgangspunkt dieser Betrachtung war vielfach die Deregulierung des Fernsehmarktes in Europa, die in den Ländern Europas zu unterschiedlichen Entwicklungen beigetragen hat. Für den Wandel des dualen Rundfunksystems in Frankreich und Italien zu Beginn der 1990er-Jahre haben Francesco Casetti und Roger Odin beschrieben, wie neben dem Wandel des Rundfunksystems auch neue Formate, Inhalte und Programmstrukturen aufkamen, die jeweils eine bedeutende Herausforderung für alle Beteiligten darstellten.[4] Eine zentrale Neuerung sahen die Autoren bereits damals in der verstärkten Einbindung des Publikums. Während das öffentlich-rechtliche Rundfunksystem in seinem Präsentationsstil eher paternalistisch-vermittelnd war, um eine Distanz zwischen der Produktions- und der Rezeptionsseite zu garantieren, begann das neue Fernsehen diese Distanz zu reduzieren, indem es die Zuschauer stärker in die Unterhaltungsformate einband. Sie wurden dort gewissermaßen zu einem Teil des Gezeigten. Wenngleich die Freiheitsgrade ihrer Handlungen durch die Produktion eingeschränkt waren, wurden die Zuschauer nicht mehr *behandelt*, sondern zu *Handelnden* innerhalb von Sendungen.

Gegenwärtig lässt sich eine nochmalige Steigerung von Aspekten der Zuschauerpartizipation ausmachen, die vor allem durch die Prozesse der Digitalisierung möglich wird. Neue technische Kommunikationskanäle, wie die besagten sozialen Netzwerkseiten, erlauben eine unmittelbarere Kommunikation der Nutzer mit den Produzenten.[5] Zugleich aber können sich die Nutzer auch außerhalb des von den Produzenten vorgegebenen Rahmens bewegen und so die Möglichkeiten und Bedingungen für ihre Kommunikationen unabhängig von der Anbieterseite selber schaffen. Diese Entwicklung leitet über zu den Mediatisierungsprozessen und deren Einfluss auf die weitere Entwicklung. Als Ergebnis des beschriebenen Wandels findet eine

---

4 Vgl. Casetti/Odin 2002.
5 Vgl. Jenkins 2006.

Neuordnung von Kommunikationsverträgen[6] statt, welche der Beziehung zwischen Produzenten und Nutzern, aber auch deren Beziehungen zum Inhalt zugrunde liegt. So findet sich etwa die institutionelle Konstellation des ›alten‹, öffentlich-rechtlichen Fernsehens in einem Kommunikationsvertrag wieder, in welchem dem Publikum lediglich die Nutzung eines produzentenseitig hergestellten Inhalts ›erlaubt‹ wurde. Weitere Handlungsmöglichkeiten des Publikums mit Blick auf den Inhalt oder gar der Kommunikation mit den Produzenten waren ausgeschlossen. Demgegenüber sieht die institutionelle Beziehung zwischen Produzenten und Nutzern unter dem Vorzeichen der Digitalisierung deutlich mehr Kommunikationsmöglichkeiten und Nutzungswege vor. Für den gegenwärtigen Wandel der bisherigen »Vertragsgrundlagen« spielen insbesondere die verschränkte und parallele Nutzung von Second Screens eine bedeutende Rolle.

Der Mediensoziologe Nick Couldry verweist im Zusammenhang mit dem Wandel von Nutzungsweisen auf verschiedene Ausprägungen von medienbezogenen Handlungen, die zum einen etablierte Routinen und deren Beharrung betreffen, aber auch Reaktionen auf soziale und mediale Transformationsprozesse beinhalten.[7] Couldry hat sich in seiner Analyse digitaler Medienangebote insbesondere dreier Nutzungs- und Handlungsweisen gewidmet. Es handelt sich um Nutzungsweisen, »that are *directly oriented* toward the media, actions that *involve* media without necessarily having media as their aim or object; and actions whose possibility is *conditioned* by the prior existence, presence or functioning of media.«[8]

Grundsätzlich beginnt er in der Diskussion der möglichen Handlungsformen zu diesen drei Typen mit der Unterscheidung von einfachen und komplexen Medienpraktiken, die unter dem Eindruck der Mediatisierung einen Wandel erfahren. Die wechselseitigen Abhängigkeiten von Produzie-

---

6   Elizéo Veron (1985) hat diesen Begriff für die Analyse des aus dem triadischen Zusammenhang von Medienproduktion, Inhalten und Publikum entstehenden wechselseitigen Erwartungszusammenhangs in der Massenkommunikation verwendet. Er spricht vom »contrat de lecture« (Lesevertrag beziehungsweise Kommunikationsvertrag), wobei er diese Konstellation mit Blick auf journalistische Medien angewandt hat. Aufgrund des stillschweigend geschlossenen Abkommens oder Vertrags, der für Veron bei Printmedien vor allem aus der Machtkonstellation des linearen Kommunikationsmodells hervorgeht, verpflichtet sich das Publikum zu bestimmten Handlungen: Sie denken über bestimmte Ereignisse nach oder strukturieren etwa ihren Tag auf Basis der Informationen und Angebote. Im Sinne des Lesevertrags sind dies akzeptable Handlungen und Reaktionen auf die journalistischen Kommunikationen. Obwohl dieser theoretische Ansatz eher aus der linguistischen beziehungsweise semiotischen Analyse von Kommunikation stammt, lässt er sich auf unsere Fragestellung des Fernsehwandels anwenden.

7   Vgl. Couldry 2012.

8   Couldry 2012: 35.

renden und Publikumsmitgliedern, die in den jeweiligen Medienverträgen eingeschrieben sind, schlagen sich nach Couldry in routinisierten, habitualisierten, aber auch konditionierten Handlungen des Publikums nieder, die je nach Medientechnik oder Nutzungspraxis variieren. Diese sind nachstehend im Überblick zusammengefasst (siehe Tabelle 1).

Tabelle 1: Formen der Medienpraktiken

Einfache Medienpraktiken	Komplexe Medienpraktiken
Suchen und das Ermöglichen von Suchen	Den Nachrichten folgen
Zeigen und Zeigen lassen	Kommentieren
Präsenz anzeigen	Kommunikationskanäle offen halten
Archivieren	Ausblenden

Quelle: eigene Darstellung nach Couldry 2012: 45–57.

Im Rückgriff auf dieses Modell lässt sich nun der Wandel von Medienpraktiken unter dem Einfluss der Mediatisierung beschreiben. Für Couldry stellt zunächst der Wandel einfacher Medienpraktiken den Ausgangspunkt seiner Überlegungen dar. Das *Suchen und das Ermöglichen von Suchen* beschreibt eine metakommunikative Praktik, mit der Rezipienten in die Lage versetzt werden, gezielt aus einer Vielzahl von möglichen Kommunikationen diejenigen herauszusuchen, die für sie relevant sind.[9] Im klassischen Medienbereich sind vor allem spezialisierte Medienangebote wie Fernsehzeitschriften oder Bibliothekskataloge gemeint. Im Prozess der Digitalisierung werden diese Angebote durch Webkataloge und Suchmaschinen ersetzt, was einen Wandel von Suchpraktiken bedeutet. In der digitalen Medienumgebung geht es nicht allein um das Auffinden der fehlenden Information – auch das *Zeigen* dieser Information gehört hier dazu, beziehungsweise die Möglichkeit, sich diese Informationen gezielt *zeigen zu lassen*. Der spezifische Kommunikationsvertrag trägt dazu bei, dass der Suchende auch seine eigene Präsenz mit anzeigt. Das trifft unter anderem dann zu, wenn der Nutzer sich bei sozialen Netzwerkseiten wie Twitter registrieren lässt und sich auf dieser Plattform sichtbar macht.[10] In der analogen Medienwelt des Fernsehens war das Sichtbarwerden des Nutzers nur durch produzentenseitig »erlaubte« Einbindung von Rezipienten, etwa in eine Show mit Publikumsbeteiligung,

9   Vgl. Couldry 2012: 45–56.
10   Vgl. Couldry 2012: 47f.

möglich. Im Internet individualisiert sich demnach die Praxis des *Anzeigens von Präsenz*, wobei sie zugleich mit der Praxis des Zeigens, vor allem in den sozialen Netzwerken, verknüpft ist.[11] Hierbei kann etwa mit der Chatfunktion eines sozialen Netzwerks die eigene Präsenz visuell durch bestimmte Symbole der Verfügbarkeit deutlich gemacht werden. Offline wird Präsenz in der Regel erst durch andere Medienproduzenten ermöglicht, etwa durch einen Journalisten, der ein Interview veröffentlicht.

Die Praxis des *Archivierens* lässt sich in beiden Medienumgebungen finden.[12] Sind dies klassischerweise private oder öffentliche Sammlungen von in ihrer medialen Form materiell beständigen Fotos oder Zeitschriften, dann muss in der digitalen Medienumgebung besonders die Dynamik und die Flüchtigkeit von Onlineangeboten berücksichtigt werden. Spezialisierte Apps zur Hyperlink-Kuratierung erlauben das Sammeln von Webinhalten. Spezialisierte technische Geräte, zum Beispiel Festplattenrekorder, überbrücken beide Welten und ermöglichen es den Nutzern, sich Archive von unterschiedlicher Komplexität anzulegen.

Neben diesen einfachen Medienpraktiken beschreibt Couldry komplexe Medienpraktiken, die von Nutzern sowohl in der analogen, als auch in der digitalen Umgebung ausgeführt werden. Die komplexen Medienpraktiken beruhen auf den einfachen Formen, gehen aber über diese hinaus und besitzen eine andere Qualität. Zentral für die Wahrnehmung der Nutzer in der Öffentlichkeit ist die Praxis des *Verfolgens von Nachrichten*.[13] Ist diese in der klassischen Konstellation des Medienvertrags eher produzentenseitig getrieben, etwa durch die Auswahl und Präsentation des Weltgeschehens in Nachrichtensendungen des Fernsehens oder Tageszeitungen, so ist dies in der digitalen Welt nicht mehr ausschließlich der Fall. Nutzer können etwa einem personalisierten Nachrichtenstrom auf Twitter folgen, der nicht mehr journalistischen Selektions- und Darstellungsregeln entsprechen muss, was entsprechende demokratietheoretische Konsequenzen haben kann.

Zugleich aber wird die Praxis des *Kommentierens* relevant. Nutzer haben online in der Regel die Möglichkeit, auf veröffentlichte Inhalte zu reagieren und ihre Position darzulegen.[14] Dies kann als nutzerseitig getriebene Erweiterung des eigentlichen Inhalts gesehen werden, der in der klassischen Medienwelt durch einen produzentenseitig getriebenen Medienvertrag leichter beschränkt werden kann. An dieser Stelle sind vor allem Beschränkungen

---

11 Vgl. Couldry 2012: 50f.
12 Vgl. Couldry 2012: 51–53.
13 Vgl. Couldry 2012: 53f.
14 Vgl. Couldry 2012: 54f.

durch redaktionelle Auswahl oder schlicht physische Beschränkungen – etwa auf der Leserbriefseite einer Tageszeitung, gemeint. Allerdings sind beide Praktiken des *Verfolgens von Nachrichten* und des *Kommentierens* eng mit der Praktik des Anzeigens von Präsenz online und offline verknüpft.

Ähnlich verhält es sich mit der Praktik des *Offenhaltens der Kommunikationskanäle*, welche auf der Praktik des Suchens beruht. Allerdings versuchen die Nutzer nicht, die Informationsflut einzudämmen, sondern sie im Gegenteil möglichst offen zu halten, damit nichts versäumt wird, beziehungsweise um einen übergreifenden Blick, etwa auf ein laufendes Ereignis in der Welt, zu erhalten.[15] Digital kann dies durch automatisierte Suchabfragen, aber auch durch die parallele Nutzung verschiedener Browserfenster, Tabs oder Apps erfolgen, die eine Vielzahl von Kanälen zugänglich machen. Das Abonnement mehrerer Tageszeitungen wäre hierzu das Pendant in der analogen Medienwelt, aber auch die an den Fernseher gebundenen Praktiken des »Zapping« und des »Switching« zählen mit dazu. Bei Ersterem wird durch rapiden Kanalwechsel eine Subpraktik des Suchens mit dem Ziel betrieben, aus den aktuell ausgestrahlten Angeboten eines zu finden, das dem eigenen Interesse entgegenkommt. Bei Letzterem wird versucht, durch rhythmischen Kanalwechsel zwei oder mehrere Programme zur gleichen Zeit zu schauen.

Demgegenüber steht die Praxis des *Ausblendens*.[16] Wie bereits oben erwähnt, produziert die analoge wie digitale Medienwelt einen beständigen Strom an Kommunikationen, die nutzerseitig bearbeitet werden müssen. Während die Praktiken des Suchens und des Offenhaltens der Kommunikationskanäle eher Praktiken beschreiben, die neue Informationen organisieren, beschreibt die Praktik des Ausblendens den bewussten Verzicht auf neue Informationen. Mit Blick auf analoge wie digitale Medienangebote kann dies mit Vermeidungsstrategien beschrieben werden, die unterschiedliche Dimensionen betreffen können. So können bestimmte Inhalte wie Sport, Klatsch oder Wirtschaft ausgeblendet werden, bestimmte Kanäle wie etwa private Rundfunksender oder soziale Netzwerkseiten gar nicht rezipiert werden, oder ein komplettes Angebot, wie Fernsehen oder Internet, von vornherein nicht verwendet werden. Hier zeigt sich, dass trotz aller Wandelphänomene die Praxis des Ausblendens in der analogen wie digitalen Medienwelt grundsätzlich ähnlichen Prinzipien folgt.

---

15 Vgl. Couldry 2012: 55ff.
16 Vgl. Couldry 2012: 55f.

3. Nutzergenerationen und -sozialisierung

Nimmt man diese durch Kommunikationsverträge gerahmten und ermög-
lichten Handlungsweisen als Ausgangspunkt, dann stellt sich die Frage,
wie diese durch den Nutzer in eine Praxis überführt werden. Jenseits der
idealtypischen Beschreibung der auf Medien bezogenen Handlungen ist
bislang offen, wie diese Handlungen mit Blick auf den Second Screen durchgeführt werden können. Um diese Leerstelle zu füllen, wird eine weitere
Differenzierung nötig sein: Geht man davon aus, dass zum gegenwärtigen
Zeitpunkt die These eines grundlegenden Wandels des Fernsehens durch
Second-Screen-Angebote und Anwendungen nicht aufrecht erhalten werden kann, dann kann einer der Gründe darin gesehen werden, dass sich die
Praktiken des Fernsehens weitaus langsamer ändern als die technischen Voraussetzungen und Möglichkeiten. Auf Seiten der Nutzer sind insbesondere
zwei Aspekte zentral, welche die Verwendung des Second Screens zur Kom-
mentierung und zur Ko-Orientierung mit beeinflussen: die *generationale
Zugehörigkeit* und die *Mediensozialisation* der Nutzer.

Die Idee einer durch gemeinsam geteilte historische (und mediale) Erfahrung verbundenen sozialen Gruppe als Ausgangspunkt für die Analyse von
Medienhandlungen wird gegenwärtig kommunikationswissenschaftlich
vertiefend untersucht.[17] Die Klassifikation entlang des Lebensalters von
Generationenmitgliedern ermöglicht eine Einteilung des Publikums im
Sinne ökonomisch relevanter Zielgruppen, an die bestimmte Erwartungen
gestellt werden oder sind. Das Argument, wonach das Lebensalter eine wichtige Rolle bei der Ausgestaltung der Medienrezeption spielt, ist plausibel,
muss aber auch schicht- und milieuspezifische Binnendifferenzierungen
von Generationen, wie individuelle soziale und kulturelle Faktoren sie
darstellen, miteinbeziehen. Geht man zudem davon aus, dass der Umgang
mit Medienangeboten, aber auch deren Bewertung, sich dynamisch über die
Lebenszeit einzelner Nutzer ändern kann und über sogenannte Sozialisationsinstanzen – etwa Elternhaus, Schule oder andere Institutionen – mit
vorbereitet wird, lassen sich individuelle Unterschiede und Gemeinsamkei-
ten in der Mediennutzung in Abhängigkeit von bestimmten Milieus erklären.
Angehörige bestimmter Generationen haben bezogen auf ihre Herkunft und
ihre Verortung stets bestimmte Sozialisationsinstanzen durchlaufen, sodass
entsprechende Handlungsweisen erwartbar sind. Dies jedoch schließt eine

---

17 Vgl. Berg/Hepp/Roitsch 2015 sowie Jäckel 2010.

individuelle Ausgestaltung der auf Medien bezogenen Handlungen keineswegs aus.

4. Die empirische Analyse der Nutzung von Second Screens bei der Fernsehrezeption

Fasst man die bisherige Argumentation zusammen, dann ergibt sich ein Problemaufriss, dessen Bezugspunkte empirisch analysiert werden können: Die mit der Digitalisierung der Medien eingeleiteten Mediatisierungsprozesse führen zu Veränderungen in der Mediennutzung und -rezeption, welche sich aus dem Wandel medial vermittelter Kommunikation und der sie umgebenden sozialen Prozesse ergeben, aber auch auf diese selber Einfluss nehmen. Ein besonderes Symptom und Ausdruck dieses Wandels ist die im Zentrum dieses Beitrags stehende Second-Screen-Nutzung. Mit ihr findet eine grundlegende Veränderung des bisherigen fernsehspezifischen Kommunikationsvertrags statt, indem die Möglichkeiten des Publikums durch eigenständige medienbezogene Handlungen erweitert werden. Um aussagekräftige empirische Ergebnisse über die Folgen und die Struktur des Wandels zu erhalten, wurden im durch die Deutsche Forschungsgemeinschaft geförderten Projekt »Mediatisierte Medienrezeption am Beispiel fiktionaler Unterhaltungssendungen des deutschen Fernsehens« im Rahmen des Schwerpunktprogramm »Mediatisierte Welten« qualitative Einzelinterviews und Gruppeninterviews mit bis zu sechs Personen in verschiedenen Altersstufen mit Fernsehnutzern durchgeführt, welche die Erfassung der neuen Prozesse der Second-Screen-Nutzung zum Ziel hatten.

Um die jeweiligen generationalen Nutzungsweisen zu erfassen, wurden drei Gruppen gebildet, die einer in der Medienforschung gebräuchlichen Einteilung folgt: Die erste Gruppe bilden die sogenannten »Digital Natives«, also Personen, die gegenwärtig bis zu 29 Jahre alt sind. Handlungen der Kommentierung und der Ko-Orientierung, so unsere Arbeitshypothese, werden in dieser Gruppe vor allem über die sozialen Netzwerkseiten vorgenommen. Als Vergleichsgruppe hinsichtlich der Durchsetzung der neuen Nutzungs- und Rezeptionspraktiken dient uns die Generation der »Habitualisierten Mediennutzer« im Alter ab 50 Jahren. Für diese Gruppe wird davon ausgegangen, dass diese Nutzer den Second Screen nur marginal verwenden und die Prozesse der Kommentierung und der Ko-Orientierung in der Face-to-Face-Situation vor dem Fernseher vornehmen. Spannend für den Vergleich von Nutzungsweisen ist eine dritte Gruppe, die »In-Betweener« im Alter von 30 bis 49 Jahren. Diese Gruppe hat aufgrund ihrer Medien-

sozialisation prinzipiell die Möglichkeit, Handlungsformen der »Digital
Natives« und der »Habitualisierten Mediennutzer« zu zeigen: Sie sind alt
genug, klassische Formen der Kommentierung und der Ko-Orientierung
erfahren und durchgeführt zu haben, sie sind aber auch jung genug, um
sich die von den »Digital Natives« genutzte Medientechnologie und deren
Bedienungsweisen selbstständig anzueignen.

Da es sich bei den Prozessen der Fernsehrezeption um alltägliche Vor-
kommnisse handelt, die habitualisiert und routinisiert ablaufen, muss es das
Ziel der Analyse sein, diese »Normalität« des Handelns der Nutzer einzufangen. Dazu wurde ein Samplingverfahren gewählt, das auf zufälliger Ansprache von Personen basierte. Diese Ansprache erfolgte in den Betriebskantinen
größerer mittelständischer Unternehmen der Stadt Friedrichshafen, um eine
Diversifizierung des Samples nach Geschlecht, Alter, formaler Bildung und
Einkommen zu gewährleisten. Für die Gruppe der »Digital Natives« wurden
Schüler einer Berufsschule in Halle an der Saale befragt – zum einen, um
sich von der geografischen Beschränkung der Samplebildung zu lösen, zum
anderen, um auch diese Altersgruppe in ihrer entsprechenden alltäglichen
Umgebung zu erreichen.

Im Folgenden wird ein Auszug aus der Analyse vorgestellt, in der die
Nutzungsformen der »Habitualisierten Mediennutzer« im Alter von mindestens 50 Jahren und der »Digital Natives« im Alter von bis zu 29 Jahren
als Kontrastgruppe herangezogen werden. Die Darstellung der Ergebnisse
dieser exemplarischen und fallbezogenen Auswertung gewährt einen ersten
Einblick zu Prozessen der Second-Screen-Nutzung.[18]

5. Ergebnisse: Beharrungsmomente in der Fernsehrezeption

Die Aussagen zur Second-Screen-Nutzung in den von uns analysierten
Gruppen erlauben die Einschätzung, dass von einer weit verbreiteten Nutzung eines zweiten oder gar dritten Bildschirms selbst bei der Gruppe der
sogenannten »Digital Natives« bislang nicht die Rede sein kann. Zwar ist
die Nutzung des Second Screens bei vielen jüngeren Nutzern mittlerweile
verbreitet, jedoch wird er kaum als Mittel der Interaktion während des Fernsehens genutzt. Vielmehr wird der Second Screen zur Informationssuche

---

18 Die systematische Auswertung aller von uns erhobenen Daten läuft gegenwärtig, sodass wir
    an dieser Stelle nur einen ersten Einblick geben können. Insgesamt wurden n = 58 Leitfaden-
    interviews mit Personen aus den Altersgruppen 19- bis 29-Jährige, 30- bis 49-Jährige und
    Über-50-Jährige geführt. Die Interviewdaten wurden transkribiert und mit Hilfe der
    Software MAXQDA kategorisiert und analysiert.

verwendet. So werden etwa Informationen zu Schauspielern oder Drehorten gesucht. Daneben ist eine parallele, vom Fernsehprogramm unabhängige Nutzung des Second Screens festzustellen. Zwar wurde ein spezifisches Programm ausgewählt, jedoch wechselt die Aufmerksamkeit der Nutzer zwischen der Sendung und dem Second Screen hin und her. Genutzt werden auf Letzterem vielfach Anwendungen, die mit dem Fernsehprogramm inhaltlich nicht verschränkt sind. So geben die von uns interviewten Personen häufig an, neben dem Fernsehprogramm ihre E-Mails zu bearbeiten, Reisen zu planen oder mit Freunden und Bekannten über Themen zu kommunizieren, die nichts mit dem parallel laufenden Fernsehprogramm zu tun haben.

Aspekte der Second-Screen-Nutzung, wie die Nutzung der Kommentarfunktion zum Beispiel über Twitter finden, wenn überhaupt, eher gelegentlich statt. Die meisten der von uns Befragten sind sich bewusst, dass bei beliebten und reichweitenstarken Angeboten wie dem *Tatort*, Kommentierungen über Twitter üblich sind. Aber auch diese werden bislang nur selten bis überhaupt nicht andauernd mitverfolgt. Für viele Befragte über alle Altersgruppen hinweg spielt Twitter keine besondere Rolle in ihrem Medienmenü. Auch die »Digital Natives« sind auf Twitter eher zurückhaltend, da dieses Netzwerk laut Aussagen der Interviewten bereits als »überholt« angesehen wird und deshalb zur Kommunikation über ebenfalls als »überholt« erachtete linear ausgestrahlte Fernsehinhalte nicht weiter genutzt wird. Allerdings findet ein Austausch zu Fernsehsendungen wie Fernsehserien und Angeboten des Reality-TV über den Messenger-Dienst WhatsApp statt, den die jüngeren Befragten als persönlicher und direkter empfinden, da die Verständigung unter persönlich Bekannten im Stile eines beiläufigen Chats stattfinden kann. Twitter hingegen verlangt einen eigenen Jargon und wird als wenig responsiv bewertet, zumal die Kommunikation unter persönlich nicht näher bekannten Teilnehmern stattfindet.[19] Dennoch ist Twitter keine unbekannte Größe und auch die Tweets zu den einzelnen Sendungen werden als witzig, skurril und unterhaltsam bewertet. Verfolgt werden sie allerdings nicht während des TV-Konsums, sondern im Rahmen von Zusammenfassungen der »besten Tweets« zu einer Sendung etwa auf Spiegel Online.

Der Second Screen wird in unserem Sample also nicht bei allen Fernsehaktivitäten gleichermaßen parallel zum laufenden Fernsehprogramm genutzt. Dies ist nicht mit einer Handlungsunfähigkeit der Zuschauer gleichzusetzen. Im Gegenteil: Die Entscheidung gegen die Nutzung, also das *Ausblenden* im Sinne von Nick Couldry, ist eine durch die Nutzer wohlbegründete. Anlassbezogen zeigt sie sich vor allem in der Praktik des sogenannten »Lur-

---

19 Vgl. im Überblick Weller et al. 2013.

kings«, also des Mitlesens von durchlaufenden Kommunikationen, etwa auf
Twitter, ohne dabei selbst aktiv zu kommunizieren. Gründe für die geringe
Nutzung liegen in der mangelnden Relevanz des parallelen Kommentierens
zur Steigerung des eigenen Rezeptionserlebens oder sind schlichtweg dem
Desinteresse in der konkreten Rezeptionssituation geschuldet. Was die Dyna-
mik von Mediatisierungsprozessen betrifft, so muss von einem Moment der
Beharrung beziehungsweise der De-Mediatisierung[20] gesprochen werden.
Wie in diesem Band dargestellt, geht Friedrich Krotz mit Bezug auf das
Mediatisierungskonzept von einer durch medial vermittelte Kommunikation
mitbestimmten Entwicklung von sozialen Situationen aus.[21]

Die Dynamik des Mediatisierungsprozesses ist nicht von technischer
Seite determiniert, jedoch in seiner Entwicklung mit beeinflusst. Mit der
Digitalisierung der Medien verändern sich vormals als nicht-mediatisiert
beschreibbare soziale Handlungen, wie etwa das Gespräch unter Anwesen-
den unter dem Eindruck von Medientechnologie, beispielsweise dem Telefon, zu einem von technischen Praktiken mitbestimmten Handlungsfeld, das
neue Handlungsräume eröffnet. In diesem Prozess finden keine Ersetzung
oder Ablösung alter Praktiken durch neue mediatisierte Handlungsweisen
statt. Es entwickeln sich vielmehr parallele oder sich wechselseitig miteinander verschränkende Nutzungsformen. Die bewusste Nicht-Nutzung von
mediatisierten Kommunikationsmöglichkeiten lässt sich als Beharrung und
möglicherweise auch als intendierter Widerstand werten. Dadurch werden
ein umfassender Wandel und eine aus der Marketingperspektive ersehnte
Neustrukturierung der Kommunikationsformen eher unwahrscheinlich. Ein
grundlegender Wandel findet lediglich innerhalb bestimmter sozialer Gruppen statt, etwa einer technikaffinen Avantgarde, die jedoch kaum durch ihr
Alter zu definieren ist. Die in unserem Sample interviewten Nutzer berichten
zwar immer wieder von einer hochwertigen technischen Ausstattung ihrer
Haushalte mit neuerer und neuester Kommunikationstechnologie, deren
Optionen dann aber kaum genutzt werden und teilweise sogar gänzlich
unbekannt sind. Ob und wie sich Mediatisierungsprozesse entwickeln
und ausgestalten, ist also nicht nur eine Frage der bloßen Verbreitung von
Medientechnik, sondern auch deren sozialer Akzeptanz und – wie es aus den
Interviews hervorgeht – vor allem auch eine Frage der Mediensozialisation,
in der entsprechende Umgangsformen erlernt werden. Als vorsichtiger Prä-
diktor für Mediatisierungsprozesse wird die Mediensozialisation wichtiger
als eine bloße vom Alter her bestimmte Zugehörigkeit zu einer Nutzer-

---

20 Vgl. Göttlich/Heinz/Herbers 2017.
21 Vgl. Krotz 2001.

gruppe, die letztlich eine Größe der Marktforschung bleibt und vielfach der Beschreibung des Publikums als Konsumenten dient. Erst eine Erfassung der unterschiedlichen Formen von Akzeptanz und Beharrung lassen das Publikum als heterogene Nutzer von öffentlich relevanter Kommunikation erscheinen.[22]

6. Fazit: Die mediatisierte Medienrezeption als veränderte Mediennutzungsform

Aus der Zusammenschau der theoretischen Argumente und erster empirischer Befunde unserer Analysen ergeben sich verschiedene Einschätzungen zur Dynamik der mediatisierten Medienrezeption. Betrachtet man die Befunde vor dem Hintergrund der gegenwärtig laufenden Diskussion um das sogenannte Social TV und seiner herbeigeschriebenen Veränderungspotenziale, dann wird deutlich, dass die von der Marktforschung vertretene Einschätzung gerade hinsichtlich der Akzeptanz und Nutzung des zentralen Mediums dieser Entwicklung, dem Second Screen, bislang nur eingeschränkt zutrifft. Die umfassende, breite Zuschauerschaften erfassende Nutzung des Social TV erweist sich als Teil einer nicht unwesentlich auch von der Marktforschung entworfenen ökonomischen Hoffnung auf neue Absatzmärkte und Gewinne.[23]

Bislang verwendeten nur wenige Nutzer aus unterschiedlichen sozialen Settings die Möglichkeiten des Second Screens. Diese Ergebnisse entsprechen den Befunden zur Online-Partizipation, die ebenfalls nur von einer kleinen Gruppe stark interessierter Nutzer betrieben wird.[24] Auch die vorwissenschaftliche Vorstellung einer umfassenden Praxis des Kommentierens erweist sich bislang als nur wenig verbreitet.[25] Vielmehr findet eine parallel zum Fernsehprogramm laufende Nutzung des Second Screens statt, die eher inhaltlich ungebunden verläuft. Dies entspricht einer gleichzeitigen Mediennutzung, wie sie in anderen technischen Konstellationen bereits bekannt ist: Ein klassisches Beispiel wäre etwa die Nutzung von Radiosendungen während des Lesens einer Tageszeitung. Eine solche Tätigkeit muss nicht zwangsläufig mit einem als kritisch bewerteten Aufmerksamkeitssplitting

---

22 Vgl. Marr/Bonfadelli 2005: 502.
23 Vgl. etwa bei Goldhammer et al. 2015 sowie Proulx/Shepatin 2012.
24 Vgl. zusammenfassend Carpentier 2011.
25 Vgl. Sehl/Naab 2014.

einhergehen, es findet bekanntlich eher eine wechselnde Fokussierung der Aufmerksamkeit der Nutzer statt.

Nutzt man unsere Befunde für eine Einschätzung des bisherigen Wandels der Fernsehnutzung unter Second-Screen-Bedingungen, dann zeigt sich, dass der Wandel der Institution Fernsehen auf der Organisations- und Distributionsseite nicht zwangsläufig schon in einen gleichzeitigen Wandel von Nutzungsweisen und -praktiken mündet. Zwar werden durch die neuen digitalen Ausstrahlungskanäle neue Formen der Rezeption möglich. Diese werden aber nicht gleichmäßig auch zwangsläufig bereits in ganzer Breite genutzt und akzeptiert. Die Analyse der unterschiedlichen Stile und Umgangsweisen mit neuen Medientechnologien, welche bei den Gewohnheiten des Zuschauens ansetzt, erlaubt zwar die Einschätzung, dass die Medien- und Fernsehpraktiken im Umbruch sind. Allerdings spielt das Fernsehen als Medium mit einer vorgegebenen Programmstruktur und etablierten Kommunikationsformen vorerst weiterhin seine bestimmende Rolle beim Fernsehpublikum.

Abstract

Television watching has always been a social activity. Even a singular user is never truly alone, as he is part of a larger audience, which watches, comments and recommends certain television shows. With the advent of »second screens«, brought forth by processes of mediatization, audience practices on the one hand become ever more visible and on the other hand undergo changes. Based on these propositions, our analysis focuses on the styles of media practices in German television audience with regard to commenting and co-orientation through second screens.

Literatur

Berg, Matthias / Hepp, Andreas / Roitsch, Cindy (2015): Media Generations. Mediatized Communications Across the Life Span (= Vortrag auf der 65th Annual Conference of the International Communication Association, San Juan).

Buschow, Christoph / Schneider, Beate (2015): Social TV in Deutschland. Eine Einführung in Begrifflichkeiten und Forschungsbereiche, in: Christopher Buschow / Beate Schneider (Hg.), Social TV in Deutschland, Leipzig, S. 11–38.

Carpentier, Nico (2011): Media and Participation. A Site of Ideological-Democratic Struggle, Bristol / Chicago.

Casetti, Francesco / Odin, Roger (2002): Vom Paläo- zum Neo-Fernsehen. Ein semio-pragmatischer Ansatz, in: Ralf Adelmann / Jan O. Hesse / Judith Keilbach / Markus Stauff / Matthias Thiele (Hg.), Grundlagentexte zur Fernsehwissenschaft. Theorie – Geschichte – Analyse, Konstanz, S. 311–334.

Couldry, Nick (2012): Media, Society, World. Social Theory and Digital Media Practice, Oxford.

Goldhammer, Klaus / Kerkau, Florian / Matejka, Florian / Schlüter, Jan (2015): Social TV. Aktuelle Nutzung, Prognosen, Konsequenzen, Leipzig.

Göttlich, Udo / Heinz, Luise / Herbers, Martin R. (2017): »Second-Screen-Nutzung« und die De-Mediatisierung des Fernsehens: Aktuelle Herausforderungen für die Kommunikations- und Medientheorie, in: Michaela Pfadenhauer / Thilo Grenz (Hg.), De-Mediatisierung. Diskontinuitäten, Non-Linearitäten und Ambivalenzen im Mediatisierungsprozess, Wiesbaden, S. 159–178.

Jäckel, Christoph (2010): Was unterscheidet Mediengenerationen?, in: Media Perspektiven (5/2010), S. 247–257.

Jenkins, Henry (2006): Convergence Culture. Where Old and New Media Collide, New Haven/London.

Johnen, Marius / Stark, Birgit (2015): Wenn der Fernseher nicht ausreicht. Eine empirische Analyse der Second Screen-Nutzung, in: Studies in Communication and Media 4 (4/2015), S. 365–406.

Krotz, Friedrich (2001): Die Mediatisierung des kommunikativen Handelns. Der Wandel von Alltag und sozialen Beziehungen, Kultur und Gesellschaft durch die Medien, Opladen.

Marr, Mirko / Bonfadelli, Heinz (2005): Mediennutzungsforschung, in: Heinz Bonfadelli / Otfried Jarren / Gabriele Siegert (Hg.), Einführung in die Publizistikwissenschaft, 2. Aufl., Bern/Stuttgart/Wien, S. 497–526.

Proulx, Mike / Shepatin, Stacy (2012): Social TV. How Marketers Can Reach and Engage Audiences by Connecting Television to the Web, Social Media and Mobile, Hoboken.

Sehl, Annika / Naab, Teresa K. (2014): User Generated Content im Auge der Kommunikationswissenschaft. Deskription eines Forschungsfeldes, in: Birgit Stark / Oliver Quiring / Nikolaus Jackob (Hg.), Von der Gutenberg-Galaxis zur Google-Galaxis. Alte und neue Grenzvermessungen nach 50 Jahren DGPuK, Konstanz/München, S. 117–134.

Veron, Elizéo (1985): L'Analyse du »Contrat de Lecture«. Une Nouvelle Methode pour les Etudes de Positionnement des Supports Presse, in: Institut de Recherches et d'Etudes Publicitaires (Hg.), Les Médias. Expériences – Recherches Actuelles – Applications, Paris, S. 203–229.

Weller, Kathrin / Bruns, Axel / Burgess, Jean / Mahrt, Merja / Puschmann, Cornelius (Hg.) (2013): Twitter and Society, New York.

Werner Reichmann

Interaktion in mediatisierten Welten

Von Face-to-Face-Kommunikation zur Interaktion in
»synthetischen« Situationen

1. Einleitung

Die Abteilung für Öffentlichkeitsarbeit des deutschen Bundesministeriums für Wirtschaft und Energie hat im März 2016 eine Broschüre publiziert, die den Titel *Digitalisierung und du – Wie sich unser Leben verändert* trägt. Darin werden die Folgen der Digitalisierung in unterschiedlichen Bereichen gesellschaftlichen Lebens, beispielsweise im Alltag, bei der Arbeit, beim Lernen etc., in aller Kürze abgehandelt. Im Wesentlichen geht es der Broschüre darum, die Digitalisierung »nicht dem Zufall [zu] überlassen […,] weil mit ihr für uns alle auch große Chancen verbunden sind […] [und] die Wirtschaftsleistung in Deutschland bis zum Jahr 2020 um weitere 82 Milliarden Euro steigen [könnte], wenn wir digitale Technologien konsequent nutzen.«[1] Die Botschaft der Broschüre ist eindeutig: Die Digitalisierung bietet für die wirtschaftliche Weiterentwicklung eine Menge Chancen und wer diese ignoriert, könnte in der Zukunft volkswirtschaftlich das Nachsehen haben.

Das, was das Bundeswirtschaftsministerium hier großzügig unter dem Begriff der Digitalisierung subsumiert, also die massenhafte Verwendung von vernetzter und vergleichsweise leistungsfähiger Computertechnologie in immer mehr Bereichen des gesellschaftlichen Lebens, hat in modernen Gesellschaften aber nicht nur in wirtschaftlicher Hinsicht Konsequenzen. Vielmehr wird das gesamte Zusammenleben der Menschen, wovon die Wirtschaft nur einen Teil ausmacht, von ihr beeinflusst. Beispielsweise verändern sich durch die massenhafte Nutzung digitaler Medien auch die Routinen der Menschen im Umgang mit sich und mit anderen; ihre kulturell geprägten Äußerungen, Gesten, Praktiken und Handlungen werden durch das Einsickern digitaler Apparaturen, Daten, Logiken und Medien neu geprägt. Durch digitale Medien erhalten auch die Interaktionen zwischen Menschen neue Qualitäten.

---

1 Bundesministerium für Wirtschaft und Energie 2016: 3.

Ein wesentlicher Teil dieser auf der gesellschaftlichen und nicht bloß auf der wirtschaftlichen Ebene beobachtbaren Veränderungen wird durch die Digitalisierung sämtlicher Medien bestimmt und ist ein Aspekt dessen, was in unterschiedlichen Zusammenhängen als »Mediatisierung« diskutiert wird. Damit ist in einem ersten Schritt gemeint, dass die Anzahl an verfügbaren Medien, deren Vernetzung und die Anzahl der Personen, die diese Medien nutzen (können), steigt. Im zweiten Schritt adressiert Mediatisierung aber auch eine qualitative Veränderung menschlicher Kultur, die durch digitale Medien ausgelöst wird.[2]

Mediatisierung wird häufig als gesamtgesellschaftliches Phänomen diskutiert. Neben Arbeiten zur gesellschaftlichen Wirkung einzelner Technologien, wie zum Beispiel sozialer Netzwerke im Internet[3], wird der Begriff der Mediatisierung vor allem als Teil des sozialen Wandels[4] theoretisiert. Sie wird dabei als »Metaprozess«[5] verstanden, der als ein Teil der Veränderung ganzer Gesellschaften aufgefasst wird. Mediatisierung wird hier auf der makrosoziologischen Ebene vermutet und gemeinsam mit Prozessen wie Individualisierung oder Urbanisierung genannt.

Das Bundeswirtschaftsministerium hatte gewiss einen Grund, warum es seine Broschüre »Digitalisierung und du« betitelte, warum es also ein gesamtgesellschaftliches Phänomen auf das einzelne Individuum bezieht. Es drückt damit aus, dass es sich bei Entwicklungen, die wir Digitalisierung und Mediatisierung nennen können, nicht nur um die Transformation großer Sozialformen, wie ganzer Gesellschaften, handelt, sondern dass sich diese auch in den sozialen Mikroformen niederschlagen. Eine solche Mikroperspektive wird auch im vorliegenden Artikel eingenommen. Es geht hier also um die Veränderungen, die die Digitalisierung der Medien in kleinen, mikrosoziologischen Einheiten mit sich bringt und damit um die Veränderung der Interaktionsordnungen und um die Bewältigung von »sozialen Situationen« unter digital-mediatisierten Bedingungen.

Dabei sollte nicht vergessen werden, dass die mikrosoziologische Ebene auf die Makroebene der Gesellschaft gleichsam »hinaufwirkt«. Makrosoziologische Entwicklungen, ja globale Ordnungen des Sozialen, sind nicht unabhängig von mikrosoziologischen Erscheinungen, sondern beide stehen in einem spezifischen Verhältnis zueinander. Die in mikrosoziologischen Situationen vorgefundenen Muster der Handlungs- und Interaktionssituation

---

2   Krotz 2007 sowie Lundby 2009.
3   Vgl. beispielsweise Lewis/Gonzales/Kaufman 2012, Murthy 2012, Weller et al. 2014.
4   Vgl. Krotz 2007; siehe außerdem Lundby 2009.
5   Vgl. dazu Krotz 2001, Krotz 2008.

konstituieren auch die Muster und Strukturen von über die Situation hinaus-
ragenden Formen sozialen Handelns – dies gilt insbesondere für Interaktionen
in modernen, mit digitalen Medien ausgestatteten »Mediatisierten Welten«.[6]
Über all dem steht die soziologische Frage nach der Quelle und dem Ort
gesellschaftlicher Ordnungsleistungen. Wie schaffen es Gesellschaften, die
bereits ohne Globalisierung und ohne digitale Medientechnologien unüber-
schaubare Einheiten darstellen, geordnet zu funktionieren und sich zu koor-
dinieren? Unter den Bedingungen, die digitale Medien erzeugen, gehen diese
Fragen noch weiter: Wie reagieren soziale Einheiten auf neue Möglichkeiten
(und auch auf die damit eventuell verbundenen neuen Gefahren), die den
Kern mikrosoziologischer Phänomene, wie beispielsweise die Interaktionssituation, betreffen? Wie erweitern soziale Einheiten ihre Ordnungsprinzi-
pien, wie entwickeln sich gesellschaftliche und politische Formen, um die
Interaktions- und Handlungsordnungen auch unter digital-mediatisierten
Bedingungen aufrechtzuerhalten? In diesen weitreichenden Fragenkomplex
ist der vorliegende Artikel eingebettet und er behandelt einige seiner Aspekte
auf der mikrosoziologischen Ebene.

Im folgenden Abschnitt werden anhand eines alltagsnahen Beispiels die
wesentlichen Begriffe vorgestellt, die eine mikrosoziologische Analyse von
Interaktionssituationen unter digital-mediatisierten Bedingungen ermöglichen sollen: die synthetische Situation sowie das Konzept der skopischen
Medien. Anschließend folgt die kurze Beschreibung eines prototypischen
Falles von globaler Interaktion unter digital-mediatisierten Bedingungen. Bei
all dem wird deutlich, dass menschliche Interaktion zunehmend von einer
neuen Form von Akteuren maßgeblich beeinflusst wird, nämlich von Algorithmen. Mit den neuen Problemen, die diese mit sich bringen, beschäftigt
sich der abschließende Abschnitt.

2. Die soziale Situation und ihre mediatisierte Erweiterung

In einem ersten Schritt werden anhand eines erfundenen, aber konkreten
und am deutschen Alltag orientierten Beispiels die Unterschiede zwischen
zwei sozialen Interaktionssituationen herausgearbeitet: zwischen der sogenannten »nackten« Situation, in der Menschen körperlich anwesend sind
und die von Face-to-Face-Interaktionen dominiert wird, und der syntheti-

---

6 Das Verhältnis zwischen der makro- und der mikrosoziologischen Ebene wird in der
   soziologischen Literatur unterschiedlich konzeptualisiert (siehe dazu beispielsweise
   Hirschauer 2014, Knorr Cetina/Cicourel 1981) und kann in diesem Beitrag nicht eingehend
   behandelt werden.

schen Situation, in der digitale Medien beides, körperliche Ko-Präsenz und Face-to-Face-Interaktion, aufbrechen. Dabei spielt mit den sogenannten skopischen Medien ein spezifischer Medientypus eine zentrale Rolle, auf den weiter unten eingegangen wird.

2.1 Von der »nackten« Situation …

Stellen wir uns eine »nackte« soziale Situation[7] vor, in der sich zwei Menschen, nennen wir sie A und B, das erste Mal begegnen und einander kennenlernen. Sie treffen auf einem sommerlichen Grillfest aufeinander, suchen den Kontakt zueinander und beginnen miteinander zu reden – eine Situation, wie sie an warmen Sommerwochenenden in Deutschland flächendeckend und in großer Zahl zu finden ist. Diese Situation besteht zunächst aus *Personen*. Neben A und B befinden sich noch weitere Gäste auf dem Fest, einer grillt, drei Kinder spielen Fangen, andere stehen herum und unterhalten sich, einer sitzt alleine in der Ecke und trinkt Bier. Alle Personen sind körperlich anwesend und befinden sich in der »response presence«[8] der jeweilig anderen, sie können einander mit ihren Sinnen wahrnehmen.

Des Weiteren besteht diese Situation aus *Interaktionen*. Konzentriert man sich auf die Interaktion zwischen A und B, so ist zu beobachten, dass sie einander gegenübersitzen und miteinander sprechen. Sie unterhalten sich über dies und jenes, versuchen einander besser kennenzulernen und sie schenken einander über einen gewissen Zeitraum ihre volle Aufmerksamkeit. Interaktion muss aber nicht notwendigerweise aus sprachlicher Kommunikation bestehen. Interaktion kann beispielsweise auch die latente Bezugnahme auf andere in der Situation anwesende Personen sein. Etwa könnte B von den spielenden Kindern kurz abgelenkt werden oder von ihnen genervt sein, es könnte sich ein kurzer Blickkontakt mit dem Biertrinker ergeben oder ein anderer drängt sich an A vorbei, um zum Salatbuffet zu kommen, was A dazu zwingt, seine Sitzposition zu ändern. All dies sind Interaktionen, die eine »nackte« soziale Situation konstituieren.

Des Weiteren ist diese Situation durch eine spezifische *Materialität* geprägt. Zum Beispiel befindet sich die Grillsituation in einem Garten, der von Büschen und Bäumen gesäumt ist. A und B sitzen auf wenig bequemen

---

7   Der Begriff der »nackten« Situation wird von Knorr Cetina (2009: 69) verwendet. Sie bezieht sich dabei auf Erving Goffmans Definition der sozialen Situation, in der sich die Situationsteilnehmer über ihre »naked senses«, also nur durch die Verwendung ihrer angeborenen Sinne, erreichen und miteinander interagieren können (Goffmans 1983: 135).

8   Goffman 1983: 2.

Bierbänken, der Griller raucht und das Grillgut verströmt deutlich wahrzunehmenden Geruch. Die Materialität beeinflusst die Situation, indem sie ihr einen Rahmen gibt, Handlungsmöglichkeiten eröffnet oder indem sie aktiv in die Situation eingreift.[9] Eine »nackte« Situation entsteht also immer dann, wenn zwei oder mehr Personen körperlich ko-präsent sind, sich in der sinnlich-wahrnehmbaren Reichweite der jeweils anderen Personen befinden. Dabei entsteht Interaktion, hier gedacht nicht nur als sprachliche Kommunikation, sondern auch in Form von Mimik, Gestik, Körperhaltung und so weiter. Hinzu kommen die physische Rahmung und die nicht-menschlichen Objekte als zusätzliche Primärelemente jeder »nackten« sozialen Situation.

2.2 … zur synthetischen Situation …

Moderne Gesellschaften haben eine Reihe von Technologien entwickelt, die in der Lage sind, »nackte« soziale Situationen aufzubrechen und die Situationen dadurch maßgeblich zu verändern. Erstens ist die körperliche Ko-Präsenz, also die gleichzeitige Anwesenheit am selben physischen Platz, nicht mehr notwendige Voraussetzung für die Konstitution einer gemeinsamen sozialen Situation. Interaktion kann mithilfe moderner Medien relativ einfach räumlich übertragen und vermittelt werden. Wenn Interaktion auf die verbale Informationsübermittlung reduziert wird, kann dies bereits seit der Erfindung der Telegrafie behauptet werden. Zweitens sind soziale Situationen durch digitale Medien informationell angereichert – soziale Situationen werden also informationalisiert. Wenn sich Interaktionssituationen aufspannen, an denen zwei oder mehr Menschen beteiligt sind, die sich aber nicht notwendigerweise am selben Ort befinden, und wenn in diesen Situationen zudem Informationen, über die man mit den menschlichen Sinnen eigentlich nicht verfügen kann, prozessiert und präsent gemacht werden, dann spricht man von einer »synthetischen« Situation.[10] Der Begriff der synthetischen Situation weist einerseits darauf hin, dass Elemente der Situation mit anderen Daten und Informationen zusammengefügt, also synthetisiert werden;

---

9 Beispielsweise geht die Actor-Network-Theory davon aus, dass Menschen und nichtmenschliche Objekte in der soziologischen Analyse gleichbehandelt werden sollten und damit eine aktive Rolle im Sozialleben einnehmen (vgl. dazu beispielsweise Callon 1986, Johnson 1988).

10 Um von einer voll ausgeprägten synthetischen Situation sprechen zu können, sind noch eine Reihe weiterer Charakteristiken notwendig, die hier aus Platzgründen nicht näher behandelt werden. Umfassendere Analysen synthetischer Situationen findet man bei Knorr Cetina 2009 und Einspänner-Pflock/Reichmann 2014.

andererseits wird damit angezeigt, dass sich die synthetische Situation durch eine gesteigerte Künstlichkeit, also Synthetik charakterisieren lässt.

Wie könnte ein synthetisiertes Grillfest aussehen? Dazu braucht man ein wenig Fantasie, denn voll ausgeprägte synthetische Situationen sind zum Zeitpunkt der Publikation dieses Beitrages eher in beruflichen Kontexten und als gesellschaftliche Randerscheinungen vorzufinden. Die mögliche Informationalisierung der Interaktion zwischen A und B auf dem Grillfest ist aber dennoch vorstellbar: A und B sind gerade dabei, einander kennen-zulernen, wobei situationsrelevante Information durchaus hilfreich sein könnte. Beispielsweise könnte man gemeinsame Interessen und Vorlieben oder gemeinsame Freunde in den Raum projizieren und damit situational hilfreiches Wissen verfügbar machen.[11] Interessant wäre für A und B even-tuell auch, wer die anderen Gäste sind, wie lange die Bratwurst noch auf dem Grill liegen muss, bis sie durch ist, wie viel Bier noch da ist und welche Temperatur es hat.

Neben einer situationsrelevanten Informationalisierung der Situation ist es darüber hinaus denkbar, dass Menschen, die sich nicht am selben Ort befinden, eine gemeinsame, synthetische Grillsituation aufspannen. So könnten zwei Gruppen von Menschen über eine Technologie, wie wir sie aus Telekonferenzen kennen, an unterschiedlichen Orten ihr Grillfest einrichten und dieses an die jeweils andere Gruppe übertragen und damit eine Form des medial gekoppelten Grillens herstellen. Auch dies ist kein unrealistisches Szenario. Längst sind auch im privaten Bereich über große geografische Distanzen aufgespannte Interaktionssituationen üblich. Wir wissen aus der Forschung, dass beispielsweise transnationale Familien, also solche Familien, in denen ein Elternteil im weit entfernten Ausland arbeitet, über eine Videotelefonie-Software gewisse Formen der »gemeinsamen Anwe-senheit« herstellen, zum Beispiel gemeinsam Abendessen oder den Kindern bei schulischen Problemen helfen.[12] Damit wird die Bindung zwischen den Familienmitgliedern aufrechterhalten, es wird eine Form der Emotionalität vermittelt und auch Erziehungsarbeit wird in der medial vermittelten Form geleistet. Die synthetische Grillsituation, an der Menschen teilnehmen, die

---

11 Wer meint, dass es sich bei dieser Vorstellung um Zukunftsmusik handelt, irrt. Gemeinsam mit dem Center of Excellence Cognitive Interaction Technology (CITEC) der Universität Bielefeld hat der Autor eine experimentelle Anordnung entwickelt, in der eine informationalisierte Kennenlernsituation hergestellt wurde: Eine Apparatur projiziert Informationen über fünf einander unbekannte Probanden mit Hilfe von LCD-Projektoren in den Raum und reichert die Interaktionssituation damit informational an. Ziel des Experiments war herauszufinden, wie sich die Kennenlernsituation (die der oben erdachten Grillsituation ähnelt) durch diese Informationalisierung verändert.

12 Vgl. Greschke 2015.

sich an geografisch entfernten Orten befinden, mag in Deutschlands Neu-
baugebieten noch nicht häufig vorzufinden zu sein, sie ist aber realistischer
als es auf den ersten Blick erscheint.

Die synthetische Situation ist eine von Technologien durchwobene
Situation. Es sind digitale Technologien, die neue Formen der Anwesenheit
geografisch entfernter Personen vermitteln, die Interaktion informationalisiert und dabei eine neue, sehr »immersive« Sozialform entstehen lässt. Die
Technologien bestehen aus Hardware, die von Software, also von rezept-
artigen Programmen, gesteuert wird. Software besteht in digitalen Medien
aus Algorithmen. Auch die hier beispielhaft und illustrativ gemeinte fiktive
synthetische Grillsituation könnte sogar in ihrem Kern von Algorithmen
angeleitet werden, wie der »BratWurst Bot« belegt, der 2016 auf einer jähr-
lich stattfindenden Industriemesse vorgestellt wurde. Eine Apparatur nimmt
über ein Tablet Bratwurstbestellungen auf. Ausgestattet mit einem äußerst
beweglichen und flexiblen Industriearm, legt er die Würste auf den Grill,
wendet sie zur rechten Zeit und serviert sie auf einem Teller. Der »Brat-
Wurst Bot« verfügt über hinreichend sensible Kameras und Sensoren um
den »Bratwurst Status«[13] zu erkennen und um zu entscheiden, ob die Wurst
gewendet werden muss oder ob sie bereits servierfähig ist. Die dahinterste-
henden Algorithmen werden von den Entwicklern, dem Forschungszentrum
Informatik am Karlsruher Institut für Technologie, so beschrieben:

> »A ROS-based BratWurstManager was internally scheduling all tasks. This included
> putting new sausages on the grill, turning the sausages in time and serving them when
> they were ready. The BratWurstManager was continuously adding new sausages to the
> grill in order to reduce the waiting time for the guests. […] While serving the bratwurst
> on the plate, the chef's moustache wiggled and the name of the order was shown
> […]. Furthermore, the robot also commented many of its actions with funny German
> sayings like ›heiss und fettig‹, which literally translated means ›hot and greasy‹.«[14]

Die synthetische Grillsituation könnte also von nicht-menschlichen Interaktionspartnern bevölkert werden, mit denen A und B konfrontiert sind, die
Informationen in die Situation spielen (Wie lange dauert meine Wurst noch?)
und die die Situation durch die Imitation sowohl menschlicher sprachlicher Kommunikation (»heiß und fettig«) als auch menschlicher Mimik
(beispielsweise wackelt der Schnäuzer des Roboterkochs, wenn die Wurst
fertig ist) anreichern. Auch eine einfache und alltägliche Situation wie ein
kleines Grillfest kann also von digitalen Medien durchdrungen werden und
so zu einer synthetischen Situation werden. »Digitalisierung und du« – um

---

13 FZIchannel 2016: Timecode 1:24.
14 Forschungszentrum Informatik (FZI) 2016.

die anfangs zitierte Broschüre des Bundeswirtschaftsministeriums wieder
in Erinnerung zu rufen – hat nicht nur auf die wirtschaftliche Entwicklung
ganzer Gesellschaften Einfluss, sondern formt auch die kleinen mikrosoziologischen Interaktionssituationen, bald vielleicht sogar beim sommerlichen
Grillen.

2.3 … über »skopische Medien«

Synthetisch nennen wir also solche Interaktionssituationen, für deren
Herstellung die körperliche Ko-Präsenz der Interaktionspartner keine
notwendige Bedingung mehr ist, die informationalisiert sind und in denen
den Interaktionspartnern situationsrelevante Informationen zur Verfügung
gestellt werden.

Um synthetische Situationen herzustellen, ist ein spezifischer Medientypus
notwendig, der hier mit dem Begriff des skopischen Mediums gefasst werden
soll. Skopische Medien sind nicht mit Medien in einem Alltagsverständnis
vergleichbar. Vielmehr vermitteln sie Interaktionen und greifen gleichzeitig
in diese Transmission ein – sie sind also nicht passiv, spiegeln nicht einfach
eine Situation, sondern gestalten sie mit. Im Folgenden sollen einige Charakteristiken skopischer Medien in aller Kürze beschreiben werden.[15]

Rein äußerlich betrachtet handelt es sich bei skopischen Medien um eine
Anordnung von Bildschirmen, die an vernetzte und mit dem Internet verbundene Computer angeschlossen sind. Die wesentliche Leistung skopischer
Medien besteht darin, dass sie einen Bereich menschlichen Handelns sichtbar
machen, der mit den bloßen menschlichen Sinnen nicht einsehbar wäre. Sie
visualisieren beispielsweise entfernte Orte. Aber sie visualisieren auch Bereiche, die keinen physischen Ort haben, etwa Finanzmärkte, die wirtschaftliche Zukunft oder die elektrischen Ströme im menschlichen Gehirn. Dabei
synthetisieren sie eine große Menge kleinteiliger Informationen. Sie nehmen
also einerseits Informationen aus der Interaktion auf. Gleichzeitig vermengen
(»synthetisieren«) sie diese Informationen mit Daten, die potenziell global
gespeichert sein können, erstellen daraus etwas Neues und machen dieses
neu gestaltete Daten- und Informationshybrid in der synthetischen Situation präsent und situational erfahrbar. Damit wird deutlich, dass skopische
Medien eine gewisse Reflexivität aufweisen: Das, was die Teilnehmer in einer
synthetischen Situation tun, spiegelt sich in dem, was das skopische Medium
abbildet. Dabei können skopische Medien eine eigene Zeitstruktur herstel-

---

15 Für eine eingehende Analyse siehe Knorr Cetina 2012.

len, die von der »astronomischen Zeit«[16] deutlich abweichen kann. Durch skopische Medien hergestellte synthetische Situationen sind zwar ex post auch durch die üblicherweise verwendeten Zeiteinheiten beschreibbar. In der synthetischen Situation selbst können aber andere Zeiteinheiten zum Tragen kommen.[17] Skopische Medien sind also in der Lage, eigenständige mediatisierte Welten zu erzeugen, in denen Handlungs- und Interaktionsfelder entstehen, an denen Menschen und Algorithmen gleichermaßen teilnehmen können, ohne dass sie am selben physischen Ort anwesend wären.

2.4 Der Finanzmarkt als prototypische synthetische Situation

Sowohl die synthetische Situation als auch das Konzept der skopischen Medien wurde bereits in den 1990er-Jahren in einem Handlungsfeld »entdeckt« und analysiert, das global ausgebreitet ist und von digitalen Medien dominiert wird: die internationalen Finanzmärkte. Diese Märkte werden seit den 1970er-Jahren zu großen Teilen elektronisch betrieben und es ist möglich, von jedem Ort der Welt auf ihnen zu handeln. Knorr Cetina analysiert den globalen Devisenmarkt, an dem an einem Tag durchschnittlich 4 Milliarden US-Dollar umgesetzt werden[18] und der ausschließlich über Computertechnologien funktioniert: Händler nehmen am Devisenmarkt ausschließlich über die Bedienung von digitalen Medientechnologien teil. Sie sitzen vor Terminals, die aus einer Reihe von Computerbildschirmen und spezialisierten Eingabegeräten bestehen. Über diese Terminals werden einerseits die Handelstransaktionen durchgeführt. Andererseits zeigen sie auch eine Vielzahl an Informationen über den Markt, etwa volkswirtschaftliche Indikatoren, aber auch Neuigkeiten aus der Welt, beispielsweise über politische Entscheidungen.

Diese Terminals sind skopische Medien. Sie liefern mehr als nur die Abbildung eines geografisch entfernten Handelspartners. Sie stellen den Finanzmarkt nicht nur dar, sondern her. Alles, worauf sich eine Teilnahme am Markt bezieht, wird durch die Computerbildschirme produziert. Es gibt keinen physischen Ort, der betreten oder eingesehen werden kann, an dem dieser Finanzmarkt »wirklich« wird – und trotzdem nehmen viele hunderte Menschen daran gleichzeitig teil. Sie stellen eine »eigene, für sich stehende Welt [her], die ›alles‹ beinhaltet, was für ihre Existenz und Kontinuität not-

---

16 Merton 1937.
17 Vgl. dazu Knorr Cetina/Reichmann/Woermann 2017: 41–47.
18 Knorr Cetina 2012: 171.

wendig ist«.[19] Die skopischen Medien des Finanzmarktes stellen nicht nur die Preisentwicklung dar, sondern ermöglichen auch geschäftliche Transaktionen und Konversationen über ein Chatfenster. Sie synthetisieren und visualisieren all diese Informationen – und setzen so eine mediatisierte Welt des Finanzmarktes zusammen.

> »Die so übermittelte Welt wird in einer konsistenten Art und Weise zusammengesetzt, die es ermöglicht, sie zu verstehen und sich in ihr zurechtzufinden. Dies verweist auf den global reflexiven Charakter dieser Koordinationsform – und die skopische Natur der Bildschirme der Händler.«[20]

Die auf Finanzmärkten hergestellte synthetische Situation ist sehr »immersiv«. Immersion beziehungsweise Immersivität beschreibt, abgeleitet vom englische Verb »to immerse«, wie sehr es Handelnden möglich ist, in eine Situation einzutauchen, in sie einzudringen, sich in sie und in ihr zu vertiefen. Der Begriff umfasst auch, inwieweit eine Situation als reale Welt rezipiert werden kann, wie umfassend auf sie Bezug genommen werden kann und wie sehr sie als sinnvoll empfunden wird. Immersion ist für die Konstruktion digitaler Medientechnologien, zum Beispiel von Computerspielen, von Virtual-Reality-Brillen oder von Hard- und Software für Telekonferenzen, von entscheidender Bedeutung.

Die auf Finanzmärkten hergestellte synthetische Situation ist in besonders großem Maße immersiv, was sich beispielsweise daran zeigt, dass die Aufmerksamkeit der Händler beinahe ausschließlich der durch die skopischen Medien hergestellten und vermittelten Welt gilt. Dies führt so weit, dass beispielsweise auch körperliche Bedürfnisse wie Nahrungsaufnahme oder der Gang zur Toilette den skopisch vermittelten synthetischen Situationen angepasst werden.[21] Zudem ist die synthetische Situation eine, die ausschließlich über Face-to-Screen-Interaktion hergestellt wird. Die Händler sind global verteilt und sind über die skopischen Medien trotzdem in der Lage, eine gemeinsame situationale Welt zu erleben und beinahe vollständig in sie einzutauchen. Daher gilt der Finanzmarkt nicht nur als Prototyp besonders »reiner« und ausgeprägter synthetischer Situationen – er ist auch jenes Handlungsfeld, in dem die Interaktion unter digitalen Bedingungen historisch früh umgesetzt wurde, besonders deutlich zum Vorschein kommt und daher besonders gut erforscht werden kann.[22]

---

19 Knorr Cetina 2012: 175.
20 Knorr Cetina 2012: 175.
21 Laube 2016.
22 Siehe dazu auch Knorr Cetina/Bruegger 2002.

Die auf Finanzmärkten beobachtbaren Interaktionsordnungen und die Formen der Handlungskoordination haben sich in unterschiedlichem Ausmaße allerdings auch in andere Handlungsfelder ausgebreitet und sind auch in (beruflichen) Alltagssituationen relevant geworden, beispielsweise in Telekonferenzen, bei Internetauktionen oder im Bereich des E-Sports.

3. Die Algorithmik synthetischer Situationen

Wie bereits ausgeführt sind synthetische Situationen technisch stark angereichert. Die verwendete Technologie besteht aus Hardware, die von Software und den darin enthaltenen Algorithmen gesteuert wird. Bei der Erforschung synthetischer Situationen ist daher immer auch die Anwesenheit und das Wirken von Algorithmen zu berücksichtigen. Dieser Abschnitt widmet sich dem softwarebasierten und algorithmischen Teilaspekt synthetischer Situationen und diskutiert einige der Probleme, die die Präsenz von Algorithmen in der zwischenmenschlichen Interaktionssituation erzeugen und mit denen die Teilnehmer synthetischer Situationen konfrontiert sind. Dabei wird von der Beobachtung ausgegangen, dass Algorithmen in manchen Situationen völlig folgenlos ignoriert werden können oder schlichtweg unsichtbar sind – in anderen Situationen aber wie menschliche Wesen adressiert werden und den Algorithmen situativ Handlungsträgerschaft zugesprochen wird. Algorithmen bereiten beim Übergang von »nackten« zu synthetischen Situationen neue Schwierigkeiten und Probleme, mit denen menschliche Akteure umgehen müssen.

3.1 Algorithmen und ihre Problematisierung in synthetischen Situationen

Die Frage, was ein Algorithmus eigentlich ist, sollte zuerst von jener wissenschaftlichen Disziplin beantwortet werden, die am meisten mit der Herstellung und Analyse von Algorithmen zu tun hat. In Lehrbüchern der Informatik werden Algorithmen als Verfahren zur Lösung von Problemen definiert und ihre Entwicklung und Untersuchung werden als »*das* zentrale Thema der Informatik«[23] bezeichnet. Wenn Algorithmen Probleme lösen,

---

23 Ottmann/Widmayer 2012: 1.

dann manipulieren[24] sie Daten, das heißt sie sortieren, strukturieren, ordnen Daten oder wandeln diese um. Algorithmen und Datenbestände sind also eng miteinander verknüpft und ohne das jeweils andere nutzlos. Schon ein oberflächlicher Blick in Lehrbücher der Informatik zeigt zudem, dass Algorithmen vor allem auf Probleme angewandt werden, die in Zahlen ausdrückbar sind. Nur so ist es möglich, Daten und ihre Manipulation in mathematischen Zeichen und Formeln auszudrücken. Algorithmen sind in ihrer Darstellung also in der Regel mathematische Formeln. Dass in Gesellschaften, in denen »Digitalisierung«, also die allgegenwärtige Transformation von Welt in diskrete Variablen, eine wesentliche Rolle spielt, Algorithmen eine zunehmende Bedeutung bekommen, ist daher nicht weiter verwunderlich.[25]

Soziales Handeln ist somit in diesen Gesellschaften, die von digitalen Technologien durchdrungen sind, in wachsendem Maße von Algorithmen beeinflusst und mit ihnen verschränkt. Algorithmen sind in der sozialen Praxis Software-Prozeduren unterschiedlichster Komplexität, die auf unterschiedlichen Computersystemen zum Laufen gebracht werden, vom Smartphone bis hin zu leistungsstarken Großrechnerlandschaften. Diese Algorithmen erheben Daten, verarbeiten sie in vorgegebener Weise und geben sie abschließend wieder aus.

Wie anhand der Grillsituation und dem Finanzmarkt gezeigt wurde, machen Algorithmen auch vor Interaktionssituationen nicht halt. Sie sind massenhaft in digitale Medien eingebaut, die in der Lage sind, Interaktionspartner miteinander zu verbinden. Algorithmen filtern dabei Daten und bereiten sie zu verständlichen Informationen auf. Sie bündeln Daten und verbreiten sie. Dabei machen sie die Prozesse der Interaktion und der Intervention nachvollziehbar, durchsuchbar – und auch überwachbar.[26]

Algorithmen werden nicht nur in der Informatik erforscht, auch die Sozial- und Kulturwissenschaften haben sie seit einigen Jahren als Erkennt-

---

24 Weil der Begriff der Manipulation im Alltagsverständnis häufig negativ konnotiert wird, zum Beispiel, wenn es darum geht, Meinungen zu manipulieren oder wenn jemand als manipulativer Mensch bezeichnet wird, will ich hier klarstellen, dass Manipulation im vorliegenden Zusammenhang gleichsam neutral zu verstehen ist. Der Manipulationsbegriff bezieht sich hier auf Veränderung, Re-Arrangement, Verarbeitung oder Neuzusammensetzung.

25 Für eine etymologische Herleitung des Begriffes Algorithmus siehe das erste Kapitel in Knuth 1985.

26 Die Literatur zum gesellschaftspolitisch hoch relevanten Thema Überwachung durch neue Medientechnologien ist mittlerweile sehr umfangreich. Ich möchte hier nur einige neuere Arbeiten aus dem englischsprachigen Raum nennen, in denen die Methoden der Überwachung im Sinne des Sammelns digitaler Daten, aber vor allem auch der visuellen Überwachung durch Kameras im öffentlichen und privaten Raum, thematisiert werden: vgl. dazu Bennet 2005, Davies 1996, Haggerty/Ericson 2000, Introna/Wood 2004, Lyon 2001, McCahill 2002, Norris/Armstrong 1999 und Taylor 2010.

nisobjekt für sich entdeckt. Dabei werden sehr heterogene Dimensionen des Algorithmus erforscht. In vielen Arbeiten wird äußerst kritisch gesehen, dass Algorithmen zunehmend in den Alltag der Menschen eingreifen und Daten, Informationen und Wissen ordnen, sortieren, sichtbar machen oder verstecken. Es wird vor den Gefahren einer Algorithmisierung des Alltags gewarnt; Algorithmen seien »unscrutable, automatic, and subsumed in the flow of daily practices«[27]. Algorithmen würden uns im Alltag gleichsam untergejubelt; dabei seien sie undurchschaubar. Algorithmen seien im menschlichen Alltag zunehmend präsent und verfügten dabei zunehmend über die Möglichkeit, Macht über Menschen auszuüben.[28] Andere Arbeiten warnen davor, dass Algorithmen unintendierte Konsequenzen hätten[29] und dass sie ihr Publikum auf ihre eigene Weise produzierten und manipulierten.[30] Wieder andere Studien betonen, dass Algorithmen Art, Umfang und Beschaffenheit von Wissen beeinflussen und damit den Diskurs und die öffentliche Diskussion maßgeblich mitbestimmen.[31] Diese normative Diskussion ist wichtig, jedoch schließe ich hier nicht an sie an. Vielmehr interessiert mich, wie Algorithmen in synthetischen Situationen die Interaktionsordnung brechen und damit neue Probleme für die Teilnehmer einer synthetischen Situation produzieren.

Algorithmen sind in synthetischen Situationen in unterschiedlicher Form präsent. Sie gestalten die synthetische Umwelt, beispielsweise indem sie eigentlich unsichtbare Objekte darstellen. Es existieren aber auch Situationen, in denen Algorithmen neue Formen der Interaktion unter Menschen und zwischen Mensch und Computer nahelegen. In einer sehr greifbaren Form wurde das weiter oben anhand des »BratWurst Bot« gezeigt. Wesentlich komplexer, weil schneller und folgenreicher, finden Interaktionen zwischen Menschen und Computern auf Finanzmärkten statt, wo Algorithmen sehr schnelle Kauf- und Verkaufsangebote abgeben und dabei teilweise mit Menschen konkurrieren.

3.2 Algorithmische Moralität?

In Situationen, in denen Menschen mit Algorithmen als Interaktionspartner konfrontiert sind, stellen sich beispielsweise Probleme, die mit moralischen

---

27 Introna 2016: 17.
28 Beer 2009.
29 Introna 2016: 125.
30 Neyland/Woolgar 2002.
31 Gillespie 2014.

Vorstellungen zu tun haben. Was ist zu tun, wenn ein Algorithmus ethische Grenzen verletzt? Wie ist der Algorithmus dafür verantwortlich zu machen? Kann ein Algorithmus überhaupt »gut« sein oder »böse« Ergebnisse produzieren? Am Beispiel eines auf die schiefe Bahn geratenen Twitter-Bots können Fragen wie diese gut diskutiert werden.[32]

Ein Twitter-Bot ist ein automatisierter und von Algorithmen gesteuerter Twitter-Account. Ein solcher Twitter-Bot namens Tay (@TayandYou) wurde im Frühling 2016 von der Firma Microsoft entwickelt. Sein ursprüngliches Ziel war es, mit der Gruppe der 18- bis 24-Jährigen in den USA in Kontakt zu treten und diesen auf unterhaltsame Weise aufrechtzuerhalten. Die Idee war folgende: Je häufiger sich andere Twitter-Nutzer mit Tay auf Twitter austauschen, desto mehr sollte Tay von diesen lernen und dadurch zunehmend in der Lage sein, menschenähnliche Twitter-Konversationen zu führen. Microsoft hatte dabei vor allem die Erforschung des und das Experimentieren mit dem automatisierten Verstehen von Konversationen im Blick.

Nur wenige Stunden, nachdem Tay online gestellt wurde, begann Tay, ausschließlich rassistische und chauvinistische Tweets abzusetzen. Ohne dass jemand es jemals gewollt oder programmiert hatte, verwandelte sich Tay in nerhalb von 24 Stunden in ein moralisch fragwürdiges Wesen, was in einem Tweet vom 24. März 2016 gipfelte:

> »TayTweets (@TayandYou) March 24, 2016
>
> bush did 9/11 and Hitler would have done a better job than the monkey we have now. donald trump is the only hope we've got.«

Um es mit @geraldmellor auf den Punkt zu bringen: »›Tay‹ went from ›humans are super cool‹ to full nazi in <24 hrs and I'm not at all concerned about the future of AI«.[33] Zwar sind die Algorithmen, die hinter Tay im Detail stecken, geheim, aber die grundlegende Funktionsweise wurde öffentlich gemacht: Eine Software sollte ein Profil über jene Twitter-Accounts anlegen, die mit @TayandYou auf Twitter in Kontakt treten (also zum Beispiel den Account nennen, ihm folgen, Privatnachrichten an den Account schicken oder einen Tweet des Accounts kommentieren). Das Profil eines Twitter-Accounts beinhaltet alle öffentlichen Tweets sowie einige Zusatzinformationen, die öffentlich abrufbar sind (beispielsweise den Ort, von dem aus getwittert wird). Aus den unzähligen so gesammelten Profilen sollte die Software

---

32 Einen umfangreichen Überblick über aktuelle Literatur, die sich mit der ethischen Dimension von Algorithmen auseinandersetzt, findet man bei Mittelstadt et al. 2016.

33 Siehe online: https://twitter.com/geraldmellor/status/712880710328139776 – letzter Zugriff: 06.03.2018.

lernen, sich wie ein durchschnittlicher Twitter-Account der Zielgruppe zu verhalten, ähnliche Themen aufgreifen, ähnliche Meinungen verbreiten etc.[34] Die Software sammelte also zunächst Daten von anderen Twitter-Accounts, um sich anschließend ähnlich zu diesen zu verhalten. Das bedeutet, dass sich die moralisch fragwürdigen Tweets von Tay entsprechend den Regeln eines programmierten Algorithmus aus bereits bestehenden Interaktionen zusammengesetzt haben, für die der Algorithmus oder seine Hersteller nicht verantwortlich sind. Doch: Wer ist nun verantwortlich für die Äußerungen von Tay? Die Firma, die Tay programmiert hat? Die Twitter-User, die täglich und tausendfach ähnlichen Müll wie Tay twittern? Tay selbst? Oder Twitter als Unternehmen, das durch die technische Ausgestaltung seiner Plattform diese Äußerungen erst möglich macht?

Es entstehen Probleme, wenn man versucht, die Hersteller von Algorithmen für solche Geschehnisse zur Verantwortung zu ziehen: Erstens ist oft nicht mehr nachvollziehbar, wer für welchen Teil eines Algorithmus im Detail verantwortlich ist oder zuständig war, da sehr viele Akteure am Entstehen und an der Instandhaltung der Algorithmik solcher Bots beteiligt sind. Zweitens ist am Falle Tays deutlich geworden, dass Algorithmen lediglich bestehende Daten aufnehmen und verändern – also auf bereits Bestehendes zugreifen. Damit ist nicht der Algorithmus selbst als rassistisch zu bezeichnen, sondern jene, auf deren Daten die Software hinter dem Twitter-Account zugegriffen hat. Ist also nicht eher die Tatsache, dass Rassismus in sozialen Medien tausendfach zur Normalität gehört, für ein solches Vorkommnis moralisch verantwortlich zu machen als ein Bündel an mathematischen Formeln, das diese sozialen Medien auswertet?

Jenseits der moralischen Ebene stellen sich im Bereich der Legalität ähnliche Fragen. Algorithmen können grundsätzlich auch gegen Gesetze verstoßen. Beispielsweise könnte der Twitter-Bot Tay zu strafbaren Handlungen aufrufen sowie Drohungen oder Beleidigungen aussprechen, die von strafrechtlicher Relevanz sind. Auch der oben beschriebene »BratWurst Bot« könnte (zumindest theoretisch) mit seinem Roboterarm Menschen verletzen oder mit Würsten nach ihnen werfen. Sind Algorithmen gesetzlich schuldfähig? Auch die Frage, wer genau in einem solchen Fall das Verbrechen beginge, ist nicht einfach zu klären, da der Algorithmus (so wie Tay) auf einen Datenbestand zurückgreift, der von einer großen Zahl an Menschen (oder auch anderen Algorithmen) hergestellt wurde.

---

34 Vgl. Hunt 2016, Kannenberg 2016 sowie Költzsch 2016.

3.3 Vertrauen und Verstehen

Neben den Moralitätsproblemen gibt es auch Probleme des Vertrauens
und des Verstehens von Algorithmen, wenn sie in sozialen Situationen als
Gegenüber auftauchen. Die prozeduralen Denk- und Handlungsweisen von
Algorithmen orientieren sich ausschließlich daran, wie sie programmiert
wurden und woraus der Datenbestand zusammengesetzt ist, aus denen
die Algorithmen ihren »Input« ziehen – und nicht an sozialen Regeln. Das
bedeutet, dass das Vertrauen, das der Interaktionspartner über einen größten-
teils identischen Wissensbestand darüber verfügt, wie eine soziale Situation
zu bewältigen ist, leicht erschüttert werden kann. Die Fähigkeit, sich in sein
Gegenüber hineinzuversetzen und damit zu antizipieren, wie es handelt, ist
im Falle von Algorithmen ebenfalls eingeschränkt. Wir »verstehen« Algorithmen nicht in dem Sinne, wie es uns bei Menschen in der Regel möglich
ist. Und es ist mit Algorithmen nicht möglich, das in mikrosoziologischen
Interaktionssituationen ansonsten vorhandene und wohl auch notwendige
»persönliche Vertrauen«[35], das Interaktionssituationen stabilisiert und erst
funktionieren lässt, auf herkömmliche Art und Weise aufzubauen.

Die zunehmende Verquickung von Algorithmen und menschlichen Inter-
aktionen stellt auch Forscher vor neue Herausforderungen, die synthetisierte
Handlungs- und Interaktionsfelder zu untersuchen. Unabhängig davon, wie
viel Handlungsträgerschaft wir Algorithmen zusprechen, stehen wir vor der
Frage, wie Algorithmen zu untersuchen und zu verstehen sind. Die üblichen
Methoden der Beobachtung, der standardisierten oder offenen Befragung
funktionieren bei Algorithmen nur sehr eingeschränkt. Die Analyse des
Codes, der hinter derartigen Algorithmen steckt, ist meist ebenso wenig
möglich, da dieser häufig proprietär ist und nicht einfach eingesehen werden
kann. Zudem ist die hierzu notwendige Informatik-Expertise selten vorhanden. Hier öffnet sich eine weitere Ebene des Verstehensproblems.

4. Schluss

Das Hauptargument in diesem Beitrag lautet zusammengefasst: Menschliche
Interaktionssituationen werden in mediatisierten Gesellschaften zunehmend von digitalen Bedingungen gerahmt. Das bedeutet, dass »nackte«
soziale Situationen, die durch die gleichzeitige körperliche Anwesenheit der

---

35 Giddens 1990: 114ff.

Interagierenden gekennzeichnet sind und auf Face-to-Face-Interaktionen beruhen, durch einen spezifischen Medientypus, der sich mit dem Begriff des skopischen Mediums bezeichnen lässt, transformiert werden. Durch diese Transformation entsteht ein neuer Typus der Interaktionssituation, der als synthetische Situation bezeichnet wird. In synthetischen Situationen wird Interaktion von ihren herkömmlichen räumlichen und zeitlichen Bedingungen entkoppelt. Zudem sind synthetische Situationen mit situationsrelevanten Informationen angereichert. Diese Informationen sind digitaler Natur: Sie werden über digitale Medien, die im Wesentlichen mit Computern zusammenhängen und von Rechenprozessoren betrieben werden, produziert, gelagert, verarbeitet und visualisiert. Synthetische Situationen basieren damit auf technischen Arrangements, die grundsätzlich ausschaltbar sind. Dabei ergibt sich die Frage, wer (metaphorisch gesprochen) in der Lage ist, den Stecker zu ziehen. Es werden also neue Machtstrukturen sichtbar, die in die mikrosoziologischen Arrangements hineinwirken.

Mit der gesteigerten Informationalität synthetischer Situationen kommen auch Algorithmen mit in die Interaktionssituationen hinein, die auf unterschiedliche Weise die Interaktion beeinflussen und formen können. Die in der synthetischen Situation präsent gemachten Informationen und Daten werden von Algorithmen manipuliert, strukturiert und digital verarbeitet. Algorithmen, die in der Interaktion wirksam werden, stellen die Interaktionsteilnehmer vor neue Probleme; diese Probleme können beispielsweise moralischer, legaler oder sozialer Art sein. Damit stellt das Phänomen der synthetisierten Interaktionsformen und -ordnungen ein komplexes Analysefeld dar, das die Soziologie noch lange beschäftigen wird.

Abstract

This article asks how the conditions of mediatization transform human interaction situations. There are two arguments examined in the article. First, mediatization changes and redefines the spatial arrangement and the conditions of co-presence in micro-sociological interaction. People who want to commonly produce a highly »immersive« interaction situation have no more to be at the same place. Second, the article claims that the presence of algorithms, that is computational procedures that shape these new interaction situations in a variety of ways, affects how interaction situations are managed. Both the spatial distance and the algorithms change the forms and orders of interaction – and both confront humans with new problems.

Literatur

Beer, David (2009): Power Through the Algorithm? Participatory Web Cultures and the Technological Unconscious, in: New Media and Society 11 (6/2009), S. 985–1002.

Bennet, Colin J. (2005): What Happens When You Book an Airline Ticket (Revisited): The Collection and Processing of Passenger Data Post 9/11, in: Elia Zureik / Mark B. Salter (Hg.), Global Surveillance and Policing – Borders, Security, Identity, Devon, S. 113–138.

Bundesministerium für Wirtschaft und Energie (2016): Digitalisierung und du – Wie sich unser Leben verändert, Berlin (online unter: www.bmwi.de/Redaktion/DE/Publikationen/Digitale-Welt/digitalisierung-und-du.pdf?__blob=publicationFile&v=5 – letzter Zugriff: 06.03.2018).

Callon, Michel (1986): Some Elements of a Sociology of Translation: Domestication of the Scallops and the Fishermen of St Brieuc Bay, in: John Law (Hg.), Power, Action and Belief: A New Sociology of Knowledge?, London, S. 196–223.

Davies, Simon (1996): Big Brother – Britain's Web of Surveillance and the New Technological Order, London.

Einspänner-Pflock, Jessica / Reichmann, Werner (2014): »Digitale Sozialität« und die »synthetische Situation« – Konzeptionen mediatisierter Interaktion, in: Friedrich Krotz / Cathrin Despotović / Merle-Marie Kruse (Hg.), Die Mediatisierung sozialer Welten. Synergien empirischer Forschung, Wiesbaden, S. 53–72.

Forschungszentrum Informatik (2016): Autonomous Grilling Robot Fascinates Guests at Stallwächter-Party, 8. Juli 2016 (online unter: www.fzi.de/en/news/news/detail-en/artikel/begeisterung-ueber-den-grillenden-roboter-auf-der-stallwaechteparty/ – letzter Zugriff: 06.03.2018).

FZIchannel (2016): Bratwurst Made by a Service Robot at Stallwächter Party 2016 in Berlin, 15. Juli 2016 (online unter: youtu.be/UDJyU-b7mK8?t=84 – letzter Zugriff: 06.03.2018).

Giddens, Anthony (1990): The Consequences of Modernity, Stanford.

Gillespie, Tarleton (2014): The Relevance of Algorithms, in: Tarleton Gillespie / Pablo Boczkowski / Kirsten Foot (Hg.), Media Technologies, Cambridge (Mass.), S. 167–194.

Goffman, Erving (1983): The Interaction Order, in: American Sociological Review 48 (1/1983), S. 1–17.

Greschke, Heike (2015): »Mama, bist Du da?« – Zum prekären Status von Anwesenheit in mediatisierten familialen Lebenswelten, in: Merz – Medien und Erziehung 59 (6/2015) (= Merz Wissenschaft 2015: Medienaneignung und Aufwachsen im ersten Lebensjahrzehnt, hrsg. von Bernd Schorb und Helga Theuner, München), S. 70–80.

Haggerty, Kevin / Ericson, Richard (2000): The Surveillant Assemblage, in: British Journal of Sociology 51 (4/2000), S. 605–622.

Hirschauer, Stefan (2014): Intersituativität. Teleinteraktionen jenseits von Mikro und Makro, in: Bettina Heintz / Hartmann Tyrell (Hg.), Interaktion – Organisation – Gesellschaft revisited. Anwendungen, Erweiterungen, Alternativen (= Zeitschrift für Soziologie, Sonderheft 2014), Stuttgart, S. 109–133.

Hunt, Elle: Tay, Microsoft's AI Chatbot, Gets a Crash Course in Racism from Twitter, in: The Guardian, 24. März 2016 (online unter: www.theguardian.com/technology/2016/mar/24/tay-microsofts-ai-chatbot-gets-a-crash-course-in-racism-from-twitter – letzter Zugriff: 06.03.2018).

Introna, Lucas / Wood, David (2004): Picturing Algorithmic Surveillance: the Politics of Facial Recognition Systems, in: Surveillance and Society 2 (2–3/2004), S. 177–198.

Introna, Lucas (2016): Algorithms, Governance, and Governmentality: On Governing Academic writing, in: Science, Technology, and Human Values 41 (1/2016), S. 17–49.

Johnson, Jim (1988): Mixing Humans and Nonhumans Together: The Sociology of a Door-Closer, in: Social Problems 25 (3/1988), S. 298–310.

Kannenberg, Axel: Microsoft lässt KI auf Twitter & Co. mit Nutzern plaudern, in: Heise Online, 24. März 2016 (online unter: www.heise.de/newsticker/meldung/Microsoft-laesst-KI-auf-Twitter-Co-mit-Nutzern-plaudern-3150555.html – letzter Zugriff: 06.03.2018).

Knorr Cetina, Karin (2009): The Synthetic Situation: Interactionism for a Global World, in: Symbolic Interaction 32 (1/2009), S. 61–87.

Knorr Cetina, Karin (2012): Skopische Medien: Am Beispiel der Architektur von Finanzmärkten, in: Andreas Hepp / Friedrich Krotz (Hg.), Mediatisierte Welten: Beschreibungsansätze und Forschungsfelder, Wiesbaden, S. 167–195.

Knorr Cetina, Karin / Bruegger, Urs (2002): Global Microstructures: The Virtual Societies of Financial Markets, in: American Journal of Sociology 117 (4/2002), S. 905–950.

Knorr Cetina, Karin / Cicourel, Aaron (1981): Advances in Social Theory and Methodology: Toward an Integration of Micro and Macro-Sociologies, Boston/London/Henley.

Knorr Cetina, Karin / Reichmann, Werner / Woermann, Niklas (2017): Dimensionen und Dynamiken synthetischer Gesellschaften, in: Friedrich Krotz / Cathrin Despotović / Merle-Marie Kruse (Hg.), Mediatisierung als Metaprozess – Transformationen, Formen der Entwicklung und die Generierung von Neuem, Wiesbaden, S. 35–57.

Knuth, Donald E. (1985): Fundamental Algorithms. The Art of Computer Programming, New Delhi.

Költzsch, Tobias: Rassistischer Chat-Bot. Microsoft hat Twitter unterschätzt, in: Golem.de, 29. März 2016 (online unter: www.golem.de/news/rassistischer-chat-bot-microsoft-hat-twitter-unterschaetzt-1603-120005.html – letzter Zugriff: 06.03.2018).

Krotz, Friedrich (2001): Die Mediatisierung kommunikativen Handelns. Der Wandel von Alltag und sozialen Beziehungen, Kultur und Gesellschaft durch die Medien, Opladen.

Krotz, Friedrich (2007): Mediatisierung. Fallstudien zum Wandel von Kommunikation, Wiesbaden.

Krotz, Friedrich (2008): Kultureller und gesellschaftlicher Wandel im Kontext des Wandels von Medien und Kommunikation, in: Tanja Thomas (Hg.), Medienkultur und soziales Handeln, Wiesbaden, S. 43–62.

Laube, Stefan (2016): Nervöse Märkte – Materielle und leibliche Praktiken im virtuellen Finanzhandel, Berlin.

Lewis, Kevin / Gonzalez, Marco / Kaufman, Jason (2012): Social Selection and Peer Influence in an Online Social Network, in: Proceedings of the National Academy of Sciences 109 (1/2012), S. 68–72.

Lundby, Knut (Hg.) (2009): Mediatization: Concept, Changes, Consequences, New York.

Lyon, David (2001): Surveillance Society: Monitoring Everyday Life, Buckingham/Philadelphia.

McCahill, Mike (2002): The Surveillance Web: The Rise of Visual Surveillance in an English City, Cullompton.

Merton, Robert K. (1937): Social Time: A Methodological and Functional Analysis, in: The American Journal of Sociology 42 (5/1937), S. 615–629.

Mittelstadt, Brent / Allo, Patrick / Taddeo, Mariarosaria / Wachter, Sandra / Floridi, Luciano (2016): The Ethics of Algorithms: Mapping the Debate, in: Big Data and Society 3 (2/2016), S. 1–21.

Murthy, Dhiraj (2012): Towards a Sociological Understanding of Social Media: Theorizing Twitter, in: Sociology 46 (6/2012), S. 1059–1073.

Neyland, Daniel / Woolgar, Steve (2002): Accountability in Action? The Case of a Database Purchasing Decision, in: The British Journal of Sociology 53 (2/2002), S. 259–274.

Norris, Clive / Armstrong, Gary (1999): The Maximum Surveillance Society – The Rise of CCTV, Oxford.

Ottmann, Thomas / Widmayer, Peter (2012): Algorithmen und Datenstrukturen, 5. Aufl., Heidelberg.

Taylor, Emmeline (2010): I Spy with my Little Eye: the Use of CCTV in Schools and the Impact on Privacy, in: Sociological Review 58 (3/2010), S. 381–405.

Weller, Katrin / Bruns, Axel / Burgess, Jean / Mahrt, Merja / Puschmann, Cornelius (Hg.) (2014): Twitter and Society, New York.

Caroline Roth-Ebner

Berufswelten 2.0

Wie digitale Medien unsere Art zu arbeiten verändern

1. Einleitung

Seit der Etablierung des Personal Computers in den Büros der 1980er-Jahre hat sich die Arbeitswelt umfassend transformiert. Tätigkeitsbereiche beziehungsweise ganze Berufe sind obsolet geworden, neue sind entstanden. Vormals analoge Prozesse wurden in digitale übersetzt und damit verstärkt standardisiert und rationalisiert. Mit der immer komplexer werdenden beruflichen Nutzung von Informations- und Kommunikationstechnologien sind die Anforderungen an die Beschäftigten in nahezu allen Tätigkeitsbereichen gestiegen. Das Web 2.0, die mobile Internetnutzung und benutzerfreundliche Mikroprogramme für Smartphones (Apps) stellen die jüngsten Entwicklungen dar, welche die alltägliche sowie berufliche Mediennutzung in großem Ausmaß prägen.[1]

Der Titel des Beitrages *Berufswelten 2.0* trägt diesem Befund Rechnung. Während im Rahmen der Softwareentwicklung der Zusatz »2.0« für einen Versionswechsel steht, verweist er im Fall von Berufswelten auf eine umfassende Transformation, die freilich und im Gegensatz zu Versionswechseln nicht sprunghaft stattgefunden hat, sondern schleichend verlief. Parallelen des Begriffes »Berufswelten 2.0« zum Begriff »Web 2.0«[2] sind insofern vorhanden, als die Mediennutzung in den aktuellen, durch digitale Medien geprägten Berufswelten Partizipation in zunehmendem Maße erfordert. Eine weitere Gemeinsamkeit ist die Individualisierung der Mediennutzung,

---

1 Sogenannte »wearable technology«, wie sie in Form von »smarten« Uhren, Brillen und so weiter in Erscheinung tritt, ist derzeit noch kein Massentrend.

2 Das Web 2.0, auch oftmals synonym mit Social Web verwendet, steht für die Entwicklung des Internet hin zu einem »Mitmach-Medium«, in welchem die Nutzer sehr niedrigschwellig zu Sendern von Nachrichten werden können. Das Web 2.0 tritt etwa in Form von Social Networking Sites, Blogs, Wikis, Foto- oder Videoportalen in Erscheinung. Während der Begriff »Web 2.0« umfassender ist und auf technologische, ökonomische beziehungsweise rechtliche Aspekte der Angebote abzielt, betont jener des »Social Webs« die sozialen Interaktionen und Beziehungen innerhalb dieser Netzwerke (vgl. Ebersbach/Glaser/Heigl 2016: 24, 30).

welche sich im Web 2.0 etwa durch die Selbstdarstellung auf individuellen Profilseiten bemerkbar macht, in der beruflichen Mediennutzung 2.0 durch einen Anstieg des individualisierten Handelns und der Übernahme von Selbstverantwortung. Fahri Karakas bezieht sich ebenfalls auf den Begriff »Welt 2.0« und definiert ihn als »open, flexible, innovative, boundaryless, global mega-platform where people share collaborative, inspirational, interactive, immersive, and multimedia experiences with people from all over the world«.[3] Diese Definition trifft auf Berufs*welten* 2.0, wie sie hier verstanden werden, zu, als diese durch Flexibilität und stets neue technologische Innovationen gekennzeichnet sind. Globale Medienkommunikation und virtuelle Zusammenarbeit über Grenzen hinweg werden durch Nutzung digitaler Medien ermöglicht. Im Gegensatz zu Karakas' Definition sind die Berufswelten 2.0 jedoch nicht als »Plattform« zu verstehen, sondern als ein Gefüge von sozialen und ökonomischen Beziehungen, digitalen Netzen und Leitungen sowie virtuellen und physischen Orten und Räumen.

In diesem Beitrag werden die Berufswelten 2.0 als mediatisierte Arbeitswelten beschrieben, indem der Metaprozess der Mediatisierung unter dem Fokus von Wissens- beziehungsweise Büroarbeit betrachtet wird.[4] Diese Arbeitsfelder sind geprägt von Informations- und Kommunikationstätigkeiten, welche zu einem großen Anteil mittels digitaler Medien abgewickelt werden.[5] Das Konzept der »Mediatisierung von Arbeit«[6] bezieht sich auf den medial-kommunikativen Wandel, der sich einhergehend mit neuen technologischen Entwicklungen im Wechselspiel mit dem sozialen Wandel und dem Wandel von Erwerbsarbeit vollzieht. So ist computergestützte Arbeit zunehmend virtuell verfügbar, was mehr Flexibilität und Mobilität von Arbeit ermöglicht, aber neue Fragen der Grenzziehung zwischen Privatleben und Beruf aufwirft. Einhergehend mit dem Metaprozess der Globalisierung tragen digitale Medien dazu bei, territoriale Grenzen zu überwinden und erleichtern internationale Kooperationen und Vernetzung. Das Subjekt selbst erlangt immer mehr Eigenverantwortung, angestoßen durch projektorientierte Arbeitsstrukturen, flexible Arbeitskulturen, neue Formen von Selbstständigkeit, aber auch durch Nutzung digitaler Medien, welche eigenständige Entscheidungen und

3   Karakas 2009: 27.
4   Als Etikett könnte auch »Wissensarbeit 4.0« (Bullinger/Haner/Mühlstedt 2014) dienen. Diese ist gekennzeichnet durch »virtuelle Kooperation, mobiles Arbeiten, Web 2.0 und Social Media« (Bullinger/Haner/Mühlstedt 2014: 617). Um sich nicht in Begriffsdefinitionen zu verlieren, sondern sich auf Inhalte zu konzentrieren, wird in der Folge auf mediatisierte Arbeitswelten rekurriert. Mit der Verwendung des Mediatisierungsbegriffs rücken – dem Zuschnitt des Sammelbandes gemäß – soziale Veränderungen in den Fokus der Betrachtungen.
5   Vgl. Roth-Ebner 2015a: 47.
6   Roth-Ebner 2015a, Roth-Ebner 2016b.

autonomes Handeln erfordert. Gleichzeitig und korrespondierend zur vor-
herrschenden neoliberalen Wertorientierung leisten digitale Arbeitsprozesse
einer Standardisierung und Rationalisierung von Arbeit Vorschub, welche
sich in gezielten Effizienzstrategien der Arbeitenden manifestieren.

Im Folgenden werden diese Charakteristika mediatisierter Arbeitswelten
unter Bezugnahme auf eine eigene Studie zur Mediatisierung von Arbeit[7],
auf weitere Studien sowie auf (vor allem soziologische und medien- und
kommunikationswissenschaftliche) Literatur beschrieben. Der Beitrag ist auf
der Mikroebene angelegt, indem er die Perspektive der Arbeitenden in den
Mittelpunkt stellt, berührt aber auch die Meso- und Makroebene, da indivi-
duelles Handeln nur im Kontext von organisationalen und gesellschaftlichen
Entwicklungen und Gegebenheiten verständlich ist. Mit dem Beitrag soll ein
Panorama von Berufswelten 2.0 skizziert werden. Die aufgegriffenen Themen repräsentieren den aktuellen Stand der wissenschaftlichen Diskussion.
Angesichts stets neuer technologischer Innovationen und sozialer Transformationsprozesse ist dies als offenes Projekt zu betrachten, das kontinuierli-
cher empirischer und theoretischer Ergänzung und Reformulierung bedarf.

2. Virtualisierung von Arbeit

Als Virtualisierung von Arbeit wird die Verlagerung des Arbeitshandelns in
den virtuellen Raum verstanden: »Arbeit existiert dabei losgelöst von physischen Gegenständen (mit Ausnahme der Netzwerke, Leitungen und Endgeräte) in Form von Informations- und Kommunikationsströmen, welche in
Computernetzen (meist Internet und Intranet) verarbeitet und transportiert
werden.«[8] Das Versenden und Empfangen von E-Mails zählt genauso zum
virtuellen Arbeitshandeln wie die Pflege von Datenbanken, die Erstellung
einer Firmenwebsite oder die Teilnahme an einem virtuellen Meeting. Mit der
Nutzung digitaler Medien entstehen sogenannte virtuelle Arbeitsräume. Diese

---

7 Die Gesamtergebnisse wurden veröffentlicht unter dem Titel *Der effiziente Mensch* (Roth-
Ebner 2015a). Beforscht wurden Personen, welche bei der Arbeit intensiv mit Aufgaben
der digitalen Kommunikation und Information beschäftigt sind – sogenannte »Digicom-
Arbeiter«. Forschungsleitend waren die Fragen, wie die Nutzung digitaler Medien deren
Art zu arbeiten beeinflusst, welche Potenziale und Herausforderungen dabei entstehen und
mittels welcher Praktiken die Subjekte den neuen Anforderungen begegnen. Der Fokus wurde
dabei auf die Raum- und Zeitwahrnehmungen der Arbeitenden sowie deren Raum- und
Zeithandeln gelegt, da Raum und Zeit durch aktuelle Mediatisierungsprozesse in besonderem
Maße beeinflusst werden (vgl. Krotz 2007: 39). Datengrundlage waren 20 qualitative Leit-
fadeninterviews mit Digicom-Arbeitern, von ihnen angefertigte Mediennutzungstagebücher
und Visualisierungen sowie eine standardisierte Onlineumfrage (n = 445).
8 Roth-Ebner 2015a: 47f.

können unterschiedliche Formen einnehmen und mannigfaltige Funktionen erfüllen: Sie sind Kommunikationsräume, Selbstdarstellungs- und Kontakträume, Lernräume, Archive, Serviceräume und vieles mehr. Oftmals werden diese Räume auch quasi gleichzeitig beziehungsweise parallel zueinander genutzt. Ermöglicht wurde die Virtualisierung des Arbeitshandelns durch die »Digitalisierung der Arbeitswelt«[9] in den vergangenen drei Jahrzehnten. Aktuell kann in Österreich und Deutschland von einer Vollversorgung von Unternehmen mit dem Internet gesprochen werden.[10]

Tammy Johns und Lynda Gratton stellen drei Wellen virtueller Arbeit fest, beginnend in den frühen 1980er-Jahren mit Aufträgen, die virtuell von Freelancern erbracht wurden, über die virtuelle Arbeit von Festangestellten (Homeoffice) bis hin zum Zusammenschluss von virtuell Arbeitenden in sogenannten physisch existierenden »Coworking Spaces«.[11] Auf Ebene der Arbeitsorganisation unterscheiden Arnold Picot und Rahild Neuburger virtuelle Mitarbeiter (zum Beispiel Telearbeiter), virtuelle Teams[12] und virtuelle Unternehmen.[13] Der Begriff »virtuelles Unternehmen« bezeichnet flexible und lose Beziehungen zwischen Unternehmen und Professionalisten, die auf Nachfrage produzieren.[14] Reine virtuell organisierte Zusammenarbeit hat sich jedoch empirisch als schwierig erwiesen, wie Ursula Holtgrewe mit Verweis auf unterschiedliche Studien feststellt.[15] Vor allem für den Vertrauensaufbau und die Herstellung einer konstruktiven Arbeitsbasis werden Face-to-Face-Kontakte als wichtig gesehen.[16] Ein im Rahmen der Studie zur Mediatisierung von Arbeit interviewter selbstständiger Kommunikationsmanager stellt hierfür das passende Fallbeispiel dar. Er hat in der Vergangenheit sein österreichisches Unternehmen zwei Jahre lang von den USA aus geleitet. Den Kontakt mit den Mitarbeitern wickelte er über digitale Medien, vor allem über E-Mail, ab. Er legt jedoch großen Wert darauf, die Beschäftigten persönlich gekannt zu haben und begründet dies wie folgt:

---

9   Funken/Schulz-Schaeffer 2008.

10 Österreich: 99,7 Prozent in Betrieben ab 10 Mitarbeitern (vgl. Statistik Austria 2017); Deutschland: 100 Prozent in Betrieben ab 20 Mitarbeitern (vgl. Bitkom 2016: 31).

11 Vgl. Johns/Gratton 2013. »Coworking Spaces« sind gemeinschaftlich genutzte Büroräume, in die sich Personen einmieten können, um ihre Arbeit in einem anregenden Umfeld von Gleichgesinnten durchzuführen.

12 Dies sind »flexible Arbeitsgruppen standortverteilter und ortsunabhängiger Mitarbeiterinnen und Mitarbeiter«, die unter Einsatz von vernetzten Technologien gemeinsam an einer Aufgabe beziehungsweise der Erreichung eines Ziels arbeiten (vgl. Kremer/Janneck 2013: 362).

13 Vgl. Picot/Neuburger 2008: 223.

14 Vgl. Klotz 1997: 121f.

15 Vgl. Holtgrewe 2014: 19.

16 Vgl. Picot/Neuburger 2008: 236; siehe auch Roth-Ebner 2015a: 235f.

»Weil sonst kein Vertrauen da ist. Eine funktionierende Zusammenarbeit über E-Mail hat immer erst dann wirklich gepasst, wenn man die Leute zumindest einmal irgendwo getroffen hat. Ich habe das immer proaktiv geschaut, auch wenn es nur zwischen Tür und Angel fünf Minuten war, aber dann ja, zuordnen. Das ist der, passt. Das war eine ganz andere Zusammenarbeit. Ohne persönliches Kennenlernen ist nie dasselbe.« (Kommunikationsmanager, 33 Jahre)

Diese Aussage ist idealtypisch für die meisten Studienteilnehmer, die dem persönlichen Kontakt eine zentrale Bedeutung zuschreiben, vor allem auch, wenn es um (größere) Geschäftsabschlüsse geht.[17] Es liegt jedoch die Frage nahe, ob es sich dabei nicht nur um ein minimales Festhalten an Traditionen der Zusammenarbeit handelt und diese Routinen in näherer Zukunft aufgegeben werden zugunsten einer effizienten Gestaltung der (globalen) Kooperation.

Neben der Frage nach dem Vertrauensaufbau birgt virtuelle Arbeit auch die Gefahr von »Vereinzelung« oder Ablenkung von der Arbeit in sich.[18] Aufsehen erregt hat in diesem Zusammenhang die Firma Yahoo mit ihrem Vorstoß im Jahr 2013, das Arbeiten aus dem Homeoffice einzustellen und auf die physische Anwesenheit im Unternehmen zu setzen, um die Produktivität der Mitarbeiter zu steigern und die Qualität der Zusammenarbeit zu verbessern.[19] Der »Vereinzelung« im Homeoffice, vor allem bei selbstständiger Arbeit, vorzubeugen, ist auch ein zentraler Beweggrund für virtuell Arbeitende, sich zunehmend in den bereits erwähnten »Coworking Spaces« zusammenzufinden.[20]

Auch wenn der virtuelle Raum in vielen Berufen und Tätigkeitsbereichen als zentraler Speicher, als Lern-, Kommunikations- und Kooperationsraum, als Wissenspool, Organisationstool und vieles mehr fungiert, ist virtuelle Arbeit keineswegs losgelöst von räumlichen Bindungen.[21] Sie ist, wie Andreas Boes et al. feststellen, vielmehr eingebunden in ein neues »›Ort-Raum-Gefüge‹ der Produktion«.[22]

3. Flexibles, mobiles Arbeiten

Die medientechnologischen Entwicklungen des letzten Jahrzehnts haben vor allem im Bereich der mobilen Technologien Neuerungen gebracht. Immer leistungsstärkere Netzwerke und Geräte haben die mobile Internetnutzung

---

17 Vgl. Roth-Ebner 2015a: 235f.
18 Vgl. Amstutz et al. 2013: 11; siehe auch Roth-Ebner 2015a: 265f.
19 Vgl. Valdellon 2015.
20 Mehr zu diesem Trend siehe Hartmann 2016.
21 Vgl. Roth-Ebner 2015a: 171f.
22 Boes et al. 2012: 29.

vorangetrieben. Sinkende Anschaffungskosten, geringe Nutzungsgebühren
(vor allem Flatrates) und eine unerschöpfliche Vielzahl an mobilen Anwendungen (Apps) tragen dazu bei, die Akzeptanz und Nutzungsintensität von
mobilen internetfähigen Geräten wie Smartphones und Tablets zu steigern.
Dies trifft nicht nur auf den privaten Bereich zu, sondern auch auf den Beruf.
Laut einer im Jahr 2015 durchgeführten Erhebung des deutschen Branchen-
verbandes (Bitkom) zum Stand der Digitalisierung in deutschen Unternehmen
nutzte in Firmen ab 20 Mitarbeitern zu dieser Zeit bereits knapp ein Drittel
(32 Prozent) der fest angestellten Mitarbeiter ein Mobilgerät mit Internetzugang.[23] Inzwischen dürfte der Prozentsatz weiter angestiegen sein. Cloud-
basierte Anwendungen ermöglichen den zeit- und raumsouveränen Zugriff
auf Daten lediglich mittels eines internetfähigen Geräts und Internetzugang.
Dies stellt eine enorme Erleichterung für die Organisation von translokaler
Arbeit dar. Weder müssen Programme auf mehreren Geräten installiert werden, noch müssen Daten hin- und hergespeichert werden. In Deutschland
nutzten 2016 bereits knapp zwei Drittel der Unternehmen ab 20 Mitarbeitern
Cloud-Dienste.[24] Unternehmen, die ihre Geschäftsprozesse und ihre Kommunikation vollständig oder teilweise über mobile Geräte abwickeln, werden
als »Mobile Enterprises« bezeichnet.[25] Dies trifft vor allem auf Unternehmen
in der IT-Branche und auf größere Unternehmen ab 200 Mitarbeiter zu.[26]
   Die Virtualisierung von Arbeit und die elektronische Mobilität der Beschäftigten fördern, wie aus dem Geschilderten bereits hervorgeht, die Flexibilisierung von Arbeit. Der Berufsverband *Die Führungskräfte* (DFK) hat unter
dem Titel *DFK-Erreichbarkeitsstudie 2013* die Nutzung digitaler Medien von
Führungskräften im mittleren Management (n = 950) per Online-Umfrage
untersucht. Den Ergebnissen zufolge sind neun von zehn (88,6 Prozent) der
befragten Führungskräfte in Deutschland der Meinung, dass »moderne Kommunikationsmöglichkeiten zu mehr Flexibilität im Job beitragen«.[27] Berufliche
Informationen können allerorts und zu jeder Zeit abgerufen, aber auch in
Systeme eingespeist werden. Ebenso stoppt die berufliche Kommunikation
nicht an den Toren des Unternehmens, sondern kann am Nachhauseweg, zu
Hause, im Einkaufszentrum oder an nahezu allen beliebigen Orten jederzeit
wieder aufgenommen werden. Dateien, die früher auf den Bürocomputern und
in lokalen Netzwerken gespeichert waren, sind in der Cloud permanent syn-

---

23 Vgl. Bitkom 2016: 34.
24 Vgl. Bitkom 2017.
25 Vgl. Stieglitz/Brockmann 2012.
26 Vgl. Stieglitz/Brockmann 2012: 9.
27 Die Führungskräfte 2013: 7.

chron und allerorts zugänglich. Arbeit wird unter diesen Bedingungen mobil und frei von zeitlichen und räumlichen Begrenzungen.[28] Eine Folge davon ist auch die Beschleunigung von Arbeitsprozessen. Der folgende Ausschnitt aus einem im Rahmen der Studie zur Mediatisierung von Arbeit geführten Interview mit einem Sales- und Marketingmanager illustriert dies auf anschauliche Weise. Er erklärt, dass er die Kommunikationsstruktur in seinem Team so eingerichtet hat, dass er die meisten Vorgänge mit der E-Mail-Applikation seines Smartphones bearbeiten und kurzfristig auf Anfragen seiner Mitarbeiter reagieren könne, vor allem, da er viel im Auto unterwegs sei:

> »[…] es ist auch, zum Beispiel wir haben das so gemacht, wenn meine Verkäufer ein Angebot schreiben, dann schreiben sie das so, dann wird das so aufbereitet, dass es im Word-Format gemacht wird für den Kunden und im Betreff [der an ihn gerichteten E-Mail, C. R.-E.] stehen dann die Preise und das Ok, und da [in den Verteilerkreis, C.R.-E.] sind alle wichtigen Leute einkopiert, also auch das Customer-Service, Leute die es im SAP eingeben.[29] Ich bekomme das, ich entscheide das, schreibe dann nur ›Ok‹ an alle retour, und ab dem Zeitpunkt wird das dann im SAP eingepflegt. […] Das ist einfach, dass ich das nur mit dem BlackBerry, mit einem Ok auch während dem Autofahren bestätigen kann, damit wir viel schnellere Entscheidungswege haben, damit wir keinen Zeitverlust haben in der Administration.« (Sales- und Marketingmanager, 37 Jahre)

Das Zitat lässt sich als Beleg für das Streben nach Effizienz interpretieren, welches ein zentrales Studienergebnis darstellt. Digitale Medien sind die Werkzeuge, die im Rahmen dieses Effizienzstrebens eingesetzt werden.[30] Richard Sennett bezeichnet Flexibilität als »Zeit einer neuen Macht«[31].

> »Beim Angriff auf die Routine erscheint eine neue Freiheit der Zeit, doch ihre Erscheinung täuscht. Die Zeit in Unternehmen und für den einzelnen ist aus dem eisernen Käfig der Vergangenheit entlassen, aber neuen Kontrollen und neuer Überwachung von oben unterworfen.«[32]

Mit diesem Zitat sei auf die Kehrseiten von Flexibilität und mobilem Arbeiten verwiesen, die unter anderem in neuen Formen der Kontrolle und in einem erhöhten Leistungsdruck bestehen. So führt, wie die Studie zur Mediatisierung von Arbeit ergab, ein Zugewinn an Zeit durch effiziente

---

28 Vorausgesetzt werden muss jedoch der Zugang zu mobiler Telekommunikation beziehungsweise zum Internet.

29 SAP ist eine Software zur Abwicklung von betriebswirtschaftlichen Prozessen.

30 Vgl. Roth-Ebner 2016a.

31 Sennett 2005: 75.

32 Sennett 2005: 57. Die ursprüngliche Bedeutung des Wortes »Flexibilität« bezieht sich auf die Fähigkeit von Bäumen, sich im Winde zu biegen und wieder zur ursprünglichen Form zurückzukehren, und sich somit an wechselnde Verhältnisse anzupassen.

Arbeitsstrategien nicht zu einem Zugewinn an Freizeit, sondern zu einem Mehr an Arbeit.[33] Einen weiteren Aspekt greift Sennett auf, indem er den Verlust sozialen Zusammenhalts und individueller Verwurzelung anspricht, die mit flexiblen Arbeitsverhältnissen einhergehen können.[34]

4. Globale Kommunikation und Vernetzung

Seit der Jahrtausendwende hat die Globalisierung auch die Dienstleistungsbranche erfasst, und es wird nicht mehr nur die industrielle Produktion global abgewickelt, sondern auch der hochqualifizierte Bereich der »Kopfarbeit«[35]. Damit sei, so Andreas Boes et al., eine neue Phase der Globalisierung eingeläutet: jene der »global vernetzte[n] Ökonomie«[36]. Innovationen im Bereich von Informations- und Kommunikationstechnologien stehen in engem Zusammenhang mit Prozessen der Globalisierung.

> »Die digitale Informationsgesellschaft ist letztlich nur als eine sich internationalisierende und globalisierende Gesellschaft denkbar, was schon darin zum Ausdruck kommt, dass Informationen, die in einem einzigen Land auf der Basis von interaktiver Netzwerkkommunikation angeboten werden, prinzipiell weltweit jeder Person mit Internetzugang zur Verfügung stehen.«[37]

Damit zusammenhängend attestieren Andreas Boes et al. das Potenzial der Internationalisierung nur jenen Dienstleistungen, »deren wesentliche Arbeitsmittel und Arbeitsgegenstände digitalisierbare Informationen und Informationssysteme sind«.[38] Die Autoren führen als Vorreiter der Entwicklung die IT-Branche an. Tatsächlich betrifft die IT-gestützte Globalisierung des Arbeitshandelns aber auch viele andere Bereiche der Wissensarbeit wie zum Beispiel die Wissenschaft, das Verlagswesen oder den Journalismus.

Eine konkrete Ausprägung globaler Arbeit stellt zusammen mit dem Phänomen der Fragmentierung von Arbeit, die sich in Leiharbeit, befristeten Verträgen, Minijobs und brüchigen Erwerbsbiografien zeigt, das sogenannte »Crowdworking« dar. Bei dieser Form des »Crowdsourcings« wird eine große Anzahl von voneinander unabhängigen Personen mit einer professionellen

---

33 Vgl. Roth-Ebner 2016a: 275.
34 Vgl. Sennett 2005.
35 Boes et al. 2012: 25.
36 Boes et al. 2012: 26.
37 Winkel 2007: 242; vgl. auch Boes et al. 2012: 26.
38 Boes et al. 2012: 26.

Tätigkeit beauftragt.[39] Dabei können Aufträge niedrigschwellig über webbasierte Crowdworking-Plattformen global annonciert, vergeben, abgewickelt und abgerechnet werden. Die dadurch entstehenden virtuellen Arbeitsnetzwerke sind ein Beispiel für die Theorie der Netzwerkgesellschaft nach Manuel Castells. Derzufolge stellen Netzwerke die neue soziale Erscheinungsform unserer Gesellschaften dar. In ihrer Offenheit sind sie dazu im Stande, rasch auf Veränderungen zu reagieren. Damit sind sie die Antwort auf die erhöhte Komplexität einer flexibel agierenden globalen Wirtschaft und zugleich deren Ermöglicher. Die Netzwerklogik, so Castells, wirke grundlegend auf Prozesse der Produktion, Erfahrung, der Macht und Kultur ein. Neue Informations- und Kommunikationstechnologien stellen die Basis der Durchdringung der gesamten Gesellschaft mit der Netzwerklogik dar.[40] Lee Rainie und Barry Wellman nennen in ihrer Studie das neue soziale Betriebssystem (»social operating system«) unserer Gesellschaft den »Network Individualism« und betonen damit insbesondere die Individualität des Handelns. Diese verbinde sich mit digitaler Vernetzung und eröffne neue Möglichkeiten des Lernens, der Gestaltung von Beziehungen und des Arbeitens.[41]

Der unternehmensseitige Einsatz von Web-2.0-Angeboten wie sozialen Netzwerken, Wikis, Weblogs und vor allem Kombinationen dieser zur Organisation von Kommunikation, Information und Zusammenarbeit unter dem Stichwort »Enterprise 2.0« sind ein Beispiel dafür.[42] Auch die Integration von kollektiv nutzbaren Schnittstellen in den Berufsalltag mittels architektonischer Lösungen stellt eine Ausprägung von »Enterprise 2.0« dar. Diese ermöglicht Interaktionen und neue Arten der Zusammenarbeit in der Integration von physischem Raum und sozialen Netzwerkdiensten.[43] Dabei kann die Kooperation auch regionalen oder lokalen Charakter haben, sind doch digitale Vernetzungspraktiken auch im geografischen Nahbereich von Bedeutung. So berichtete eine im Rahmen der Studie zur Mediatisierung von Arbeit interviewte Process Designerin, dass sie den Instant Messenger nutze, um mit ihren Kollegen zu kommunizieren, die im selben Büro wie sie sitzen.[44]

Thomas Steinmaurer konstatiert der Gegenwartsgesellschaft eine mediatisierte Dauervernetzung. Diese bezeichnet er mit Verweis auf Michel Foucault als »Dispositiv«, um auf Machtaspekte hinzuweisen, die in der

---

39 Vgl. Nickerson 2014: 39.
40 Vgl. Castells 1996: 469.
41 Vgl. Rainie/Wellman 2014.
42 Vgl. Carstensen 2016; vgl. auch Koch/Ott 2015: 101.
43 Vgl. Koch/Ott 2015. Dies stellt auch ein Beispiel für das neue »›Ort-Raum-Gefüge‹ der Produktion« (Boes et al. 2012: 29) dar.
44 Vgl. Roth-Ebner 2015a: 216.

Koppelung von ökonomischen Interessen und technologischem Potenzial bestehen. Diese Koppelung münde, so Steinmaurer, etwa in der Überwachung und Vermarktung von *privaten* Daten.[45] Aber auch im Fall der beruflichen Mediennutzung sind Fragen nach der potenziellen Kontrolle von beruflichem Handeln in den transparenten digitalen Netzwerken relevant.

5. Entgrenzung von Lebensbereichen

Die flexible und mobile Mediennutzung trägt dazu bei, dass Arbeit auf private Lebensbereiche, zum Beispiel in Form von E-Mails oder Anrufen, übergreift.[46] Empirische Studien belegen, dass ein überwiegender Anteil von Beschäftigten heute außerhalb ihrer Arbeitszeiten für Vorgesetzte, Kollegen oder Kunden erreichbar ist.[47] In den meisten Fällen liegen diesem Sachverhalt keine Erwartungen der Unternehmen oder Vorgesetzten zugrunde. Die Bereitschaft, außerhalb der regulären Arbeitszeiten für berufliche Belange verfügbar zu sein, wird nach einer Repräsentativstudie des Deutschen Gewerkschaftsbundes zur Qualität von Arbeitsbedingungen von lediglich knapp einem Viertel (24 Prozent) der Arbeitnehmer aus allen Berufsgruppen sehr häufig beziehungsweise oft erwartet.[48] Wird die Erwartung weiter differenziert in eine explizit ausgesprochene Erwartung und eine implizit wahrgenommene, so sind die Ergebnisse der bereits erwähnten *DFK-Erreichbarkeitsstudie* aufschlussreich. Knapp zwei Drittel (63,6 Prozent) der befragten Führungskräfte gaben an, die von ihnen erwartete Erreichbarkeit sei nicht ausdrücklich vereinbart, während die Erwartung bei lediglich knapp drei Prozent explizit war.[49] Aussagen aus den Interviews zur Studie *Mediatisierung von Arbeit* offenbaren, dass die Beschäftigten einen latenten Druck verspüren, sich für das Unternehmen verfügbar zu halten. Dies ist etwa mit der unternehmensseitigen Ausstattung der Mitarbeiter mit Mobilgeräten verbunden oder der Angst, einen Auftrag oder gar die Arbeitsstelle zu verlieren.[50]

---

45 Vgl. Steinmaurer 2013: 7ff.
46 Auch umgekehrt entstehen durch Nutzung digitaler Medien private Ablenkungen während der eigentlichen Arbeitszeit, sodass die Entgrenzung in beide Richtungen stattfindet (vgl. Roth-Ebner 2016b: 54).
47 Vgl. Arbeiterkammer Niederösterreich 2016; siehe außerdem Die Führungskräfte 2013: 6 sowie Roth-Ebner 2015a: 193ff.
48 Vgl. Deutscher Gewerkschaftsbund 2015: 18.
49 Vgl. Die Führungskräfte 2013: 13.
50 Vgl. Roth-Ebner 2015b: 195.

Die Erreichbarkeit kann zulasten der Arbeitnehmer zu Buche schlagen. Darauf verweist das Ergebnis, wonach Personen, von denen die Verfügbarkeit außerhalb der Arbeitszeiten erwartet wird, ihre Arbeitsbedingungen deutlich schlechter bewerten als Arbeitnehmer, von denen dies kaum beziehungsweise nicht erwartet wird.[51] Unterstützung seitens der Unternehmen in Form betrieblicher Regelungen zur Erreichbarkeit existiert kaum. In der öffentlichen Debatte breit wahrgenommene Initiativen zur Eindämmung der Verfügbarkeit, indem etwa E-Mails nach Feierabend nicht weitergeleitet werden (wie bei VW), sind ebenfalls seltene Ausnahmen.[52]

Auch abseits des Erreichbarkeitsthemas stellt allgegenwärtiges Arbeiten einen »Normalzustand« dar, wie Tanja Carstensen in ihrer Studie zu Beschäftigten im Umgang mit Social Media feststellte. Damit seien sowohl positive Effekte für eine bessere Vereinbarkeit von privaten und beruflichen Lebensbereichen verbunden als auch gesteigerte Anforderungen an das Zeitmanagement der Arbeitnehmer und die potenzielle Gefahr einer zu hohen Arbeitsbelastung.[53] Die ambivalenten Folgen der zeitlichen und räumlichen Flexibilität von Arbeit werden auch durch eine US-amerikanische quantitative Studie mit Managern im Wissenschaftsbetrieb bestätigt. Einerseits zeigen sich Zusammenhänge zwischen orts- und zeitsouveräner Mediennutzung und erhöhter Arbeitszufriedenheit. Verantwortlich dafür ist das Gefühl, immer auf dem Laufenden zu sein, produktiv und effizient zu arbeiten. Andererseits schlägt dies zulasten der »Balance« zwischen Privat- und Berufsleben zu Buche.[54]

Korrespondierend zur ambivalenten Bewertung der Entgrenzung sind auch unterschiedliche Handlungsmuster festzustellen. Mit einer (kurzen) Längsschnittstudie im Abstand von vier Jahren (2001/2002 und 2005/2006) wiesen Christian Härtwig und Ernst-H. Hoff am Fall von Beschäftigten in der IT-Branche nach, dass durchaus nicht alle Arbeitnehmer eine entgrenzte Lebensgestaltung praktizieren, sondern knapp ein Drittel berufliches und privates Handeln strikt voneinander trennt. Zum anderen konnten sie zeigen, dass der Anteil jener, die eine Trennung praktizieren, mit zunehmendem Alter beziehungsweise zunehmender Berufserfahrung tendenziell zunimmt. So ließ

---

51 Vgl. Deutscher Gewerkschaftsbund 2015: 22.
52 Vgl. Die Führungskräfte 2013: 14.
53 Vgl. Carstensen 2015: 189.
54 Vgl. Diaz et al. 2012. Ebenso ambivalent wird die Frage nach einer besseren Vereinbarkeit von beruflichen und privaten Lebensbereichen durch Nutzung digitaler Medien von deutschen Führungskräften beantwortet. 40 Prozent der Befragten bejahten den positiven Zusammenhang; 60 Prozent sahen ihn nicht gegeben (vgl. Die Führungskräfte 2013: 9).

sich bei der zweiten Erhebung die Hälfte der Befragten jenem Typus zuordnen, der berufliche und private Lebensbereiche strikt voneinander abgrenzt.[55]
    Ebenso verweisen Typologisierungen von Handlungsmustern in diver-
sen Studien auf heterogene Gestaltungsweisen des Verhältnisses zwischen
privaten und beruflichen Lebensbereichen – von der strikten Trennung
über die pragmatische Vermischung bis hin zur kompletten Entgrenzung.
Tanja Carstensen, Jana Ballenthien und Gabriele Winker haben dies für
webbasierte Erwerbsarbeit von unter 30-Jährigen gezeigt, Anne von Streit
für Selbstständige in der Internetbranche.[56] Das Handhaben der Be- und
Entgrenzungen zwischen Beruf und Privatleben, auch »Grenzmanagement«
genannt, wird dabei zu einer zentralen Kompetenz der Handelnden.[57] Die
Strategien reichen von räumlicher Grenzziehung über die Unterscheidung
zwischen beruflichen und privaten Geräten[58] bis hin zum sogenannten
»Erreichbarkeitsmanagement«.[59] Letzteres bedeutet, dass hinsichtlich der
Erreichbarkeit für berufliche Belange bewusste Überlegungen angestellt und
Routinen entwickelt werden. Entgrenzungsprozesse erfordern beziehungs-
weise erzwingen immer auch Entscheidungen, so Ulrich Beck, Wolfgang
Bonß und Christoph Lau.[60] Diese Entscheidungen obliegen in Zeiten der
»immer radikaleren Individualisierung«[61] dem Individuum selbst.

6. Subjektivierung

Einhergehend mit dem Wandel von der Industriegesellschaft hin zur Wissensgesellschaft beziehungsweise vom Fordismus zum Postfordismus wird der
Prozess einer zunehmenden Subjektivierung von Arbeit konstatiert.[62] Gemeint
ist damit »die *gezielte betriebsseitige Vernutzung von menschlicher Subjektivi-*

---

55 Vgl. Härtwig/Hoff 2010: 36f.
56 Vgl. Carstensen/Ballenthien/Winker 2013; siehe auch Streit 2011.
57 Vgl. Carstensen/Ballenthien/Winker 2013: 40; siehe auch Roth-Ebner 2015b sowie Streit
    2011: 250ff.
58 Es geht hier keineswegs nur um das Vermeiden der Nutzung beruflicher Geräte für private
    Zwecke. Auch die berufliche Verwendung von privaten Geräten, bekannt als BYOD-
    Phänomen ist ein Thema (»Bring Your Own Device«). Gemäß einer Bitkom-Studie zum
    Thema »Arbeiten in der digitalen Welt« verwendeten im Erhebungszeitraum 2012 über
    70 Prozent der 505 befragten Berufstätigen über 16 Jahren private Geräte (vor allem
    Notebook, PC, Handy, Smartphone) für die tägliche Arbeit (vgl. Bitkom 2013: 8).
59 Vgl. Roth-Ebner 2015b: 202ff.
60 Vgl. Beck/Bonß/Lau 2004: 15.
61 Beck/Bonß/Lau 2004: 22.
62 Vgl. Moldaschl/Voß 2002.

tät für den Arbeitsprozess, die auf neuen (›post-tayloristischen‹) betrieblichen Strategien der Vernutzung lebendiger Arbeit beruht«.[63] Im Gegensatz zu tayloristisch-fordistischen Konzepten oder zum »Angestelltensubjekt«[64] des 20. Jahrhunderts gewinnen gegenwärtig folglich Arbeitsverhältnisse an Bedeutung, die die Autonomie und Selbstverantwortung des Individuums betonen, sei es durch projektorientiertes Arbeiten oder die Verlagerung von Verantwortung und Risiken auf die Arbeitenden (zum Beispiel durch leistungsorientierte Entlohnungsmodelle, flexible Arbeitszeitmodelle, »Ich-AGs« etc.).

Ausschlaggebend für die steigende Relevanz von Subjektivität sind laut Klaus Schönberger und Stefanie Springer die Zunahme an Wissensarbeit, der Abbau von Weisungshierarchien und die Verbreitung von Computertechnologie. Letztere erfordere als Medium, das der Kommunikation von Informationen dient, stets subjektive Interpretationen.[65] »Die Informationen, die an den Schnittstellen, an Ein- und Ausgabestellen dem System einzugeben und zu entnehmen sind, unterliegen vielen Unwägbarkeiten und müssen in die jeweiligen Handlungskontexte eingeordnet werden«.[66] Dies trifft über ein Jahrzehnt nachdem die Autoren ihre These formuliert haben, umso mehr zu. Einerseits haben wir es in den Berufswelten 2.0 mit sozialen Medien zu tun, die aus der (uneindeutigen) Kommunikation von Kollektiven be- und entstehen. Andererseits werden webbasierte Medien selbst zum Akteur, indem im Hintergrund der Mediennutzung automatisierte Rechenvorgänge ablaufen, was erhöhte Ansprüche an die Reflexionsfähigkeit der Subjekte stellt. Subjektivierung steht auch in engem Zusammenhang mit der Flexibilisierung von Arbeit, denn es sind subjektive Leistungen der Selbstorganisation, Selbstregulation und -reflexion zu erbringen, um die flexiblen Möglichkeiten (hinsichtlich der zeitlichen und örtlichen Organisation von Arbeit, der Frage nach der Erreichbarkeit etc.) zu gestalten. Der Zusammenhang besteht auch umgekehrt:

> »Je stärker Beschäftigte tatsächlich [derartige] Möglichkeiten zur Selbstverwirklichung ihrer ›ganzen‹ Person in der Arbeit sehen, desto weniger sinnvoll erscheinen ihnen strikte zeitliche, räumliche, inhaltliche, soziale und motivationale Grenzen zwischen ihrem beruflichen und privaten Handeln.«[67]

Die Subjektivierung von Arbeit ist insofern als ein »doppelte[r] Subjektivierungsprozeß« zu sehen, als Betriebe einerseits vermehrt Anforderungen an

---

63 Kleemann 2012: 7.
64 Reckwitz 2006.
65 Vgl. Schönberger/Springer 2003: 11.
66 Schönberger/Springer 2003: 11.
67 Härtwig/Hoff 2010: 30.

subjektive Leistungen ihrer Mitarbeiter stellen, andererseits aber auch die Beschäftigten zunehmend subjektive Ansprüche an ihre Arbeit herantragen.[68] Die Effekte der Subjektivierung sind entsprechend ambivalent: Auf der einen Seite haben die Arbeitnehmer die Chance zu mehr Selbstverwirklichung und Mitbestimmung im Arbeitsprozess; zugleich ist dies aber mit einem Mehr an Verantwortung und Risiko verbunden. Diese Ambivalenzen finden Entsprechung in Reckwitz' Subjektentwurf für die Gegenwartsgesellschaft in Form des »konsumtorischen Kreativsubjekts«. Dieses verbindet ästhetisch-expressive Werte mit unternehmerisch-marktförmigem Handeln.[69] Ein festangestellter Security-Spezialist, der im Rahmen der Studie zur Mediatisierung von Arbeit interviewt wurde, repräsentiert idealtypisch beide Aspekte. Er erzählt im Interview, dass er selbst im Urlaub seine E-Mails checke, wenn dringende »Bewilligungen« im System anstehen und sein Kollege, der außer ihm dafür zuständig ist, ebenfalls im Urlaub sei. Die Tätigkeit, die er hierfür verrichtet, bekomme er nicht extra vergütet, weil er über einen All-in-Vertrag verfügt. In diesem Fall kommt die ökonomisch-unternehmerische Selbstverantwortung des Arbeitnehmers dem Unternehmen zugute. Anstatt für funktionierende Vertretungsstrukturen zu sorgen, wird die Angelegenheit der Selbstorganisation des Mitarbeiters überlassen. Ein anderes Beispiel verdeutlicht die eigenen Ansprüche des Security-Spezialisten an subjektiviertes Arbeiten. So setzt er sich manchmal abends noch zu Hause an den Computer, um grundlegendes Wissen für seine Arbeit zu recherchieren mit dem Ziel, bestehende Prozesse zu verbessern. Während der Arbeitszeit hätte er nicht die Zeit dazu, und er hätte ja auch keinen Auftrag, dies zu machen. Aber der Beschäftigte möchte sich aus Eigenmotivation in seiner Freizeit engagieren, um Verfahrensweisen zu optimieren.

7. Standardisierung und Rationalisierung

Autonomie und Kontrolle, Freiheiten und Zwänge schließen sich in der subjektivierten Arbeitswelt nicht gegenseitig aus, sondern stellen, wie Christian Härtwig und Ernst-H. Hoff es formulieren, zwei Seiten einer Medaille dar.[70] Standardisierungs- und Rationalisierungsprozesse stehen in Zusammenhang mit der Globalisierung von (Dienstleistungs-)Arbeit, wie Andreas Boes et al. in ihrer Studie zur global vernetzten Ökonomie feststellen. Sie bezeichnen

---

68 Vgl. Kleemann/Matuschek/Voß 2002: 58.
69 Vgl. Reckwitz 2006: 441 ff.
70 Vgl. Härtwig/Hoff 2010: 30.

Globalisierung als »immense[n] Standardisierungsschub« und veranschaulichen dies am Beispiel von Arbeit in der globalen IT-Branche. Um Leistungen geografisch auslagern zu können (Offshoring)[71], müssen diese möglichst vereinheitlicht und nachvollziehbar gemacht werden; Leistungen werden so zu Produkten, die beliebig verkaufbar sind.[72]

> »Die mit dem Offshoring einhergehende Standardisierungsbewegung stellt alles in den Schatten, was es an Ansätzen zur Einführung von Regelwerken, Handbüchern und Dokumentationsvorschriften schon vorher gegeben hat – und bringt eine neue Logik des Denkens.«[73]

Wie im Abschnitt 4 »Globale Kommunikation und Vernetzung« bereits für die Globalisierung angeführt, betrifft auch dieses Phänomen nicht nur die IT-Branche, sondern durchaus auch andere Bereiche. So haben sich Hochschulstudien und deren Organisation in Europa durch die Umsetzung des Bologna-Prozesses mit dem Ziel der Vereinheitlichung von Standards (zum Beispiel durch ECTS-Anrechnungspunkte) grundsätzlich geändert. Aber auch in lokalen Arbeitszusammenhängen sind Rationalisierungsprozesse an der Tagesordnung, um die »selbstgesteuerte Arbeit in die betriebliche Planung, ökonomische Kalkulation und Kontrolle«[74] einzubinden. So erfordert die unübersichtliche Arbeitsorganisation in projektorientierter Arbeit vermehrte Berichtstätigkeit, die wiederum zu einer Standardisierung und Rationalisierung von Arbeit beiträgt. Angestoßen wird dies durch die niedrigschwelligen Möglichkeiten digitaler Prozessaufzeichnungen. Ökonomische Werthaltungen und neoliberale Marktprinzipien tragen einer Kennzahlenorientierung Vorschub, die durch die bereitstehende Technik umgehend umgesetzt (transparent gemacht und verbreitet) wird.

Ein Beispiel für entsprechende Tools sind sogenannte Ticketing-Systeme. Es handelt sich dabei um Software, die eingesetzt wird, um die Abläufe innerhalb von Teams, Abteilungen oder Unternehmen zu standardisieren und damit zu beschleunigen und transparent zu machen. Dabei wird pro Arbeitsvorgang (es kann sich zum Beispiel um eine IT-Störung handeln oder um einen Bestellvorgang) ein »Ticket« erstellt und bearbeitet. Über ein Netzwerk verbunden, haben ganze Teams auf dasselbe System Zugriff, wodurch sämtliche Arbeitsschritte nachvollzieh- und kontrollierbar werden.[75] Solche

---

71 Die Autoren meinen mit »Offshoring« die Verlagerung von Dienstleistungen und »Kopfarbeit« in Niedriglohnregionen (vgl. Boes et al. 2012: 25).
72 Vgl. Boes et al. 2012: 34.
73 Boes et al. 2012: 34.
74 Böhle 2003: 138.
75 Vgl. Roth-Ebner 2015a: 172.

Systeme werden auch von einigen im Rahmen der Studie zur Mediatisierung von Arbeit Interviewten verwendet, so zum Beispiel von einer Produktmanagerin im Bereich des Softwaredesigns. Aus ihrem Büro in Österreich leitet sie ein Team von Softwareentwicklern, deren Arbeitsplätze sich an einem Unternehmensstandort in Osteuropa befinden. Das Ticketing-System dient in diesem Fall der Strukturierung der virtuellen Zusammenarbeit und dem grenzüberschreitenden Projektmanagement mit dem Ziel größtmöglicher Effizienz.

Die Kehrseite von Standardisierung und Rationalisierung sind neben der starken ökonomischen Orientierung die bereits angesprochenen neuen Kontrollmöglichkeiten durch digitale Arbeitsprozesse. Mit Arnold Picot und Rahild Neuburger gesprochen, hängen die Mitarbeiter in Strukturen starker informatisierter Steuerung und Kontrolle an der »›elektronische[n] Leine«.[76] Dies wurde empirisch etwa am Fall von taiwanesischen Journalisten beobachtet, welche der digitalen Kontrolle ihrer Vorgesetzten unterliegen und deren Output durch quantitative Auswertung der Schreibtätigkeit gemessen wird.[77] Auch in der Onlineumfrage der Studie zur Mediatisierung von Arbeit gaben 43 Prozent der Befragten an, durch die berufliche Nutzung digitaler Medien bei der Arbeit stärker kontrolliert werden zu können.[78]

Die beschriebenen Prozesse der Standardisierung und Rationalisierung stellen aber keinen Kontrapunkt zum Prozess der Subjektivierung dar. Wie Andreas Boes et al. betonen, handelt es sich dabei auch nicht um Taylorisierung, deren Ziel die »Ausschaltung« der Subjektivität der Arbeitenden war.[79] Gerade unter den Bedingungen der Standardisierung sind subjektive Leistungen nötig, um vereinheitlichte Prozesse zu interpretieren und in situationsspezifische Lösungen zu überführen.[80] Wie sehr ein Arbeitsverhältnis als subjektiviert oder standardisiert gilt, hängt nicht zuletzt auch von der Art der Tätigkeit und Qualifikation ab. Tendenziell sind eine höhere Qualifikation und ein verantwortungsvolles Aufgabengebiet auch mit einem höheren Subjektivierungsgrad verbunden als es bei mittleren oder niedriger qualifizierten Tätigkeiten der Fall ist.[81]

---

76 Picot/Neuburger 2008: 233.
77 Vgl. Liu 2006.
78 Vgl. Roth-Ebner 2015a: 243.
79 Vgl. Boes et al. 2012: 35.
80 Vgl. Böhle 2003: 135; ähnlich auch Boes et al. 2012: 35, 49. Dennoch stellen Boes et al. in ihrer Studie im IT-Bereich eine Dequalifizierung der Beschäftigten in Zusammenhang mit Standardisierungsprozessen fest (vgl. Boes et al. 2012: 39). Dies verweist wiederum auf die uneindeutigen Effekte computergestützter Arbeit.
81 Vgl. Kleemann/Matuschek/Voß 2002: 64.

8. Fazit

In den Berufswelten 2.0, die zunehmend diverser und individualisierter werden[82], sind auch die Effekte der beruflichen Mediennutzung für die Beschäftigten, wie in diesem Beitrag und andernorts vielfach belegt wurde[83], ambivalent.

>»Wo Veränderung mehr oder weniger alltäglich wird, Strukturen sich verflüssigen und Aushandlung zunimmt, dort sind zunehmend divergierende Lösungen zu erwarten, in nahezu allen Gestaltungsdimensionen des Arbeitsverhältnisses«.[84]

Digitale Medien – so wurde gezeigt – implizieren »riskante Chancen«.[85] Ich gebe jedoch Sabine Pfeiffer Recht, wenn sie ihnen die Rolle als zentrale »Treiber« abspricht. Sie agieren vielmehr als »Enabler«, die unter gegebenen Prädispositionen des Wandels von Arbeit (bei Pfeiffer sind dies gesellschaftliche Entgrenzungsprozesse von »Arbeit und Leben« sowie die Subjektivierung von Arbeit) gewisse Praktiken ermöglichen.[86] Wie diese Praktiken gestaltet werden, ist die Angelegenheit von Individuen und Organisationen, welche die Rahmenbedingungen für das individuelle Handeln abstecken. Damit wird einmal mehr deutlich, dass »der mit Hilfe moderner IuK-Technologien forcierte gesellschaftliche Wandel erst im sozialen Gebrauch der Neuen Medien zu verstehen ist«.[87]

Umgekehrt sind soziale Praktiken eingebettet in technologische, soziale, kulturelle, wirtschaftliche und politische Rahmenbedingungen. Der Prozess der Digitalisierung betrifft sämtliche dieser Bereiche und ist – wie im zweiten Abschnitt des Beitrags beschrieben – Voraussetzung für die erläuterten Praktiken der Arbeitenden. Das neoliberale Wirtschaftsparadigma, das nahezu sämtliche Bereiche unseres Alltags bestimmt, stellt eine zentrale Interpretationsfolie für die in diesem Beitrag diskutierten Phänomene dar. Der Modellmensch des Neoliberalismus ist der Unternehmer seiner Selbst, dessen Handeln geprägt ist vom Markterfolg und der sich selbst zu

---

82 Vgl. Holtgrewe 2014: 20.

83 Vgl. Carstensen 2015: 188; siehe auch Diaz et al. 2012 sowie Pfeiffer 2012: 17.

84 Moldaschl 2010: 285.

85 Lohr/Nickel 2005. Karin Lohr und Hildegard Maria Nickel verwenden die Formulierung für die Subjektivierung von Arbeit; sie ist nach Ansicht der Autorin genauso treffend auf die Mediatisierung von Arbeit anwendbar. Zu den Chancen und Herausforderungen mediatisierter Arbeit sei auf Roth-Ebner 2016b verwiesen.

86 Vgl. Pfeiffer 2012: 19.

87 Matuschek/Kleemann/Voß 2003: 139.

organisieren hat.[88] Gefragt nach der Bedeutung von Zeit, antwortete eine im Rahmen der Studie Mediatisierung von Arbeit Interviewte: »Man muss sich nur richtig organisieren, oder ich muss mich richtig organisieren, und ich bin vor allem selber dafür verantwortlich wie ich sie nutze«[89], was ihre neoliberale Haltung veranschaulicht.

Auf politische Rahmenbedingungen macht Tanja Carstensen aufmerksam, indem sie eine »Kluft zwischen gesetzlichen Regelungen und Arbeitsrealität«[90] konstatiert. Diese zeigt sich unter anderem in der nicht gelösten Frage, wie angesichts mobiler Arbeitswirklichkeiten eine ergonomische Ausstattung von Arbeitsumgebungen im privaten oder öffentlichen Raum sichergestellt werden kann. In diesem Zusammenhang ist auch die Frage nach den eingehaltenen Ruhezeiten im Rahmen einer »Always-on-Arbeitskultur« relevant.[91] Immerhin sind der DFK-Erreichbarkeitsstudie zufolge rund zwei Drittel der befragten Manager der Meinung, die Nutzung digitaler Medien würde zu einer höheren gesundheitlichen Belastung führen.[92] Eine auf Deutschland bezogene repräsentative Studie der DAK-Gesundheit stellte einen direkten Zusammenhang zwischen Erreichbarkeit und psychischer Gesundheit bei Beschäftigten im Dienstleistungsbereich fest. So weisen Arbeitnehmer mit einem hohen Ausmaß an Erreichbarkeit doppelt so viele Depressionserscheinungen auf wie Personen, die sich kaum oder nicht verfügbar halten.[93] Arbeitsschutzmaßnahmen und Gesundheitsförderung stellen zusammen mit betrieblichen Vereinbarungen und Weiterbildungsmaßnahmen vielversprechende Ansätze dar, die jedoch, was das mobile und entgrenzte Arbeiten anbelangt, noch kaum in gesetzliche Kontexte eingebunden sind.

Kollektive Interessensvertretungen sind vor dem Hintergrund stets neuer technologischer Nutzungsmöglichkeiten anhaltend gefordert, die Rahmenbedingungen für die Arbeitssituationen der Individuen anzupassen.[94] Eine große Verantwortung liegt jedoch bei den Individuen selbst, die für sich einen Weg finden müssen, in der mediatisierten Arbeitswelt zurechtzukommen. Studien verweisen in diesem Zusammenhang auch auf widerständige Praktiken. Dazu zählen etwa ein bewusstes Nicht-Beantworten des Telefons oder das Abschalten des Smartphones in der Freizeit, das Ignorieren beziehungsweise Löschen von E-Mails oder das Erledigen privater Ange-

---

88 Vgl. Bröckling 2007: 76.
89 Roth-Ebner 2015a: 310.
90 Carstensen 2015: 190.
91 Vgl. Carstensen 2015: 192.
92 Vgl. Die Führungskräfte 2013: 11.
93 Vgl. DAK-Gesundheit 2013: 96.
94 Vgl. auch Matuschek/Kleemann/Voß 2003: 153.

legenheiten während der Arbeitszeit als Ausgleich zur hohen beruflichen Beanspruchung.[95] Angesichts des hohen Drucks, der auf den Arbeitnehmern lastet, ist jedoch die Gestaltungsfreiheit der Individuen diesbezüglich wenig euphorisch zu beurteilen.

Aus dem Skizzierten kann das Desiderat einer Medienbildung für den Beruf beziehungsweise einer Medienpädagogik für Unternehmen abgeleitet werden.[96] Erste Ansätze dazu wurden bereits formuliert.[97] Diese gilt es, empirisch zu untermauern und konsequent weiterzuentwickeln. Konzepte der Medienpädagogik, Medienkompetenz oder Media Literacy, die mit Bezug auf Kinder, Jugendliche, schulische und außerschulische Medienarbeit sowie auf Senioren entwickelt und zum Teil breit diskutiert wurden, sind um die berufliche Perspektive zu erweitern und als überfällige Antwort auf die Frage zu formulieren, welche Kompetenzen Beschäftigte in computergestützten Arbeitsumgebungen benötigen und wie sie bei ihren individuellen Umgangsweisen und Aushandlungsprozessen unterstützt werden können.

Es gäbe noch vieles zu sagen und zu schreiben über die Zusammenhänge zwischen Arbeit, neuen Medientechnologien und sozial-kommunikativem Handeln; noch mehr steht aber zu erforschen an. Das Thema wurde innerhalb der Medien- und Kommunikationswissenschaften noch kaum bearbeitet.[98] Dies trifft auch auf die berufliche Mediennutzung generell zu. Gerade hier sind jedoch wichtige Impulse für die Disziplin zu erwarten, denn berufliches Handeln lässt sich erstens (wie gezeigt wurde) immer weniger von privatem trennen, und zweitens greift die ökonomisch-rationale Erwerbsorientierung immer mehr auch auf andere Lebensbereiche über, wie unter den Stichworten »Lebenslaufmanagement« oder »Ökonomisierung des Alltags« bereits diskutiert wird.

Abstract

This contribution relates to the process of mediatization in the world of work with a focus on office or knowledge work. These kinds of work are primarily moulded by information and communication activities which are, to a great

---

95 Vgl. Roth-Ebner 2015a: 314; vgl. auch Carstensen 2015: 192.

96 Auch Boes et al. (2012: 49) weisen in ihrer Studie zur Globalisierung von IT-Dienstleistungen auf die Notwendigkeit zur Kompetenzentwicklung und Qualifikation der Beschäftigten hin, welche über technische Fähigkeiten hinausgehen, sondern dem Charakter des »Informationsraums« Internet als sozialem Handlungsraum gerecht werden.

97 Vgl. Roth-Ebner 2015a.

98 Vgl. Hartmann/Wimmer 2016: 3.

extent, performed with digital media. The concept of the Mediatization of work refers to the interrelation of the current media communicative change and the sociocultural transformation as well as the changes in labour and work. For instance, digitally supported work can increasingly be performed virtually, which enables flexibility and mobility but also raises new questions of boundary management between private and work domains. Along with the metaprocess of globalization, digital media contribute to overcome geographical boundaries and enable international collaborations and networks. Under these conditions, the subject itself gains more and more personal responsibility. Meanwhile, digital work processes abet a standardization and rationalization of work. The paper describes these characteristics of mediatized work. Evidence is drawn from a study conducted by the author and from studies carried out by other scholars, as well as literature from Sociology and Media and Communications.

Literatur

Arbeiterkammer Niederösterreich (2016): Ständige Erreichbarkeit macht krank (online unter: https://noe.arbeiterkammer.at/interessenvertretung/gesundheit/erreichbarkeit_krank.html – letzter Zugriff: 08.03.2018).

Amstutz, Sibylla / Schwehr, Peter / Schulze, Hartmut / Krömker, Heidi (2013): Interner Schlussbericht: Office in Motion. Arbeitswelten für die Wissensarbeitenden von morgen, Luzern (online unter: web.fhnw.ch/plattformen/rtw/forschung-1/OfficeinMotion_Schlussbericht_CCTP.red.pdf – letzter Zugriff: 08.03.2018).

Beck, Ulrich / Bonß, Wolfgang / Lau, Christoph (2004): Entgrenzung erzwingt Entscheidung: Was ist neu an der Theorie reflexiver Modernisierung?, in: Ulrich Beck / Christoph Lau (Hg.), Entgrenzung und Entscheidung: Was ist neu an der Theorie reflexiver Modernisierung, Frankfurt/M., S. 13–62.

Bitkom (2013): Arbeit 3.0. Arbeiten in der digitalen Welt, Berlin (online unter: www.bitkom.org/Publikationen/2013/Studien/Studie-Arbeit-3-0/Studie-Arbeit-30.pdf – letzter Zugriff: 08.03.2018).

Bitkom (2016): Bitkom Digital Office Index. Eine Untersuchung zum Stand der Digitalisierung in deutschen Unternehmen, Berlin (online unter: www.bitkom.org/Bitkom/Publikationen/Ergebnisbericht-zur-Studie-Bitkom-Digital-Office-Index.html – letzter Zugriff: 08.03.2018).

Bitkom (2017): Zwei von drei Unternehmen ohne Sicherheitsstrategie für die Cloud, 23. Mai 2017 (online unter: www.bitkom-research.de/Presse/Pressearchiv-2017/Zwei-von-drei-Unternehmen-ohne-Sicherheitsstrategie-fuer-die-Cloud – letzter Zugriff: 20.03.2018).

Boes, Andreas / Baukrowitz, Andrea / Kämpf, Tobias / Marrs, Kira (2012): Auf dem Weg in eine global vernetzte Ökonomie. Strategische Herausforderungen für Arbeit und Qualifikation, in: Andreas Boes / Andrea Baukrowitz / Tobias Kämpf / Kira Marrs (Hg.), Qualifizieren für eine global vernetzte Ökonomie, Wiesbaden, S. 25–63.

Böhle, Fritz (2003): Vom Objekt zum gespaltenen Subjekt, in: Manfred Moldaschl / Günter G. Voß (Hg.), Subjektivierung von Arbeit, 2. Aufl., München/Mering, S. 115–147.

Bullinger, Angelika C. / Haner, Udo-Ernst / Mühlstedt, Jens (2014): Wissensarbeit 4.0 – Die Hintergründe innovativer Arbeitswelten, in: Gesellschaft für Arbeitswissenschaft e.V. (Hg.), Gestaltung der Arbeitswelt der Zukunft, Dortmund (online unter: nbn-resolving.de/urn:nbn:de:bsz:ch1-qucosa-137790 – letzter Zugriff: 08.03.2018), S. 617–619.

Bröckling, Ulrich (2007): Das unternehmerische Selbst. Soziologie einer Subjektivierungsform, Frankfurt/M.

Carstensen, Tanja (2015): Neue Anforderungen und Belastungen durch digitale und mobile Technologien, in: WSI-Mitteilungen (3/2015) (online unter: www.boeckler.de/wsimit_2015_03_carstensen.pdf – letzter Zugriff: 08.03.2018).

Carstensen, Tanja (2016): Social Media in der Arbeitswelt. Herausforderungen für Beschäftigte und Mitbestimmung, Bielefeld.

Carstensen, Tanja / Ballenthien, Jana / Winker, Gabriele (2013): Arbeitsalltag im Internet. Umgang mit mehrdimensionalen Entgrenzungen, in: Tanja Carstensen / Christina Schachtner / Heidi Schelhowe / Raphael Beer (Hg), Digitale Subjekte. Praktiken der Subjektivierung im Medienumbruch der Gegenwart, Bielefeld, S. 29–80.

Castells, Manuel (1996): The Rise of the Network Society. The Information Age. Economy, Society and Culture, Cambridge/Oxford.

DAK-Gesundheit (2013): DAK-Gesundheitsreport 2013. Pressemittleiung, 13. Februar 2014 (online unter: www.dak.de/dak/bundes-themen/gesundheitsreport-2013-1318292.html - letzter Zugriff: 20.03.2018).

Deutscher Gewerkschaftsbund (2015): DGB-Index: Gute Arbeit. Der Report 2015, Berlin (online unter: http://index-gute-arbeit.dgb.de/++co++83f44c88-9428-11e5-8b1e-52540023ef1a – letzter Zugriff: 08.03.2018).

Diaz, Ismael / Chiaburu, Dan S. / Zimmerman, Ryan D. / Roswell, Wendy R. (2012): Communication Technology: Pros and Cons of Constant Connection to Work, in: Journal of Vocational Behavior 80 (2/2012), S. 500–508.

Die Führunskräfte (2013): DFK-Erreichbarkeitsstudie, März 2013 (online unter: www.familienfreund.de/wp-content/uploads/2014/01/a1160_dfk-erreichbarkeitsstudie_ergebnisse.pdf – letzter Zugriff: 23.02.2018).

Ebersbach, Anja / Glaser, Markus / Heigl, Richard (2016): Social Web, 3. Aufl., Konstanz.

Funken, Christiane / Schulz-Schaeffer, Ingo (Hg.) (2008): Digitalisierung der Arbeitswelt. Zur Neuordnung formaler und informeller Prozesse in Unternehmen, Wiesbaden.

Hartmann, Maren (2016): Coworking oder auch die (De-)Mediatisierung von Arbeit, in: Jeffrey Wimmer / Maren Hartmann (Hg.), Medien-Arbeit im Wandel. Theorie und Empirie zur Arbeit mit und in Medien, Wiesbaden, S. 177–204.

Hartmann, Maren / Wimmer, Jeffrey (2016): Medien-Arbeit: Arbeit mit und in den Medien aus kommunikationswissenschaftlicher Perspektive, in: Jeffrey Wimmer / Maren Hartmann (Hg.), Medien-Arbeit im Wandel. Theorie und Empirie zur Arbeit mit und in Medien, Wiesbaden, S. 1–16.

Härtwig, Christian / Hoff, Ernst-H. (2010): Arbeit als Lebensinhalt oder Work-Life-Balance? Ziele und Konflikte bei Beschäftigten im IT-Bereich, in: Stephan Kaiser / Max J. Ringlstetter (Hg.), Work-Life Balance, Berlin/Heidelberg, S. 29–47.

Holtgrewe, Ursula (2014): New New Technologies: The Future and the Present of Work in Information and Communication Technology, in: New Technology, Work and Employment 29 (1/2014), S. 9–24.

Johns, Tammy / Gratton, Lynda (2013): The Third Wave of Virtual Work, in: Harvard Business Review (1–2/2013) (online unter: https://hbr.org/2013/01/the-third-wave-of-virtual-work – letzter Zugriff: 08.03.2018).

Karakas, Fahri (2009): Welcome to World 2.0: The New Digital Ecosystem, in: Journal of Business Strategy 30 (4/2009), S. 23–30.

Kleemann, Frank (2012): Subjektivierung von Arbeit – Eine Reflexion zum Stand des Diskurses, in: Arbeits- und Industriesoziologische Studien 5 (2/2012), S. 6–20.

Kleemann, Frank / Matuschek, Ingo / Voß, Günter G. (2002): Subjektivierung von Arbeit. Ein Überblick zum Stand der soziologischen Diskussion, in: Manfred Moldaschl / Günter G. Voß (Hg.), Subjektivierung von Arbeit, München/Mering, S. 53–100.

Klotz, Ulrich (1997): Von der »Kaderschmiede« zur »Full-Service-Union«. Strukturwandel in der Arbeitswelt und Rollenwechsel der Gewerkschaften, in: Jochen Krämer / Jürgen Richter / Jürgen Wendel / Gaby Zinßmeister (Hg.), Schöne neue Arbeit: Die Zukunft der Arbeit vor dem Hintergrund neuer Informationstechnologien, Mössingen-Talheim, S. 113–134.

Koch, Michael / Ott, Florian (2015): Enterprise 2.0 und ubiquitäre Benutzungsschnittstellen – Schaffung und Nutzung von Freiräumen für Mitarbeiter, in: Werner Widuckel / Karl de Molina / Max J. Ringlstetter / Dieter Frey (Hg.), Arbeitskultur 2020, Wiesbaden, S. 99–113.

Kremer, Melanie / Janneck, Monique (2013): Kommunikation und Kooperation in Virtuellen Teams, in: Gruppendynamik und Organisationsberatung 44 (2013), S. 361–371.

Krotz, Friedrich (2007): Mediatisierung. Fallstudien zum Wandel von Kommunikation, Wiesbaden.

Liu, Chang-de (2006): De-Skilling Effects on Journalists: ICTs and the Labour Process of Taiwanese Newspaper Reporters, in: Canadian Journal of Communication 31 (3/2006) (online unter: www.cjc-online.ca/index.php/journal/article/view/1763/1881 – letzter Zugriff: 08.03.2018).

Lohr, Karin / Nickel, Hildegard M. (2005): Subjektivierung von Arbeit – Riskante Chancen, in: Karin Lohr / Hildegard Maria Nickel (Hg.), Subjektivierung von Arbeit. Riskante Chancen, Münster, S. 205–239.

Matuschek, Ingo / Kleemann, Frank / Voß, Günter G. (2003): Neue Medien – Neue Arbeit? Informatisierung der Arbeit und personale Stile medienvermittelten Arbeitens, in: Evelyne Keitel / Klaus Boehnke / Karin Wenz (Hg.), Neue Medien im Alltag: Nutzung, Vernetzung, Interaktion, Lengerich, S. 138–157.

Moldaschl, Manfred (2010): Organisierung und Organisation von Arbeit, in: Fritz Böhle / Günter G. Voß / Günther Wachtler (Hg.), Handbuch Arbeitssoziologie, Wiesbaden, S. 261–299.

Moldaschl, Manfred / Voß, Günter G. (Hg.) (2002): Subjektivierung von Arbeit, München / Mering.

Nickerson, Jeffrey V. (2014): Crowd Work and Collective Learning, in: Allison Littlejohn / Anoush Margaryan (Hg.), Technology-Enhanced Professional Learning. Processes, Practices and Tools, New York / Abingdon, S. 39–49.

Pfeiffer, Sabine (2012): Technologische Grundlagen der Entgrenzung: Chancen und Risiken, in: Bernhard Badura / Antje Ducki / Helmut Schröder / Joachim Klose / Markus Meyer (Hg.), Fehlzeiten-Report 2012. Gesundheit in der flexiblen Arbeitswelt: Chancen nutzen – Risiken minimieren, Heidelberg, S. 15–21.

Picot, Arnold / Neuburger, Rahild (2008): Arbeitsstrukturen in virtuellen Organisationen, in: Christiane Funken / Ingo Schulz-Schaeffer (Hg.), Digitalisierung der Arbeitswelt. Zur Neuordnung formaler und informeller Prozesse in Unternehmen, Wiesbaden, S. 221–238.

Rainie, Lee / Wellman, Barry (2014): Networked: The New Social Operating System, Cambridge (Mass.).

Reckwitz, Andreas (2006): Das hybride Subjekt. Eine Theorie der Subjektkulturen von der bürgerlichen Moderne zur Postmoderne, Weilerswist.

Roth-Ebner, Caroline (2015a): Der effiziente Mensch. Zur Dynamik von Raum und Zeit in mediatisierten Arbeitswelten, Bielefeld.

Roth-Ebner, Caroline (2015b): Die Mediatisierung von Arbeit und die Neuformierung von Lebensbereichen, in: Ulla Wischermann / Annette Kirschenbauer (Hg.), Geschlechterarrangements in Bewegung, Bielefeld, S. 183–208.

Roth-Ebner, Caroline (2016a): Digitale Medien als Werkzeuge des effizienten Menschen, in: Petra Werner / Lars Rinsdorf / Thomas Pleil / Klaus-Dieter Altmeppen (Hg.), Verantwortung – Gerechtigkeit – Öffentlichkeit. Normative Perspektiven auf Kommunikation, Konstanz / München, S. 273–283.

Roth-Ebner, Caroline (2016b): Mediatisierung von Arbeit. Chancen und Herausforderungen aus der Sicht von Digicom-Arbeiterinnen und -Arbeitern, in: Jeffrey Wimmer / Maren Hartmann (Hg.), Medien-Arbeit im Wandel. Theorie und Empirie zur Arbeit mit und in Medien, Wiesbaden, S. 39–63.

Schönberger, Klaus / Springer, Stefanie (2003): Handlungsräume subjektivierter Arbeit in der Wissensökonomie. Eine Einführung, in: Klaus Schönberger / Stefanie Springer (Hg.), Subjektivierte Arbeit. Mensch, Organisation und Technik in einer entgrenzten Arbeitswelt, Frankfurt / New York, S. 7–20.

Sennett, Richard (2005): Die Kultur des neuen Kapitalismus, 2. Aufl., Berlin.

Statistik Austria (2017): IKT-Einsatz in Unternehmen 2017, 1. März 2018 (online unter: www.statistik.at/web_de/statistiken/energie_umwelt_innovation_mobilitaet/informationsgesellschaft/ikt-einsatz_in_unternehmen/index.html – letzter Zugriff: 20.03.2018).

Steinmaurer, Thomas (2013): Kommunikative Dauervernetzung, in: Medienjournal 37 (4/2013), S. 4–17.

Stieglitz, Stefan / Brockmann, Tobias (2012): Mobile Enterprise. Erfolgsfaktoren für die Einführung mobiler Applikationen, in: HMD Praxis der Wirtschaftsinformatik 49 (4/2012), S. 6–14.

Streit, Anne von (2011): Entgrenzter Alltag – Arbeiten ohne Grenzen? Das Internet und die raum-zeitlichen Organisationsstrategien von Wissensarbeitern, Bielefeld.

Valdellon, Lionel (2015): Remote Work: Why Reddit and Yahoo! Banned It, 10. Februar 2015, in: Wrike, 10. Februar 2015 (online unter: www.wrike.com/blog/remote-work-reddit-yahoo-banned – letzter Zugriff: 08.03.2018).

Winkel, Olaf (2007): Kommunikation, neue Medien und Globalisierung, in: Rüdiger Robert (Hg.), Bundesrepublik Deutschland – Politisches System und Globalisierung, Münster, S. 235–253.

II. Politische und normative Implikationen

Heike Greschke / Diana Dreßler / Konrad Hierasimowicz

»Im Leben kannst du nicht alles haben«

Digitale Dynamiken sozialer Ungleichheit in teilweise
migrierenden und migrierten Familien

1. Einleitung: Migration, soziale Ungleichheiten und digitale Klüfte

Die weltweite Verbreitung und soziale Verteilung von Möglichkeiten des Zugangs und der Nutzung digitaler Technologien wird seit geraumer Zeit unter dem Stichwort »Globale digitale Spaltung« oder »Kluft« erforscht. So stellt bereits Manuel Castells fest: »Die Differenzierung zwischen denen, die Zugang zum Internet haben und denen, die keinen haben, fügt den bestehenden Quellen für Ungleichheit und soziale Exklusion eine grundlegende Kluft hinzu«[1]. Diese Kluft, so der Tenor der bisherigen Forschung, verstärke bestehende soziale Ungleichheiten etwa durch schichtspezifische Nutzungspraktiken, die »statushohe Personen in einem höheren Maße von der Verfügbarkeit des Internets profitieren«[2] lassen. Sie reproduziere zudem nicht nur globale Asymmetrien zwischen Staaten[3], sondern intensiviere die Abhängigkeit des globalen Südens vom globalen Norden durch eine extrem ungleiche Verteilung technologischer Expertise. So konzentriere sich die Entwicklung und Produktion digitaler Technologien in den reichen und mächtigen Staaten, während die abhängigen Länder die Technologien importieren müssten und sie lediglich benutzen könnten, jedoch nicht über das notwendige Know-how verfügten, um die Technologien selbst zu entwickeln und zu gestalten.[4] In einer global vernetzten Informations- und Wissensgesellschaft fügt der Ausschluss vom globalen Kommunikationsgeschehen, so lässt sich der Stand der Forschung zusammenfassen, nicht nur eine weitere soziale Kluft hinzu, er potenziert auch bestehende soziale Ungleichheiten, weil der Erwerb von Information und Wissen sowie der Zugang zu sozialen

---

1 Castells 2005: 261.
2 Zillien 2006: 242.
3 Vgl. Pick/Sarkar 2015.
4 Vgl. Rosenberger 2014.

Netzwerken und gesellschaftlichen Ressourcen an die Möglichkeiten der Nutzung von Kommunikationstechnologien gekoppelt sind.

Wie im Kontext der jüngsten Fluchtbewegungen und ihrer medialen Thematisierungen deutlich wurde, zeigt sich der Zusammenhang zwischen technologischen Ressourcen und sozialen Chancen besonders eindrücklich in Situationen der Flucht und Migration. In den Massenmedien war während der Hochphase der Fluchtbewegungen nach Europa im Jahr 2015 wiederholt zu lesen, dass die aus Syrien, dem Irak oder anderen Krisengebieten geflohenen Menschen, wie viel sie durch die Flucht auch verloren hatten, meist mit einem mobilen, internetfähigen Endgerät eingereist seien. Worin liegt der besondere Wert dieser technologischen Migrationsbegleiter? Auf welche Weise verändern sich Migrationsprozesse mit digitalen Technologien und welche Folgen hat dies für globale soziale Ungleichheitsordnungen?

Diesen Fragen gehen wir im Folgenden auf den Grund. Dabei verstehen wir Migration als eine Praxis sozialer Selbstinklusion in ein global stratifiziertes Gesellschaftssystem und gehen davon aus, dass die Differenzierung zwischen denen, die Zugang zu digitalen Technologien haben und denen, die keinen haben, nicht nur soziale Ungleichheiten innerhalb von Staaten und zwischen Staaten verstärkt, sondern auch den Erfolg oder Misserfolg von Migrationsvorhaben beeinflusst. Wir greifen für unsere Analyse auf Befunde eines kürzlich beendeten Forschungsprojektes[5] zurück und ergänzen diese mit Ergebnissen älterer Studien zur Mediennutzung in präelektronischen Migrationsdekaden sowie mit Beobachtungen aus dem Kontext der jüngsten Fluchtbewegungen. Damit nehmen wir eine Perspektive des diachronen Vergleichs ein, die es erstens erlaubt, Migrationsphänomene im Hinblick auf die Wechselwirkungen zwischen Mediatisierungs- und Globalisierungsprozessen zu untersuchen. Zweitens zeigen wir, auf welche Weise sich im Kontext transstaatlicher Migration soziale Ungleichheiten dynamisieren. Migration beunruhigt etablierte und (unter anderem) durch Staatsgrenzen markierte soziale Ungleichheitsordnungen.[6] Wenn sich, wie in den von uns untersuchten Fällen, in der Migration mit Unterstützung digitaler Tech-

---

5   Ziel des Projekts »Die Mediatisierung von Eltern-Kind-Beziehungen im Kontext trans-
     nationaler Migration«, das in der ersten Förderphase (2015 bis 2017) im Rahmen des DFG-
     Schwerpunktprogramms »Mediatisierte Welten« durchgeführt wurde, ist die Erforschung der
     Bedeutung von Informations- und Kommunikationstechnologien für die Aufrechterhaltung
     von Eltern-Kind-Beziehungen in teilweise migrierenden Familien. Der Datenkorpus besteht
     aus ethnografissch erhobenen Daten des Zusammenlebens und der Kommunikation in
     Familien, in denen mindestens ein Elternteil migrationsbedingt in einem anderen Land lebt.
     Unser bisheriges Sample basiert auf der Teilnahme von 69 Familien, unter anderem aus Polen,
     Ungarn, Spanien, Ukraine und mehreren Ländern Lateinamerikas.
6   Mecheril 2014.

nologien transstaatliche Familienbeziehungen entwickeln, bringt dies teils paradoxe soziale Dynamiken mit sich, die wir anhand empirischer Daten aus den beiden Migrationskontexten Ukraine/Polen und Ecuador/Spanien näher beleuchten werden.

2. Das Smartphone als Migrationsassistent

Anfang des Jahres 2014, in einer Zeit, in der sich bereits andeutete, dass das Thema Flucht die politische Agenda und das Selbstverständnis Europas nachhaltig prägen würde, wurde ein Foto zum Pressefoto des Jahres gewählt, dass die Bedeutung digitaler Technologien für gegenwärtige Migrationsprozesse im Kontext globaler Ungleichheiten pointiert zum Ausdruck bringt. Es handelt sich um das Foto »Signal« von John Stanmeyer.[7] Es zeigt eine Gruppe von Menschen an einem nächtlichen, mondbeschienenen Strand in einer seltsamen Figuration. Die Männer und Frauen die sich dort versammelt haben, recken ihre Handys in den Himmel soweit ihre Arme reichen. Die hell erleuchteten Displays in ihren Händen erscheinen wie herabgefallene Sterne. Stanmeyer selbst schildert in einem Interview den Entstehungskontext des Fotos. Er habe die Küste Dschibutis bereist, um eine Bildreportage für die Zeitschrift National Geographic anzufertigen. Dort sei er am Abend auf eine Gruppe von Männern und (wenigen) Frauen getroffen. Alle hätten ein Handy in der Hand gehalten, es gen Himmel gestreckt und hin und her bewegt. Auf seine Nachfrage erfuhr er, dass er Menschen aus Somalia begegnet war. Sie bezeichneten das, was sie taten, als »Catching«. Dies sei eine übliche kommunikative Praxis unter Migrierenden aus Somalia. Sie kauften auf dem Schwarzmarkt in Dschibuti somalische SIM-Karten und versuchten an der Küste ein Signal aus dem gegenüberliegenden Somalia »einzufangen«, um günstig mit ihren dort verbliebenen Familienangehörigen zu telefonieren.

In der Tat – und dies kommt in dem Bild und seiner Kür als Pressefoto des Jahres zum Ausdruck – ist die gegenwärtige Debatte um Flucht und die politische Regulierung von grenzüberschreitender Migration untrennbar mit der Beobachtung verknüpft, dass digitalen Technologien eine zentrale Rolle bei der Entwicklung von Migrationsdynamiken zukommt, die weit über den Gebrauch von Handys bei der Organisation und Bewältigung von Fluchtrouten hinausreicht. Gleichzeitig rückt das Potenzial digitaler Technologien, Menschen, Ereignisse, Orte, Weltanschauungen und Praktiken

---

7 Siehe online: www.worldpressphoto.org/collection/photo/2014/contemporary-issues/john-stanmeyer – letzter Zugriff 12.03.2018.

global zu vernetzen und einander näherzubringen, deutlicher als je zuvor ins Bewusstsein, wie eklatant ungleich die Chancen auf Wohlstand und ein Leben in Frieden und Sicherheit in der Welt verteilt sind. Migration stellt für eine wachsende Zahl an Menschen eine Option dar, auf die globale Ordnung sozialer Ungleichheit in ihrem Sinne »korrigierend« einzuwirken und zu einer Umverteilung der Chancen auf (welt)gesellschaftliche Teilhabe beizutragen. Digitale Kommunikationstechnologien, insbesondere mobile Endgeräte sind dabei begehrte Assistenten. Smartphones oder Tablets können die Bank, die Landkarte, den Computer, das Radio und den Dolmetscher ersetzen und nahezu in Echtzeit aktuelle, für den Fluchtweg relevante Informationen vermitteln, wie etwa migrationspolitische Änderungen mit Auswirkungen auf die Grenzregime der Staaten, die auf dem Fluchtweg durchquert beziehungsweise als Ziel anvisiert werden. Sie dokumentieren die Flucht, dienen den Geflüchteten zur Selbstrepräsentation und machen denjenigen Mut, die zurückbleiben mussten oder die ihre Reise noch vor sich haben.[8]

Die symbolische Bedeutung, die den Geräten in der fluchtspezifischen Aneignung zukommt, zeigt sich besonders in Situationen des Verzichts. Wenn etwa der Akku leer ist und die Menschen, die sich dem Gerät anvertraut haben, nicht nur die mangelnde Orientierung für die weitere Reise beklagen, sondern zudem befürchten, dem Zugriff der Grenzkontrollen schutzlos ausgeliefert und vor Misshandlungen nicht sicher zu sein, weil ihnen mit dem Strom für ihr Smartphone die Möglichkeit genommen wurde, Situationen zu dokumentieren und an eine die lokale Situation transzendierende Öffentlichkeit zu kommunizieren.[9] Auch für die soziale Reorganisation und Orientierung am Ankunftsort bieten digitale Technologien, in Gestalt sogenannter sozialer Netzwerke, eine nützliche Ressource. So haben sich im Kontext gegenwärtiger Fluchtbewegungen aus Syrien zahlreiche Facebook-Gruppen gegründet, zum Beispiel »Das syrische Haus in Deutschland«, einer öffentlich zugänglichen Plattform auf der sich arabischsprechende Nutzer vernetzen und gegenseitig unterstützen können. Für das Smartphone werden spezielle Apps entwickelt, die auf die Bedürfnisse von Menschen auf der Flucht zugeschnitten sind, wie Refunite und Refugee Guide. Auch die zahlreichen selbstorganisierten Freiwilligen-Initiativen zur Unterstützung von

---

8 So etwa im Falle der sogenannten »Harragas« (sinngemäß: die ihre Papiere verbrennen), das sind meist junge Männer, die ohne gültige Einreisepapiere in Booten aus Nordafrika nach Europa übersetzen, ihre Reise per Handykamera aufzeichnen und nach erfolgreicher Überfahrt auf YouTube veröffentlichen. Dort findet man zahlreiche solcher Videos, die mit Zugriffszahlen von bis zu mehreren Hunderttausend erstaunlich große Aufmerksamkeit erfahren (vgl. Friese 2012).

9 Persönliche Information einer Kollegin, die mit einem Bekannten aus Syrien über den Zeitraum seiner Flucht nach Deutschland per WhatsApp verbunden war.

Geflüchteten ließen sich ohne Berücksichtigung digitaler Medienpraktiken kaum hinreichend erklären. Denn sowohl das Zustandekommen spontaner Hilfsaktionen, als auch die Verstetigung und effiziente Koordination von Hilfsaktionen wird durch digitale Medien enorm befördert.

Auch wenn sich viele Menschen allein auf den Weg machen, sind von Flucht oder Migration in der Regel nicht nur Individuen, sondern Familien und häufig auch größere soziale Gefüge, wie Nachbarschaften oder Gemeinden betroffen. Auch diese, staatliche Grenzen überschreitende soziale Einbindung und Verantwortung Migrierender klingt in Stanmeyers Beschreibung an; ist doch die Familie im Herkunftsland der primäre Grund für die Bemühungen der Migrierenden, ein Signal einzufangen. Gewiss ist es heute, dank digitaler Technologien leichter möglich, familiale Beziehungen auch über große geografische Distanzen zu pflegen, dies schließt selbst intime Beziehungen zwischen Ehepartnern oder Eltern und Kindern ein, wie wir nachfolgend noch zeigen werden. Es gibt, so lässt sich zusammenfassen, für Migrierende und Flüchtende weitaus mehr Gründe ein Handy, Smartphone oder Tablet zu besitzen, als dies aus der lebensweltlichen Perspektive »Sesshafter« notwendig erscheinen mag.

Die Nutzung globaler Kommunikationstechnologien in Fluchtkontexten hat auch ihre Schattenseiten und Hindernisse. So weist eine Studie zur Nutzung der Informations- und Kommunikationstechnik durch Asylsuchende in Australien[10] darauf hin, dass die Überwachungs- und Zugriffsmöglichkeiten durch totalitäre Regierungen oder andere staatliche beziehungsweise nichtstaatliche Verfolger mit dem Grad der digitalen Vernetzung der Flüchtenden steigt und damit deren begründete Furcht, dass sie von den Regierungen beziehungsweise Gruppen zurückverfolgt werden, vor denen sie geflohen sind. Zudem gerät die Kommunikation mit Angehörigen dort an ihre Grenzen, wo die technologischen oder ökonomischen Ressourcen am Lebensort der Familie nicht ausreichend sind, was für ländliche Gebiete vieler Länder nach wie vor zutrifft[11] und auch die migrierenden Familienmitglieder stoßen mitunter im Zielland an Grenzen beim Zugang zur digitalen Welt. Allerdings scheint Migration ein Treiber für Digitalisierungsprozesse zu sein, wie wir an späterer Stelle anhand der von uns erhobenen Daten aus den beiden Ländern Ukraine und Ecuador illustrieren werden. Wir konzentrieren uns auf Familienkonstellationen aus diesen beiden regionalen Kontexten der Studie, da sie sich durch strikte Grenzregime, große geografische Entfernungen und ein stark ausgeprägtes Wohlstandsgefälle zwischen Familienlebens- und

---

10 Leung 2011: 24f.
11 Leung 2011: 24f.

Migrationsort auszeichnen und hier somit die Bedeutung von Kommunikationstechnologien für transstaatliche Dynamiken sozialer Ungleichheiten
und Statusinkonsistenzen am deutlichsten erkennbar sind.

3. Familienleben auf Distanz im Wandel der Zeit

Wie das Pressefoto 2013 zeigt, scheint die Bedeutung von Kommunikationsmedien im öffentlichen Bewusstsein angekommen zu sein. Verbunden
hiermit ist die Wahrnehmung der Tatsache, dass eine wachsende Zahl von
Familien migrationsbedingt getrennt voneinander lebt und trotz großer Distanz Familie bleibt. Familie bedeutet heute nicht mehr zwangsläufig in einem
Haushalt zu leben. Flucht aus politischen Gründen, Krieg oder Migration
mit dem Ziel einer sozioökonomischen Besserstellung, die Globalisierung
von Arbeitsmärkten und Bildungswegen und die Mobilitätserfordernisse in
einer wachsenden Zahl von Berufs- und Karrierefeldern bedeuten für viele
Familien eine (temporäre) Trennung.

In den Interviews, die wir mit migrierten Müttern und Vätern durchgeführt
haben, wurde deutlich, dass ökonomische Stabilität und ein Familienleben
an einem Ort sich für sie schwerlich vereinbaren lassen. María Vicario[12],
eine Ecuadorianerin, die seit 14 Jahren in Spanien arbeitet, um ihre Familie
im Heimatland zu unterhalten, formuliert dieses Vereinbarbeitsdilemma
treffend: »Im Leben kannst du nicht alles haben. Wenn du deine Kinder hast,
hast du kein Geld und wenn du Geld hast, hast du deine Kinder nicht.«[13] In
dem Zitat klingt bereits an, dass Migration, die primär aus wirtschaftlichen
Gründen erfolgt, zur Entwicklung transstaatlicher Haushaltstrategien neigt.
Nicht nur die hohen Reisekosten lassen vor einer Migration der gesamten
Familie zurückschrecken. Die oft beachtlichen Unterschiede im Einkommen
der Herkunfts- und Zielländer können am effizientesten genutzt werden,
wenn nur ein Teil der Familie migriert und das erwirtschaftete Geld zum
Unterhalt der Familie am Herkunftsort verwendet wird, wo die Lebenshal-
tungskosten niedriger sind.

Nun ist Migration kein neues Phänomen und auch vor dem Aufkommen
digitaler Medien war Migration mit einer räumlichen Trennung der Familie
verbunden, die den Zusammenhalt und Loyalität dieser gefährdete. Daher
waren und sind in Migrationsentscheidungen meist ganze Familien invol-

---

12 Alle Personen wurden aus Gründen des Datenschutzes anonymisiert und ihnen fiktive
    Namen zugeordnet

13 »En la vida no puedes tener todo. Si tienes tus hijos, no tienes dinero y si tienes dinero
    tienes tus hijos« (Audiotranskript_Interview_Maria_22112015, Timecode 17: 05).

viert. Migration stellt in vielen Fällen einen Anlass dar, sich mit Medien
zu beschäftigen, die zuvor noch keine Rolle im Alltag gespielt haben. So
berichtet die oben zitierte María, die sich in einer migrantischen Selbstorganisation engagiert, dass viele der Mitglieder erst durch die fortgeschrittene
Technik in Spanien und durch Kurse in der Organisation gelernt hätten, mit
neuen Medien umzugehen. Dies zeigt sich in der heutigen Situation eines
rasanten technologischen Wandels besonders deutlich. So finden wir auch in
den migrationsgeprägten Städten der Heimatländer kommerziell oder sozial
orientierte Internetcafés, in denen nicht nur die erforderliche technologische
Ausstattung für private Familienkommunikationen unter transstaatlichen
Bedingungen zur Verfügung gestellt, sondern auch Schulungen für digital
Illiterale angeboten werden, die erst durch die Migration ihrer Familienangehörigen mit neuen Medien in Kontakt kommen und oftmals eine Medien-
generation überspringen. So hatten die in Ecuador lebenden Eltern von Paula
Diaz nie einen Festnetzanschluss und kommunizieren mit der Tochter in
Spanien nur über Mobilfunk. Aber auch Migration in prädigitalen Dekaden
brachte Mediatisierungsschübe mit sich und zwang Migrierende und ihre
Angehörigen beispielsweise das Schreiben (von Briefen) zu erlernen. Lyons
zufolge war neben dem Ersten Weltkrieg insbesondere die Massenemigration
aus Europa nach Amerika ein entscheidender Stimulus für die Literalisierung
der Massen:»Writing was needed to hold families together and manage their
collective affairs«[14].

So auch die Familie, deren briefliche Korrespondenz Teil eines umfassenden Datenkorpus ist, die von William Isaac Thomas und Florian Znaniecki
in ihrer Studie *The Polish Peasant* untersucht wurde, eine Studie, die heute
zu den Klassikern der Soziologie gehört und als Pionierstudie der Chicagoer
School gewürdigt wird. Die Chicagoer School ist eine an qualitativen Forschungsmethoden orientierte Richtung der US-amerikanischen Soziologie,
die ihre Blütezeit in den 1920er- bis 1940er-Jahren hatte und sich mit der
Sozialökologie der unter dem Eindruck von Industrialisierung und Migration um die Jahrhundertwende schnell wachsenden US-amerikanischen
Städte befasste.[15] *The Polish Peasant* untersucht das Leben und die soziale
(Re-)Organisation polnischer Einwandernder in Chicago, einer Stadt, die
Anfang des 20. Jahrhundert mit 360 000 Bewohnern polnischer Herkunft
als drittgrößtes polnisches Zentrum galt. Bei dem folgenden Beispiel handelt
es sich um den Teil eines regen Briefwechsels zwischen Brüdern. Anlässlich
des bevorstehenden Osterfestes übersendet ein in Polen Verbliebener seinen

---

14 Lyons 2013: 11.
15 Vgl. Bulmer 1986: 50.

migrierten Brüdern im Namen der ganzen Familie Grüße und legt prospektiv Rechenschaft über die Verwendung des zu erwartenden Geldes ab, das von den Brüdern aus Amerika zum Unterhalt der Familie nach Polen geschickt worden war.

April 2, 1906

>*Dear Brothers*: [...] We will divide with you in thought at least the consecrated food [święconka]. It is a pity that you will probably have no święconka, because you are surely far away from the church. Well, it cannot be helped; you will probably only remember our country and nothing more [.] But perhaps our Lord God will allow you to return happily; then we shall rejoice [...].

As to the money, when I receive it I will do as you wrote; I will give 10 roubles to father and will keep by me the remaining 240, or I will put it somewhere until you come back. Meanwhile my children thank their uncle for the remembrance and the promise. Spring approaches, but although it is already April, weather is bad, it snows every day. Some people have seen storks already.«[16]

Im Vergleich zu gegenwärtigen Migrationsdynamiken zeigt sich an diesem Brieffragment wie sehr sich kulturelle Praktiken und Dinge, die mit kultureller Symbolik belegt sind, wie etwa Nahrungsmittel, Musik oder Religion, im Zuge der Migrationsprozesse der letzten 100 Jahre globalisiert haben. So können wir annehmen, dass die Brüder, würden sie heute leben, ihr »święcone«, ihre österliche Speisensegnung ganz praktisch und nicht nur imaginär miteinander teilen würden. Wahrscheinlich wäre es für sie heute kaum ein Problem in erreichbarer Nähe eine polnische Kirche zu finden. Zudem würde die Familie den religiösen Feiertag per Skype oder Facetime miteinander zelebrieren oder zumindest nachträglich Fotos des Ereignisses auf Facebook oder der WhatsApp-Familiengruppe austauschen und kommentieren können. Sie müssten nicht mehr wochenlang auf den Antwortbrief warten, von dem sie wüssten, dass er eine Gegenwart dort beschreibt, die, wenn der Brief hier ankommt, bereits zur Vergangenheit geworden ist. Sie würden, wenn sie je die Möglichkeit hätten, die Familie zu besuchen, nicht mehr die ersten Tage nach Ankunft damit zubringen, sich über alles zu informieren, was während ihrer Abwesenheit am Ort passiert ist. Sie wüssten es bereits, da sie selbstverständlicher Teil der Kommunikationsnetzwerke ihrer Freunde und Verwandten wären, weil auch die Kommunikation derjenigen, die gemeinsam an einem Ort leben, heute über digitale Kanäle läuft.

Der Vergleich des polnischen Beispiels mit heutigen Migrationspraktiken zeigt indes nicht nur Wandel, sondern auch Kontinuität. Im Kontext

---

16 Zitiert nach Znaniecki/Thomas 1958: 335.

transstaatlicher Haushaltsstrategien spielen regelmäßige Geldüberweisungen und die buchhalterische Kommunikation über die Verwendung des Geldes damals wie heute eine zentrale Rolle. Kommunikationstechnologien haben ebenfalls eine kontinuierliche Bedeutung in Migrationskontexten. Ihre primäre Funktion liegt in der Sicherung der Solidarität zwischen den entfernten Familienmitgliedern[17], nicht zuletzt deshalb, weil sie dem migrierten Teil der Familie soziale Anerkennung zuteilwerden lassen und ihn immer wieder daran erinnern, warum er all diese Strapazen auf sich nimmt. Gleichwohl zeigt sich im Vergleich mit den eingangs ausgeführten Beispielen der Smartphone-Nutzung in gegenwärtigen Fluchtkontexten, dass sich mit der Mediatisierung der letzten 100 Jahre die Funktionen von Kommunikationstechnologien immens erweitert und migrationsspezifisch ausdifferenziert haben, während sich gleichzeitig Lebensweisen und soziale Beziehungen mobilisiert und globalisiert haben.

4. Migration im digitalen Zeitalter als Beunruhigung sozialer Ungleichheitsordnungen

Die Migration in manchen Ländern der Erde hat enorme Ausmaße angenommen und nimmt noch immer zu. Von 1990 bis 2013 ist die Zahl der Migranten weltweit von 154,2 Millionen auf 231,5 Millionen Menschen gestiegen. Im Zeitraum von 2000 bis 2010 wuchs diese Zahl doppelt so schnell als im vorhergehenden Jahrzehnt.[18] In Ecuador haben im Jahr 2015 Schätzungen zufolge circa 6,4 Prozent der Bevölkerung im Ausland gelebt.[19] Im selben Jahr lebten 11,5 Prozent aller Ukrainer außerhalb der Grenzen ihres Herkunftslandes.[20] Nicht jede Migration ist primär ökonomisch motiviert. Es gibt viele andere Gründe, den Lebens- beziehungsweise Arbeitsmittelpunkt geografisch über Staatsgrenzen hinweg zu verlagern. Langfristige transstaatliche Familienkonstellationen etablieren sich jedoch vor allem zwischen solchen Ländern, die ihrerseits im Verhältnis zueinander im Hinblick auf die Verteilung von materiellen und immateriellen Ressourcen, politischer und wirtschaftlicher Macht und Prestige, (technologischer) »Entwicklung« und Einflussnahme im globalen System meist ungleich sind; zwischen denen es also ein Wohlstandsgefälle gibt, das durch transstaatliche Haushaltsstrategien produktiv

---

17 »Every letter, in other words, whatever else it maybe, is a bowing letter, a manifestation of solidarity« (Znaniecki/Thomas 1958: 304).

18 Vgl. UN-DESA/OECD 2013.

19 International Organization for Migration 2017a.

20 International Organization for Migration 2017b.

142 Heike Greschke / Diana Dreßler / Konrad Hierasimowicz

genutzt werden kann. In der Zusammenschau der benannten medialen und der ökonomischen Dimensionen transstaatlicher Migration ergeben sich interessante Dynamiken im Hinblick auf Ungleichheitsverhältnisse, die wir nachfolgend betrachten wollen. Wir fragen uns, was wir in der Forschung mit transstaatlichen Familien über soziale Ungleichheit zwischen Individuen in unterschiedlichen Kontexten lernen können und wie wir über soziale Ungleichheit nachdenken müssen, wenn wir transstaatliches Familienleben verstehen wollen.

Der Lebensabschnitt der Migration fällt häufig mit der Phase zusammen, in der Kinder geboren und ihre Erziehung und Sorge zu gewährleisten ist. Wenn Familien sich transstaatlich organisieren, heißt das in der Regel, dass ein oder mehrere Angehörige in einem Land arbeiten, in dem die eigene Arbeitskraft teurer verkauft werden kann, als in dem Land, in dem die Familie lebt. Ein Teil des Einkommens wird dann als Unterhalt an die Familie geschickt. In Ländern mit hohen Migrationszahlen sind diese Rücküberweisungen der Migrierenden eine wichtige Einnahmequelle. Durch die Digitalisierung der Finanzmärkte wurden die Geldtransfers in den letzten Jahren deutlich vereinfacht und hinsichtlich der Kosten vergünstigt. In der Ukraine hat sich der Anteil der Rücküberweisungen am Gesamteinkommen zwischen 2013 und 2015 mehr als verdoppelt. Er stieg von drei auf fast sieben Prozent des Bruttoinlandsprodukts.[21] Diese Entwicklung ist nur teilweise auf den Anstieg der Rücküberweisungen zurückzuführen – diese stieg in diesem Zeitraum lediglich von 5,4 auf 6,2 Milliarden US-Dollar. Als weiterer wichtiger Faktor ist hier die Wirtschaftskrise zu nennen, die durch den bewaffneten Konflikt im Osten des Landes ausgelöst wurde.[22]

In Ecuador nehmen die Rücküberweisungen vom Zielland ins Heimatland (»Remesas«) nach Erdöl die zweitgrößte Position im Bruttoinlandsprodukt (BIP) ein und machten im Jahre 2000 mit knapp 1,4 Milliarden US-Dollar circa acht Prozent desselbigen aus.[23] Das Volumen der Remesas stieg bis zur Finanz- und Wirtschaftskrise 2007 kontinuierlich auf 3,3 Milliarden US-Dollar an und ist nach wie vor mit fast 2,4 Milliarden US Dollar[24] (2015) auf einem sehr hohen Niveau. Während die Einnahmen, die Ecuador mit Exporten erhält, aufgrund der ungleichen Landverteilung dem Staat oder

---

21 Vgl. Statista 2017a, World Bank Group 2016.
22 Im Jahr 2013 betrug das Bruttoinlandsprodukt fast 180 Milliarden US-Dollar und halbierte sich bis 2015 auf 90,5 Milliarden US-Dollar (vgl. Statista 2017a).
23 Vgl. Herrera/Genta/Ramírez 2008: 50 sowie Acosta 2005 : 4ff.
24 Vgl. Ecuadorianische Zentralbank 2015.

wenigen Großgrundbesitzern zugute kommt[25], bilden die Remesas eine
Einkommensquelle für eine wachsende Zahl von Familien.[26]

Die Ukraine und Ecuador zählen zu den Ländern, die anders als Wohl-
fahrtsstaaten über keine ausreichende staatlich finanzierte soziale Absi-
cherung verfügen, sodass besonders ärmere Familien in hohem Maße auf
Remesas angewiesen sind. Durch Migration und die damit verbundenen
Strategien nutzen die Familien mithin globale soziale Ungleichheiten zur
Überwindung von innerstaatlichen Ungleichheiten, wie der asymmetrischen
Verteilung von Vermögen. Mit der regelmäßigen Sendung monetärer im glo-
balen Norden erarbeiteten Leistungen an die im globalen Süden verbliebenen
Familienmitglieder tragen transstaatliche Haushaltsstrategien dazu bei,
Ungleichheitsordnungen zu ihren Gunsten zu verändern. Mit der Migration
eröffnen sie gesellschaftliche Inklusionsmöglichkeiten für ihre Familien, die
mit dem in der Migration erwirtschafteten Einkommen ihre Chancen auf
Teilhabe, etwa durch bessere Bildung und Gesundheitsversorgung, erhöhen
und ihre soziale Position im gesellschaftlichen Gefüge des Herkunftslandes
verbessern können. Jugendlichen, die sonst deutlich früher zum Familienein-
kommen beitragen müssten, kann so beispielsweise eine längere Ausbildung
ermöglicht werden. Eine Vielzahl der Eltern in unserem Sample nannte die
Ausbildung der Kinder als einen der Hauptgründe für die Migration. Dabei
entwickeln sich häufig paradoxe Dynamiken im Hinblick auf die soziale
Positionierung der Migrierenden und ihrer Familien. Beispielsweise können traditionelle Geschlechterverhältnisse im Zuge der Feminisierung von
Migration herausgefordert werden, weil die Frauen mit der Migration eine
traditionell männlich konnotierte Versorgerrolle übernehmen oder weil sie
durch die Migration mit gesellschaftlichen Geschlechternormen in Kontakt
geraten, die von ihren bisherigen Erfahrungen abweichen.[27]

Durch Migration kommt es häufig zu sozioökonomischen Statusinkonsistenzen, wenn die migrierende Person in den Zielgesellschaften diskrimi-
niert wird und einen sozialen Abstieg erfährt, weil etwa ihre beruflichen
Abschlüsse nicht anerkannt werden und ihr eine Tätigkeit angeboten wird,
für die sie überqualifiziert ist. Gleichzeitig können ihr Migrationserfolg und
das Einkommen, das sie erzielt, ihr und der Familie am Herkunftsort zu

---

25 Laut einer Studie der Organisation FIAN Ecuador konzentrieren sich 43 Prozent Prozent
    des verfügbaren Landes in Ecuador auf 2 Prozent der Landeigentümer(vgl. FIAN Ecuador
    2011).
26 Im Jahr 2003 wurde der Anteil der Bevölkerung, die finanzielle Unterstützung von
    Angehörigen im Ausland erhalten, auf 14 Prozent datiert (vgl. Herrera/Genta/Ramírez 2008:
    5off.).
27 Vgl. hierzu ausführlicher Greschke 2012: 198f.

sozialem und ökonomischen Aufstieg verhelfen. Welche Bedeutung haben (digitale) Medien in diesem Prozess der Beunruhigung sozialer Ungleichheitsordnungen und welche Wechselwirkungen zwischen körperlicher, sozialer und digitaler Mobilität lassen sich hier beobachten?

4.1 Migrationsbewegungen als Indikator von Ungleichheit an den Fallbeispielen Ecuador/Spanien und Ukraine/Polen

Das kleine Andenland Ecuador mit einer Einwohnerzahl von circa 16 Millionen[28] ist seit Ende der 1990er-Jahre in Spanien sehr präsent. In der Folge großer ökonomischer und politischer Instabilitäten zum Ende des letzten Jahrhunderts emigrierten zahlreiche Ecuadorianer nach Europa und hier speziell nach Spanien. Dabei spielte auch die Vergrößerung von Einkommensunterschieden eine Rolle. Zwischen 1995 und 2000 stieg der Anteil derer, die in Ecuador unter der Armutsgrenze leben müssen, von 34 auf 71 Prozent, wobei sich der Anteil der von absoluter Armut Betroffenen von 2,1 auf 4,5 Prozent verdoppelte. Gleichzeitig verschob sich die Verteilung von Reichtum. 20 Prozent der Reichsten im Land erhöhten ihren Anteil am nationalen Einkommen von 52 auf 61 Prozent.[29]

Migration ist keineswegs ein neues Phänomen in Ecuador. Jedoch veränderten sich um das Jahr 2000 sowohl die Intensität als auch die geografische Richtung der Migration. Waren vor der Jahrtausendwende die Vereinigten Staaten von Amerika das primäre Migrationsziel, ist es nun Spanien. Die hohe Zahl der Einreisen aus Ecuador wurde allerdings mit der Einführung der Visumspflicht im Jahr 2003 erheblich eingedämmt.[30] Die Migration aus Ecuador, die zuvor männlich dominiert war, wurde mit der Änderung des primären Ziellandes »feminisiert«.[31] Diese Veränderungen erklären sich aus der wachsenden Nachfrage nach Arbeitskräften in Spanien,[32] der Verschärfung der Einreisebedingungen in die Vereinigten Staaten, aber auch damit, dass für Spanien das Erlernen einer neuen Sprache nicht notwendig ist und sich dort rasch Migrationsnetzwerke bildeten, die das Ankommen, die Orientierung und Arbeitssuche in Spanien erleichtern.

---

28 Aktuell sind dies laut International Organization für Migration 16,1 Millionen (vgl. International Organization for Migration 2017a).

29 Vgl. Acosta 2005: 2f.

30 Vgl. Herrera/Genta/Ramírez 2008: 15.

31 Vgl. Herrera 2005: 281, Herrera/Genta/Ramírez 2008: 15ff.

32 Pedone 2002: 57.

Auch wenn die Tätigkeitsbereiche, die für Ecuadorianer in Spanien zugänglich sind, meist weit unter dem Qualifikationsniveau der Migrierenden liegen, übersteigen ihre Einkünfte die qualifikationsadäquaten Erwerbsmöglichkeiten im Herkunftsland wesentlich. Im ländlichen Raum Spaniens waren Ecuadorianer als Erntehelfer nachgefragt und in den Städten wurden vor allem Migrantinnen für Tätigkeiten im häuslichen Bereich und Migranten für Bauvorhaben gesucht.[33] Die Emigration erfolgte vor allem aus ländlichen Gegenden Ecuadors und prägte diese enorm.[34] Familien mit Angehörigen im Ausland erkennt man in der Regel an neu gebauten Häusern. Migrationsgeprägte Dörfer entfalten einen spezifischen architektonischen und soziokulturellen Charakter. Meist besitzen sie auch verhältnismäßig viele Geschäfte, Internetcafés mit Telefonkabinen und selbst bei wenigen Einwohnerzahlen die Möglichkeit, Pakete und Geld aus dem Ausland zu empfangen. Hieran ist bereits zu erkennen, welche Bedeutung Kommunikationsmedien und die Möglichkeit, materielle Güter zu versenden, für die von Migration stark betroffenen Gebiete haben.

Auch am Beispiel Ukraine wird die Bedeutung sozialer und ökonomischer Ungleichheiten als Migrationsgrund und der Versuch diese mit der körperlichen Mobilität in Richtung Polen zu minimieren deutlich. Die Ukraine ist einer der Nachbarstaaten Polens an der östlichen Landesgrenze. Mit knapp 43 Millionen Einwohnern[35] leben hier nur etwas mehr Menschen als in Polen (38,5 Millionen).[36] In den letzten Jahren nimmt die Intensität der Migration aus der Ukraine nach Polen zu. Zum einen stellt dies einen Weg dar, um auf den Arbeitsmarkt der Europäischen Union zu gelangen. Zum anderen finden sich Ukrainer in Polen verhältnismäßig leicht zurecht, was von vielen Betroffenen mit den »gemeinsamen slawischen Wurzeln«, der »Ähnlichkeit beider Sprachen« und der geografischen Nähe beider Länder begründet wird.[37] Zwar gehört Polen gemeinsam mit anderen ostmitteleuropäischen Mitgliedstaaten zu den wirtschaftlich schwächeren Regionen der Europäischen Union, das Bruttoinlandsprodukt pro Kopf betrug dort im Jahr 2015 dennoch nahezu das Sechsfache des ukrainischen.[38] Doch bei der Migration nach Polen handelt es sich, die sehr wenigen Geflüchteten aus der östlichen

---

33 Vgl. Pedone 2002: 57.

34 Vgl. Pedone 2002: 23 ff.

35 Die von Russland besetzte »Autonome Republik Krim« wird in dieser Statistik nicht mitberücksichtigt (vgl. Ukrstat 2015).

36 Vgl. Statistisches Zentralamt Polen 2017.

37 Vgl. Ostarbeiter 2013. Die Interviews mit ukrainischen Migranten in Wrocław (Breslau) ergaben das gleiche Bild der Begründung der Entscheidung nach Polen zu migrieren.

38 Vgl. Statista 2017b; siehe auch Statista 2017e.

Konfliktregion ausgenommen, um fast ausschließlich ökonomisch motivierte Entscheidungen.[39] Die bedeutendsten Faktoren, die eine Migrationsentscheidung begünstigen, sind langjährige Arbeitslosigkeit in vielen Regionen des Landes, Minderung des Lebensstandards insbesondere der ländlichen Bevölkerung und unverhältnismäßig geringe Löhne in der Ukraine.

Das Wachstum der Nachfrage nach gering qualifizierten Arbeitskräften im Baugewerbe, der Landwirtschaft und im Dienstleistungssektor der benachbarten Länder Ostmitteleuropas begünstigt den Arbeitseinstieg auch bei anfänglich fehlenden Sprachkenntnissen. Fast zwei Drittel der Ukrainer in Polen arbeiten im Baugewerbe.[40] Jedoch findet in den letzten Jahren eine Akademisierung der Arbeitsmigration statt. Dieser Trend wird durch die Wirtschaftskrise verstärkt und Jahr für Jahr wächst der Anteil an Ukrainern, die in Bereichen mit höheren beruflichen Qualifikationsanforderungen auf den Gebieten der Medizin, Wissenschaft, Hochtechnologie und im Finanzsektor arbeiten. Trotzdem dominiert immer noch deutlich der Anteil derjenigen, die Arbeiten verrichten, für die ein geringeres Qualifikationsniveau benötigt wird. Insbesondere für diese Migrierenden sind die Lebens- und Arbeitsbedingungen in Polen häufig dadurch erschwert, dass sie über keinen legalen Aufenthaltsstatus verfügen.[41] Dass sich genau dieser Umstand auch in besonderem Maß ihrer Möglichkeit der Teilhabe am Familienleben und der digitalen Welt in den Weg stellt, wird unter anderem im nächsten Kapitel zu den Wechselwirkungen von körperlicher, sozialer und digitaler Mobilität an Hand unserer Forschungsdaten besprochen.

4.2 Digitalisierung, Migration und soziale Ungleichheiten am Beispiel Ecuador und Ukraine

Wie die oben erwähnte Studie von Thomas und Znaniecki am Beispiel polnischer Migrationsbriefe zu Beginn des 20. Jahrhunderts gezeigt hat, steigt in Migrationskontexten der Druck, sich Kompetenzen im Umgang mit Medien anzueignen. Heute ist in vielen Ländern mit hoher Migrationsrate zu beobachten, dass sich etwa Großeltern gemeinsam mit ihren Enkeln in Internetcafés in den Gebrauch der Technologie einweisen lassen. Workshops zum Umgang mit Computern und Internetkommunikation werden

---

39 Vgl. Timofjejev 2012.
40 Vgl. Timofjejev 2012.
41 Im Jahr 2011 besaß etwas mehr als die Hälfte keinen offiziellen Aufenthaltsstatus (vgl. Malynovska 2011). Die heutige Situation lässt sich kaum ermitteln, es wird aber davon ausgegangen, dass es sich immer noch um einen bedeutenden Anteil der ukrainischen Migranten handelt.

rege nachgefragt. Zugleich können Medien jedoch auch zur Quelle transstaatlicher Statusinkonsistenzen werden. Denn aufgrund unterschiedlicher
technologischer Entwicklungsstände in Herkunfts- und Zielländern wird
im Zuge der Migration der Zugang zum Internet oft erleichtert, während er
im Herkunftsland noch verhältnismäßig teuer und deshalb weitgehend auf
privilegierte Bevölkerungsgruppen beschränkt bleibt.

Dies haben die Töchter von María Vicario erfahren müssen, nachdem sie
aufgrund der Wirtschaftskrise in Spanien im Jahr 2008 von ihrer Mutter
zurück nach Ecuador geschickt wurden, um die höheren Lebenshaltungs-
kosten in Spanien zu umgehen. Nachdem sie sich in sieben Jahren an den
technischen Standard in einer spanischen Großstadt gewöhnt hatten und
bereits Skype und Facebook zu ihren alltäglichen Kommunikationsgewohn-
heiten gehörten, mussten sie nach ihrer Rückkehr in einen sehr ländlichen
Teil Ecuadors zunächst ohne Telefon und Internet auskommen.

Der Zugang zu digitalen Medien und Internetanschlüssen wird jedoch nicht
nur vom Entwicklungsstand des jeweiligen Landes determiniert. Trotz eines
beträchtlichen Entwicklungs- und Wohlstandsgefälles zwischen der Ukraine
und Polen stellten wir bei den von uns untersuchten Familien überraschend
fest, dass der Großteil der im Ausland lebenden Familienmitglieder über einen
schlechteren Zugang zum Internet verfügt, als ihre in der Ukraine verbliebenen
Angehörigen. Unsere Befunde widersprechen damit den Ergebnissen früherer
Studien, die noch davon ausgehen, dass sich das allgemeine Entwicklungs- und
Wohlstandgefälle zwischen Polen und der Ukraine uneingeschränkt in den
Zugangsmöglichkeiten zu Kommunikationstechnologien abbilde. So schreiben Helma Lutz und Ewa Palenga-Möllenbeck: »Für die in Polen arbeitenden
Ukrainerinnen ist der Telefonkontakt stärker eingeschränkt, da die Gesprächs-
kosten zwischen Polen und der Ukraine höher sind und viele Menschen,
besonders in ländlichen Regionen, nicht über ein Telefon verfügen«.[42]

Während die unterschiedliche Dichte der Telefonanschlüsse in Polen und
der Ukraine noch mit dem Wohlstandgefälle zwischen beiden Ländern kor-
respondierte, verändert sich dies mit dem Zugang zum Internet. Die anfangs
vermutete Ungleichheit der Internetzugänge mit dem Vorteil für die außerhalb
der Ukraine lebenden Eltern hat sich während der Feldforschung nicht bestätigt. Das liegt auf der einen Seite an dem im letzten Jahrzehnt großen Ent-
wicklungsschub der privaten Internetanschlüsse in der Ukraine.[43] Ein anderer
Grund ist der prekäre, häufig von einer schwierigen Wohnsituation begleitete

---

42 Lutz/Palenga-Möllenbeck 2011: 21.
43 Während der Anteil der Gesamtbevölkerung, der Zugang zum Internet hat, im Jahre 2006
   unter 5 Prozent lag, verzehnfachte er sich bis 2014 nahezu auf die Hälfte der Bevölkerung.
   Eine ähnliche Entwicklung fand in den Ländern westlich der Ukraine etwa acht bis zehn

Aufenthalts- oder Arbeitsstatus, der die digitale Teilhabe der Migrierenden einschränkt. Da ihnen das stationäre Breitband-Internet dadurch verwehrt bleibt, sind sie gezwungen, auf kostenintensivere mobile Netzwerkanbieter auszuweichen. Diese schränken die Kommunikationsmöglichkeiten durch ein festgelegtes monatliches Datenvolumen und mindere Verbindungsqualität erheblich ein, sodass etwa synchrone Videogespräche entweder nur störungsanfällig oder gar nicht möglich sind. Hier sind nicht die Beschaffungskosten das Problem, sondern die Exklusivität der Breitband-Anschlüsse für Personen mit legalem Aufenthaltsstatus und Arbeitsverhältnis.

Ein weiterer Faktor, der den Zugang zu Informations- und Kommunikationstechnolologie determiniert, sind die Kosten, die in der Regel sowohl im Herkunfts- als auch im Zielland vom migrierenden Elternteil getragen werden. Asuncion Fresnoza-Flot stellt fest, es gehöre zu den Verantwortlichkeiten der Eltern, die Familie mit den technologischen Ressourcen auszustatten und die Kosten dafür zu tragen.[44] Anders sind die Kosten des Internetzugangs und der technischen Ausstattung auch meist nicht zu bewältigen.

Insgesamt haben sich Zugangsmöglichkeiten zu digitalen Medien in den Ländern unserer Studie im letzten Jahrzehnt deutlich erhöht. Im südamerikanischen Vergleich liegt Ecuador bei der Internetabdeckung mit 43 Prozent zwar eher im unteren Feld der Skala. In zehn Jahren ist zwischen 2004 bis 2014 hierbei jedoch ein beachtlicher Anstieg von 4,83 auf über 40 Prozent Abdeckung der Individualnutzung zu verzeichnen.[45] Auch in der Ukraine nutzen bereits 43 Prozent der Bevölkerung das Internet, wodurch der Unterschied zwischen Herkunfts- und Zielland in der Nutzung bei 24 Prozent liegt. Ein Jahrzehnt früher hatten weniger als 5 Prozent der Bevölkerung Zugang zum Internet, während in Polen bereits fast die Hälfte der Bevölkerung online war.[46]

Die Kosten variierten in den beiden Fallbeispielen deutlich. Laut den Websites einiger ecuadorianischer Internetanbieter sind relativ langsame Internetverbindungen inklusive eines Routers ab einem Betrag von 22,79 US-Dollar im Monat zu bekommen.[47] Die Verträge inklusive Notebook oder Tablet beziehungsweise mit einer schnelleren Internetverbindung sind entsprechend teurer. Im Vergleich der Kosten in den Ländern Ecuador und Spanien sind für Internetanschlüsse bereits deutliche Unterschiede zu erkennen. Unter Beachtung, dass der Mindestlohn in Ecuador im Jahr 2016 jedoch nur halb

---

Jahre früher statt (vgl. International Telecommunication Union 2016). Alle von Migration betroffenen ukrainischen Haushalte der Studie hatten Zugang zum Internet.

44 Vgl. Fresnoza-Flot 2009: 260.
45 Vgl. International Telecommunication Union 2016.
46 Vgl. World Bank 2016.
47 Vgl Claro Telekommunikation 2017.

so hoch war wie der Mindestlohn in Spanien und das Pro-Kopf-Einkommen weniger als ein Viertel darstellt, bedeutet dies de facto einen erheblichen Preisunterschied zwischen den Ländern. Aus diesem Grund können sich oftmals nur Familien eine feste Internetverbindung leisten, in denen mindestens ein Elternteil migriert. Interessant sind auch die Unterschiede in der Geschwindigkeit. Im Beispiel Ecuador sind 50 Mbps die schnellstmögliche Verbindung, die der Provider Claro anbietet. In Spanien stellt das die Basisgeschwindigkeit bei Orange dar. In der Ukraine hingegen kostet ein Internetanschluss nur zwischen vier und fünf US-Dollar monatlich (2016).[48] In Relation zur Höhe des durchschnittlichen monatlichen Einkommens für die westliche Ukraine (2016 etwa 120 Euro monatlich)[49] ist der Preis für einen Internetanschluss zu Hause proportional vergleichbar mit dem polnischen Niveau. Die einmalige Beschaffung eines DSL-Modems liegt bei etwa 20 Euro (siehe Tabelle 1).

Zu Kommunikationszwecken öffneten in Ecuador vor der Popularisierung eigener Zugänge zum Internet zahlreiche hauptsächlich privat betriebene Internetcafés, die »Cibercafés« oder einfach »Internets« genannt werden. Vor allem in dicht besiedelten Gebieten oder in den stark von Migration betroffenen Orten ist dessen Aufkommen sehr hoch.[50] Sehr wenige Cibercafés sind in strukturschwachen Provinzen zu finden, wo es auch in Privathaushalten nur geringe Chancen auf einen Internetanschluss gibt.[51] Somit sind vor allem hier die Menschen in ihrem Zugang zu digitalen Medien beeinträchtigt. Auch aktuell werden Cibercafés noch rege genutzt und die Anzahl stieg bis einschließlich 2016 an,[52] da Computer und Internet noch nicht flächendeckend verbreitet sind. Die Nutzung geht jedoch durch Anschlüsse zu Hause und Smartphones zunehmend zurück.[53] Im Jahr 2016 hatten 26,7 Prozent der Haushalte in Ecuador einen Standcomputer und 27,6 Prozent einen Laptop zur Verfügung. Vor allem im ländlichen Raum Ecuadors haben jedoch lediglich 16,4 Prozent der Haushalte einen Internetanschluss, was dennoch im Vergleich zum Jahr 2013 einer Erhöhung von um 7,3 Prozent entspricht.

Die Zahl der Handys hat sich zwischen 2010 und 2013 nahezu verdoppelt und die Abdeckungsquote ist von 49,7 Prozent auf 86,4 Prozent gestiegen.[54] Seitens der Regierung gab es Versuche auch ökonomisch Schwachen und Menschen in Regionen mit geringer Infrastruktur die Zugangsmöglichkeiten

---

48 Vgl. Volia Telekommunikation 2017.
49 Vgl. Minfin Finansovyj Portal 2017.
50 Vgl. Ramirez Gallegos 2006: 61.
51 Vgl. Agencia de Regulación y Control de las Telecomunicaciónes 2016.
52 Vgl. Agencia de Regulación y Control de las Telecomunicaciónes 2016.
53 Vgl. El Comercio 2017.
54 VGl. INEC 2016: 6ff.

zum öffentlichen Internet zu schaffen. Die Kenntnis in der Bevölkerung über das Programm mit Namen »Internet für alle«[55] war jedoch nicht besonders weitreichend. Dieses Programm wurde durch »Gemeinschaftliche Infozentren«[56] ersetzt, womit sich die Regierung rühmt.[57]

Tabelle 1: Internetnutzung in Ecuador, Spanien, Ukraine und Polen

	Ecuador	Spanien	Ukraine	Polen
Anteil der Internet nutzenden Gesamtbevölkerung (2014)	43 Prozent[1]	76,19 Prozent[2]	43 Prozent[3]	67 Prozent[4]
Monatliche Kosten für einen stationären Internetanschluss (DSL) mit unbegrenztem Datenvolumen (und einer Geschwindigkeit von 50 Mbps)	49,99 US-$ (22,79 US-$ mit geringerer Geschwindigkeit bis 10 Mbps)[5]	16,57 US-$ ($\triangleq$14,95 Euro[6,7])	4–5 US-$	13–25 US-$[9]
BIP pro Kopf im Jahr 2015 (pro Monat)	6 196,5 US-$ (516,38 US-$)[10]	25 843,09 US-$ (2 153,59 US-$[11])	2 125 US-$[12] (177 US-$)	12 492 US-$[13] (1 041 US-$)
Mindestlohn 2016 (monatlich)	366 US-$[14]	725,71 US-$ ($\triangleq$ 655,20 Euro[15])	117 US-$[16]	497 US-$[17]

Quelle: eigene Darstellung (Diana Dreßler / Konrad Hierasimowicz). Zu den Daten siehe Anmerkungsziffern. US-$ = US-Dollar mit Umrechnungskurs vom 24. Juni 2016 (finanzen.net).

[1] Vgl. International Telecommunication Union 2016 – [2] International Telecommunication Union 2016 – [3] Im Jahr 2015 (vgl. Internet World Stats 2017) – [4] Internet World Stats 2017 – [5] Vgl. Claro Telekommunikation 2017. – [6] Vgl. Orange Telekommunikation Spanien 2017 – [7] Nach 12 Monaten 25,95 Euro – [8] Betrifft Preise für März 2017 (vgl. Telekom Ukraine 2017 sowie Lanet Telekommunikation 2017) – [9] Betrifft Preise für März 2017 (vgl. Orange Telekommunikation Polen 2017 sowie UPC Telekommunikation 2017) – [10] Statista 2017c – [11] Statista 2017d – [12] Statista 2017e – [13] Statista 2017b – [14] Vgl. Schindele 2016 – [15] Salario Mínimo Interprofesional 2016 – [16] Statista 2017f – [17] Statista 2017f

In den strukturschwachen und von Migration besonders betroffenen Gebieten der ländlichen Westukraine übernahmen, bevor ein privater Internetzugang allgemein zugänglich wurde, an vielen Orten lokale Bibliotheken die

---

55 Spanisch: Internet para todos.
56 Spanisch: Infocentros Comunitarios.
57 Vgl. Ramírez Gallegos 2006: 61 sowie Ministerio de Telecomunicaiones y de la Sociedad de la Información 2015.

Aufgabe, internetfähige Personalcomputer mit einer Videotelefonie-Software (Skype) zur Verfügung zu stellen und bei Bedarf die interessierten Familienmitglieder in ihrer Nutzung zu schulen. In Polen wird die Aufgabe der Versorgung der migrierenden Eltern mit Breitbandinternet von ukrainischen Organisationen übernommen. Das Warschauer »Ukrainische Haus«[58] bietet zum Beispiel kostenloses WLAN mit der Möglichkeit, ungestört und in Privatsphäre skypen zu können. Neu angekommene Migranten, die noch keinen Kontakt zu solchen Organisationen aufgebaut haben, suchen dagegen nach öffentlichen oder halböffentlichen Zonen (zum Beispiel in oder vor Cafés oder Restaurants) mit frei zugänglichem WLAN.

Die beschriebene innerstaatliche digitale Spaltung zwischen ländlichen Regionen und urbanen Zentren beschreibt auch Paula Diaz. Ihre Kinder sind gemeinsam mit dem Vater nach Ecuador remigriert, nachdem dieser seine Arbeitsstelle verloren hatte. Paula erklärt, dass sie mit ihnen nur per Telefon kommunizieren kann, da das Internet in dem Ort, in dem die Familie lebt, zu schlecht sei: »Also das Telefon, das ist die einzige Art, die ich habe, um mit ihnen zu sprechen [...]. Aber da das Internet nicht gut geht, dort wo sie wohnen, also, können wir keine Videoanrufe oder so etwas machen.«[59] Vor allem in ländlichen Gebieten lassen sich Dörfer gemeinschaftlich unter Aufteilung der Kosten Internetleitungen legen, die jedoch längst nicht alle Bewohner einschließen. So beschreibt María Vicario aus dem östlichen Tiefland:

> »Jetzt ja [sprechen wir jeden Tag], weil, wie gesagt haben sich die Dinge dort geändert. Die haben Internet in mein Dörfchen gelegt und wir hatten die Möglichkeit – nicht alle Familien haben Internet – wir hatten die Möglichkeit eine Leitung zu bekommen, weil sie haben sie nicht an alle gegeben, weil es nur eine begrenzte Anzahl von Anschlüssen gab und meine Tochter hatte sich eingetragen und wir haben dort Internet. [...] Viele Familien dort können sich kein Internet zulegen, weil sie es sich nicht leisten können.«[60]

An diesem Beispiel wird deutlich, wie sich transstaatliche sozioökonomische Statusinkonsistenzen manifestieren können. Die Töchter im Heimatdorf gehören zu den wenigen Privilegierten, die einen Internetzugang haben, wodurch sich ihr sozialer sowie ihr sozioökonomischer Status gegenüber denjenigen Ortsbewohnern abhebt, die keine im Ausland lebenden und arbeitenden Familienmitglieder haben. Während die Mutter, deren Ausbildung in Spanien nicht anerkannt wurde und die zumeist körperlich harte

---

58 Polnisch: Ukraiński Dom; ukrainisch: Ukrajins'kyj Dim.
59 Audiotranskript_Interview1_Paula_13112015, Timecode: 04:33 (Übersetzung Diana Dreßler).
60 Audiotranskript1_Interview1_Maria_01072015, Timecode: 1:05:55 (Übersetzung Diana Dreßler).

Arbeit in der Ernte verrichtete einen sozialen Abstieg mit gleichzeitiger sozioökonomischer Besserstellung im Zielland erfuhr.

Für die Kommunikation zwischen Familienmitgliedern sind neben den Zugängen im Herkunftsland auch soziale Ungleichheiten im Zielland ein Hindernis. Die prekären Arbeitsbedingungen der migrierenden Elternteile erschweren zum Teil die Kommunikation zwischen den Familienmitgliedern. Die Eltern üben in der Regel Berufe aus, in denen eine spontane Unterbrechung der Tätigkeit in der Regel kaum möglich ist oder vonseiten des Arbeitgebers nicht gern gesehen wird. Kinder und insbesondere Jugendliche bevorzugen jedoch in der Regel weniger lange, zeitlich festgelegte Gespräche mit ihren körperlich abwesenden Eltern. Vielmehr wünschen sie sich die Möglichkeit, spontan und situativ den Elternteil kontaktieren zu können, um zum Beispiel ein erlebtes Ereignis zeitnah kommunizieren und/oder die Reaktion oder Meinung des Elternteils einholen zu können. Die kommunikative Erreichbarkeit der Eltern ist aber in vielen Fällen der Teilstudie deutlich eingeschränkt. In beiden Beispielen erschweren zahlreiche Rahmenbedingungen die Teilhabe am transstaatlichen Familienleben. Die meisten ukrainischen Eltern thematisieren in den Interviews den Wunsch, spontaner auf die Kommunikationsbedürfnisse ihrer Kinder reagieren zu können, was arbeitsbedingt nur in seltenen Fällen möglich ist.

Auch eine im Vorfeld zeitlich festgelegte Kommunikation mit den Kindern wird durch lange Arbeitszeiten der Eltern in Polen erschwert. Das Wissen über die täglichen Ansprechbarkeitsphasen des migrierenden Elternteils muss demnach in translokalen Eltern-Kind-Beziehungen permanent aktualisiert werden. Oft wechselnde und überlange Arbeitszeiten sowie lokal und temporär beschränkte Internetkonnektivität fördern den Unsicherheitsgrad einer zeitnahen Kommunikationsmöglichkeit. Ecuadorianische Mütter, die in vielen Fällen als Hausangestellte und Pflegerinnen im selben Haushalt arbeiten und wohnen, sind in hohem Maße darauf angewiesen, dass ihnen von den Arbeitgebern ein Zugang zum Internet gewährt wird.[61] Die höheren Kosten für die Kommunikation führen hier zu einer weiteren Verschärfung sozialer Ungleichheit.

Bei teilmigrierenden Familien, die durch große Distanzen getrennt sind, kollidieren zudem bedingt durch die Zeitverschiebung die Arbeitszeiten

---

61 Bereits Madianou (2014: 673), die zu philippinischen Migrantinnen in Großbritannien forscht, stellt einen erheblichen Unterschied zwischen Krankenschwestern und Hausangestellten in der Medienausstattung und -nutzung fest. Letztere mussten häufig in Internetcafés gehen, während Erstere häufig einen eigenen Internetanschluss besaßen. Hausangestellte, die meist aus ländlichen Gegenden der Philippinen stammten, wiesen höhere Handyrechnungen auf, da ihre Familien über keinen Internetanschluss verfügten.

mit den Tagesabläufen der Kinder im Heimatland – im Falle von Ecuador und Spanien um bis zu sieben Stunden. Zuletzt intensivierte die Einführung von mobilen Chat-Apps bei vielen Familien die Kommunikation erheblich. Anrufe nehmen zwar laut Fresnoza-Flot[62] mit den Jahren langsam ab. So berichteten auch die meisten von uns befragten Eltern aus Lateinamerika, die bereits seit vielen Jahren in Spanien arbeiten, dass sie in den ersten Wochen der Migration deutlich öfter mit ihren Kindern telefoniert hätten. Die Kommunikation habe sich aus Kostengründen nach der Anfangszeit beträchtlich reduziert. Mit der Einführung der Internettelefonie, im Zuge derer die Bedeutung der Kosten deutlich abnahm, haben sich jedoch neue Formen des Kontakts und der Kopräsenz[63] herausgebildet und die Audio- sowie Videokommunikation insgesamt deutlich zugenommen. Dies betrifft jedoch nur die Familien, die auf beiden Seiten einen ausreichend schnellen Zugang zum Internet haben. Zudem haben sich hierdurch neue Präsenzerwartungen an die Migrierenden und auch an die Familienangehörigen, eine größere Kontrollmöglichkeit beider Seiten und zusätzliche Anforderungen an die Migrierenden herausgebildet.

Zusammenfassend lässt sich sagen, dass durch Migration in der Regel Zugänge zur digitalen Informations- und Kommunikationstechnologie ermöglicht werden. In den Herkunftsländern bedeutet die Migration eines Familienmitgliedes einen Zuwachs an Zugangsmöglichkeiten und den zuvor sozioökonomisch schlechter gestellten Familien gelingt eine Verringerung der digitalen Kluft. Die Dynamiken der Zugangsmöglichkeiten der Migrierenden selbst lassen sich dabei weniger linear darstellen. Durch eine Verschlechterung ihres sozialen Status, der sich meist durch prekäre Arbeits- und Wohnverhältnisse manifestiert, und gleichzeitige Verbesserung ihres ökonomischen Status ist die Veränderung des Ungleichheitsverhältnisses in seiner Gesamtgestalt hier weniger eindeutig.

5. Zusammenfassung und Ausblick: Mobile (Un-)Freiheiten im digitalen Zeitalter der Globalisierung

Mit den präsentierten Fallbeispielen aus den Migrationskontexten Ecuador/Spanien und Ukraine/Polen haben wir Einblick in den (Medien-)Alltag teilmigrierender Familien gegeben und die Verwobenheit sozialer, ökonomischer und digitaler Ungleichheiten aufgezeigt. Für diejenigen, die über genü-

---

62 Fresnoza-Flot 2009: 260.
63 Madianou 2016: 185 ff.

gend Ressourcen verfügen, die für eine Migration erforderlich sind, erhöhen sich soziale Aufstiegschancen im Herkunftsland, gleichzeitig verschlechtert sich häufig ihre soziale Position im Zielland im Vergleich mit den dortigen Einheimischen. Diskriminierung und fehlender rechtlicher Schutz gegen Ausbeutung vor allem in der Irregularität sind nur einige Schwierigkeiten, denen sie vor allem zu Beginn der Migration ausgesetzt sind. Hierbei ist die Familie ein wichtiger Anker. Doch selbst die Kommunikation mit der Familie stellt für manche nicht immer eine Selbstverständlichkeit dar. Menschen, die sich zur Migration gezwungen fühlen, gehören oft auch zu denjenigen, die einen schlechteren Zugang zu mobilen Endgeräten und Internetverbindungen haben. Sie sind also in doppelter Hinsicht in ihrer transstaatlichen Mobilität eingeschränkt. Politische Maßnahmen sind oft schwerfällig und erreichen ihre Zielgruppen nicht immer, wie das ecuadorianische Beispiel »Internet für alle« zeigt. Um so wichtiger ist zivilgesellschaftliches Engagement, wie es etwa im Kontext der Fluchtbewegungen im Jahr 2015 verstärkt zu beobachten war. So berichtete unter anderem das Magazin *Focus* von einer Französin, die Geflüchteten die Möglichkeit gab, ihre Handys bei ihr aufzuladen.[64] Freifunknetze in vielen größeren Städten Deutschlands bieten einen kostenlosen Internetzugang für Menschen, die geflüchtet sind,[65] da es ihnen aufgrund einer fehlenden festen Adresse und des ungesicherten Aufenthaltstitels an Möglichkeiten mangelt, Verträge abzuschließen, welche die Fernkommunikation ökonomisch erschwinglicher machen würden.[66]

Verschiedenste Initiativen haben also bereits die Bedeutung von Internetanschlüssen und den an sie gebundenen kommunikativen Mobilitäten für geflüchtete Menschen erkannt und engagieren sich dafür, jeder Person einen Zugang zu ermöglichen. Insgesamt kann konstatiert werden, dass trotz der noch immer erheblichen Unterschiede in den Möglichkeiten des Zugangs zu digitalen Medien sich die Kluft zwischen denen, die Zugang haben und denen, die keinen Zugang haben, Schritt für Schritt verringert. Was auch die Zahlen der Handy- und Smartphoneabdeckung in Ländern des globalen Südens zeigen.

In den Zielländern sind Ideen, wie die der Freifunknetze dabei ein wichtiger Schritt der Institutionalisierung dieser Strukturen. Dabei kann jedoch die Freiheit mit seinen fernen Nächsten zu kommunizieren kein Ersatz für das Recht auf den Schutz der Familie und die individuelle Bewegungsfreiheit sein. Betrachtet man die gegenwärtigen politischen Entwicklungen in Europa

---

64 Vgl. Focus Online 2015.
65 Vgl. Breithut 2015.
66 Vgl. Weckwerth 2015.

und Deutschland, so drängt sich der Gedanke auf, dass die Verringerung digitaler Spaltungen nicht mit einer proportionalen Verringerung anderer Formen der Ungleichheit einhergeht. Denn wenn es um die Frage geht, wer sich wie und wo auf der Welt körperlich bewegen darf, werden die Stimmen der Abschottungspolitik in Europa immer lauter. Eine digitale Mobilität ist mehreren Menschen möglich und die physische Mobilität eines Familienmitgliedes reicht aus, um vielen einen verbesserten Zugang zur digitalen Welt zu ermöglichen. Eine physische Migration, die auch zu einer sozioökonomischen Besserstellung der Familie im Heimatland führt, bleibt jedoch einzelnen vorbehalten und wird weiter erschwert. Schließlich dürfen auch diejenigen nicht vergessen werden, die – sei es im globalen Norden oder Süden – nicht über die erforderlichen Ressourcen zur sozialen Selbstinklusion durch Migration verfügen. In einem global stratifizierten Gesellschaftssystem, in dem grenzüberschreitende Mobilität aus der Logik des globalen Kapitalismus gefragt, aus der Logik von Nationalstaaten jedoch gefürchtet ist, kann »Bleiben« ebenso risikobehaftet sein wie »Gehen«, ist mithin die Legitimität der Sesshaftigkeit im Begriff ebenso brüchig zu werden, wie die der Migration.

Abstract

The intensity of Global migration has reached highest levels during the last three decades and is still rising. At the same time the impact of technological changes (especially on the field of information and communications technology) has developed significantly. In our article we discuss the changing processes of migration as a result of the social impact of digital technologies, and how this both interdependent developments affect global orders of socioeconomic inequalities. We have based our analysis on findings from our research project (2015–2017) and supplement them with results from earlier studies on the use of media in context of migration during the pre-electronic decades, as well as observations from the context of recent refugee movements. This perspective of diachronic comparison allows us to investigate the migration phenomena with regard to the interdependencies between mediatization and globalization processes. Secondly, we show some trends of dynamization of social inequalities in context of transnational migration. Migration irritates the established orders of socioeconomic inequalities, which are marked inter alia by national borders. When transnational family relationships in migration contexts develop with the support of digital technologies, one can observe paradoxical social dynamics, which we present on the basis of our data from the two recent migration contexts Ukraine-Poland and Ecuador-Spain.

Literatur

Acosta, Alberto (2005): El Aporte de las Remesas para la Economía Ecuatoriana, 16. November 2005 (online unter: www.un.org/esa/population/meetings/IttMigLAC/P02_AAcosta.pdf – letzter Zugriff: 12.03.2018).

Agencia de Regulación y Control de las Telecomunicaciónes (2016): Cyber Cafes Registrados, Juni 2016 (online unter: www.arcotel.gob.ec/wp-content/uploads/2015/09/3.2.1-CIBERCAFES_mayo_2016.xlsx – letzter Zugriff: 12.03.2018).

Breithut, Jörg (2015): Internet für Flüchtlinge. Gar nicht so einfach, Gutes zu tun, in: Spiegel Online, 21. Juli 2015 (online unter: www.spiegel.de/netzwelt/web/fluechtlinge-aktivisten-versorgen-fluechtlingsheime-mit-wlan-a-1043858.html – letzter Zugriff: 12.03.2018).

Bulmer, Martin (1986): The Chicago School of Sociology. Institutionalization, Diversity, and the Rise of Sociological Research, London.

Castells, Manuel (2005): Die Internet-Galaxie. Internet, Wirtschaft und Gesellschaft, Wiesbaden.

Claro Telekommunikation (2017): Internet Fijo, 10. März 2017 (online unter: www.claro.com.ec/portal/ec/sc/personas/internet/internet-fijo/#info_01_01 – letzter Zugriff: 10.03.2017).

Ecuadorianische Zentralbank (2015): Evolucion de las Remesas. Resumen Anual 2015 (online unter: https://contenido.bce.fin.ec/documentos/Estadisticas/SectorExterno/BalanzaPagos/Remesas/ere201505.pdf – letzter Zugriff: 12.03.2018).

El Comercio (2017): El Comercio de los Cibercafés se Contrajo, 26. Februar 2017 (online unter: www.elcomercio.com/actualidad/negocio-cibercafes-contrajo.html – letzter Zugriff: 12.03.2018).

FIAN Ecuador (2011): El Derecho a la Alimentación en el Ecuador (online unter: www.fian.org/fileadmin/media/publications_2015/2011_12_EcuadorDerechoAlimentacion.pdf – letzter Zugriff: 17.11.2017).

Focus Online (2015): Deutsche fragen – Flüchtlinge antworten: Woher haben Asylbewerber ihre modernen Smartphones?, 20. August 2015 (online unter: www.focus.de/politik/deutschland/serie-teil-4-von-meiner-familie-habe-ich-nur-noch-die-handyfotos-deutsche-fragen-fluechtlinge-antworten-woher-haben-asylbewerber-ihre-modernen-smartphones_id_4891496.html – letzter Zugriff: 22.03.2018).

Fresnoza-Flot, Asuncion (2009): Migration Status and Transnational Mothering: the Case of Filipino Migrants in France, in: Global Networks 9 (2/2009), S. 252–270.

Friese, Heidrun (2012): Y'al Babour, y'a Mon Amour. Rai-Rap und undokumentierte Mobilität, in: Marc Dietrich / Martin Seeliger (Hg.), Deutscher Gangsta-Rap. Sozial- und kulturwissenschaftliche Beiträge zu einem Pop-Phänomen, Berlin, S. 231–284.

Greschke, Heike (2012): Egal, wer Du bist? Kommunikative Praktiken der Zugehörigkeit und Distinktion im medialen Alltag transnationaler Migration, in: Christian Stegbauer (Hg.), Ungleichheit aus kommunikations- und mediensoziologischer Perspektive, Wiesbaden, S. 197–219.

Herrera, Gioconda (2005): Mujeres Ecuatorianas en las Cadenas Globales del Cuidado, in: Gioconda Herrera (Hg.), En la Migración Ecuatoriana Transnacionalismo, Redes e Identidades, Quito, S. 283–300.

Herrera, Gioconda / Genta, Natalia / Ramírez, Jacques (2008): Ecuador: La Migración Internatiónal en Cifras 2008, Quito (online unter: www.flacsoandes.edu.ec/libros/digital/43598.pdf – letzter Zugriff: 12.03.2018).

Instituto Nacional de Estadística y Censos (INEC) (2016): Tecnologías de la Información y Comunicaciónes (online unter: www.ecuadorencifras.gob.ec/documentos/web-inec/Estadisticas_Sociales/TIC/2016/170125.Presentacion_Tics_2016.pdf – letzter Zugriff: 12.03.2018).

Salario Mínimo Interprofesional (2016): Qué es el Salario Mínimo, 26. Juni 2016 (online unter: www.salariominimo.es – letzter Zugriff: 12.03.2018).

International Organization for Migration (2017a): Countries: Ecuador, 4. April 2017 (online unter: www.iom.int/countries/ecuador – letzter Zugriff: 12.03.2018).

International Organization for Migration (2017b): Countries: Ukraine, 4. April 2017 (online unter: www.iom.int/countries/ukraine – letzter Zugriff: 12.03.2018).

International Telecommunication Union (2016): Percentage of Individuals Using the Internet, 30. Juni 2016 (online unter: www.itu.int/en/ITU-D/Statistics/Documents/statistics/2015/Individuals_Internet_2000-2014.xls – letzter Zugriff: 12.03.2018).

Internet World Stats (2017): Internet Stat and Facebook Usage in Europe, 16. März 2017 (online unter: www.internetworldstats.com/stats4.htm#europe – letzter Zugriff: 12.03.2018).

Lanet Telekommunikation (2017): Preisinformationen, 16. März 2017 (online unter: https://if.lanet.ua – letzter Zugriff: 12.03.2018).

Leung, Linda (2011): Phoning Home, in: Forced Migration Review (10/2011), Nr. 38 (online unter: www.fmreview.org/en/technology.pdf – letzter Zugriff: 17.11.2017), S. 24–25.

Lutz, Helma / Palenga-Möllenbeck, Ewa (2011): Das Care-Chain-Konzept auf dem Prüfstand. Eine Fallstudie der transnationalen Care-Arrangements polnischer und ukrainischer Migrantinnen, in: Gender – Zeitschrift für Geschlecht, Kultur und Gesellschaft 3 (1/2011), S. 9–27.

Lyons, Martyn (2013): The Writing Culture of Ordinary People in Europe, 1860–1920, Cambridge.

Madianou, Mirca (2014): Smartphones as Polymedia, in: Journal of Computer-Mediated Communication 19 (3/2014), S. 667–680.

Madianou, Mirca (2016): Ambient Co-Presence: Transnational Family Practices in Polymedia Environments, in: Global Networks 16 (2/2016) S. 183–201.

Malynovska, Olena A. (2011): Trudova migracija: social'ni naslidky ta šljachy reahuvannja. Analityčna dopovid'. Nacional'nyj instytut strategičnych doslidžen', Kyjiv.

Mecheril, Paul (2014): Kritik als Leitlinie (migrations)pädagogischer Forschung, in: Albert Ziegler / Elisabeth Zwick (Hg.), Theoretische Perspektiven der modernen Pädagogik, Münster, S. 159–173.

Minfin Finansovyj Portal (2017): Srednjaja zarplata po Ukraine (online unter: http://index.minfin.com.ua/index/average – letzter Zugriff: 12.03.2018).

Ministerio de Telecomunicaciones y de la Sociedad de la Información (2015): Millones de Ecuatorianos se Beneficiancon los Infocentros Comunitarios (online unter: www.telecomunicaciones.gob.ec/millones-de-ecuatorianos-se-benefician-con-los-infocentros-comunitarios – letzter Zugriff: 12.03.2018).

Orange Telekommunikation Polen (2017): Preisinformationen, 16. März 2017 (online unter: www.orange.pl – letzter Zugriff: 17.11.2017).

Orange Telekommunikation Spanien (2017): Preisinformationen, 17. März 2017 (online unter: internet.orange.es/adsl/ – letzter Zugriff 17.11.2017).

Ostarbeiter (2013): Emihracija v Pol'šču, 23. Oktober 2013 (online unter: ostarbeiter.vn.ua/emigratsia-pol.html – letzter Zugriff: 08.03.2018).

Pedone, Claudia (2002): Las Representaciones Sociales en Torno a la Inmigración Ecuatoriana a España, in: Íconos – Revista de Ciencias Sociales, Nr. 14, Quito, S. 56–66.

Pick, James / Sarkar, Avijit (2015): The Global Digital Divides. Explaining Change, Heidelberg.

Ramírez Gallegos, Jacques P. (2006): Aunque se Fué tan Lejos Nos Vemos Todos los Días. Migración y Uso de NTICS, Quito.

Rosenberger, Sascha (2014): ICTs and Development, What Is Missing? (= IEE Working Paper 203), Bonn (online unter: development-research.org/images/pdf/working_papers/wp-203.pdf – letzter Zugriff: 22.03.2018).

Schindele, Björn (2016): Mindestlohn in Ecuador wieder angehoben, 20. Dezember 2016 (online unter: www.meinquito.de/mindestlohn-in-ecuador – letzter Zugriff: 22.03.2018).

Statistisches Zentralamt Polen (2017): Grunddaten, 14. März 2017 (online unter: stat.gov.pl/podstawowe-dane – letzter Zugriff: 12.03.2018).

Statista (2017a): Ukraine: Bruttoinlandsprodukt in jeweiligen Preisen von 2007 bis 2017, 16. März 2017 (online unter: de.statista.com/statistik/daten/studie/232390/umfrage/bruttoinlandsprodukt-bip-in-der-ukraine – letzter Zugriff: 12.03.2018).

Statista (2017b): Polen: Bruttoinlandsprodukt pro Kopf in jeweiligen Preisen von 2007 bis 2017, 16. März 2017 (online unter: de.statista.com/statistik/daten/studie/14446/umfrage/bruttoinlandsprodukt-bip-pro-kopf-in-polen – letzter Zugriff: 12.03.2018).

Statista (2017c): Ecuador: Bruttoinlandsprodukt pro Kopf in jeweiligen Preisen von 2007 bis 2017, 17. März 2017 (online unter: de.statista.com/statistik/daten/studie/325581/umfrage/bruttoinlandsprodukt-bip-pro-kopf-in-ecuador – letzter Zugriff: 12.03.2018).

Statista (2017d): Spanien: Bruttoinlandsprodukt pro Kopf in jeweiligen Preisen von 2007 bis 2017, 17. März 2017 (online unter: de.statista.com/statistik/daten/studie/19400/umfrage/bruttoinlandsprodukt-pro-kopf-in-spanien – letzter Zugriff: 12.03.2018).

Statista (2017e): Ukraine: Bruttoinlandsprodukt pro Kopf in jeweiligen Preisen von 2007 bis 2017, 17. März 2017 (online unter: de.statista.com/statistik/daten/studie/232395/umfrage/bruttoinlandsprodukt-bip-pro-kopf-in-der-ukraine – letzter Zugriff: 12.03.2018).

Statista (2017f): Gesetzliche Mindestlöhne pro Stunde in ausgewählten Ländern weltweit, 17. März 2017 (online unter: de.statista.com/statistik/daten/studie/383296/umfrage/gesetzliche-mindestloehne-in-ausgewaehlten-laendern – letzter Zugriff: 12.03.2018).

Telkcom Ukraine (2017): Internet vid Ukrtelekom, 16. März 2017 (online unter: www.ukrtelecom.ua/services/customers/internet/about – letzter Zugriff: 13.03.2018).

Timofjejev, Andrij (2012): Problemy Zovnišn'oï Trudovoï Mihraciï v Ukraïni. Sučasni Tendenciï, in: Olena V. Jeremenko (Hg.), Synopsys: Tekst, Kontekst, Media, Kyïv.

Ukrstat (2015): Population as of May 1, 2015. Average Annual Populations January–April 2015 (online unter: www.ukrstat.gov.ua/operativ/operativ2015/ds/kn/kn_e/kno415_e.html – letzter Zugriff: 13.03.2018).

UN-DESA / OECD (2013): Weltweite Migration in Zahlen, 3./4. Oktober 2013 (online unter: www.oecd.org/els/mig/GERMAN.pdf – letzter Zugriff: 16.03.2018).

UPC Telekommunikation (2017): Internet – Dla Nowych Klientów, 16. März 2017 (online unter: www.upc.pl/internet – letzter Zugriff: 13.03.2018).

Volia Telekommunikation (2017): Tarife, 13. Juni 2017 (online unter: volia.com/ukr/internet – letzter Zugriff: 13.03.2018)

Weckwerth, Christopher (2015): Freies WLAN hilft gegen die Isolation, in: Zeit Online, 18. August 2015 (online unter: www.zeit.de/digital/internet/2015-08/internetzugang-fluechtlinge-fluechtlingsheim – letzter Zugriff: 13.03.2018).

World Bank (2016): Internet Users (per 100 People), 17. März 2016 (online unter: data.worldbank.org/indicator/IT.NET.USER.P2?view=map – letzter Zugriff: 17.03.2016).

World Bank Group (2016): Migration and Remittances. Factbook 2016, Washington (online unter: siteresources.worldbank.org/INTPROSPECTS/Resources/334934-1199807908806/4549025-1450455807487/Factbookpart1.pdf – letzter Zugriff: 13.03.2018).

Zillien, Nicole (2006): Digitale Ungleichheit. Neue Technologien und alte Ungleichheiten in der Informations- und Wissensgesellschaft, Wiesbaden.

Znaniecki, Florian / Thomas, William I. (1958): The Polish Peasant in Europe and America, New York [zuerst 1927].

Caja Thimm

Digitale Partizipation – Das Netz als Arena des Politischen?

Neue Möglichkeiten politischer Beteiligung im Internet

1. Einleitung: Medienwandel und Politik

Das Internet gilt zu Recht als eine der technischen Entwicklungen, die individuelle, soziale und politische Kommunikations- und Handlungsformen massiv verändert haben und dies weiterhin tun werden. Dabei ist es die Gesamtsicht auf die Vielfältigkeit, die das revolutionäre Moment der Entwicklung der digitalen Medien am besten beschreibt. Unzählige mediale Nutzungskontexte bestimmen das Selbstverständnis von Millionen von Menschen, die das Internet als gleichwertigen Lebensraum konstituiert haben und dort genauso selbstverständlich agieren wie im nicht-digitalen Umfeld. So verlieren Ortsbezüge immer mehr an Bedeutung: An welchem physischen Ort, in welcher Sprache und in welchem zeitlichen Raum auch immer – die vernetzte Gesellschaft beruht auf einer digital-mediatisierten Form der Kommunikation.

Dieser kategoriale Umbruch, der mit dem Begriff des »Web 2.0« umschrieben und mit dem Schlagwort des »User-generated Content« verbunden ist, wurde in den letzten Jahren von einem weiteren Technologieschritt fortgeführt: dem Social Web. Social Web und Social Media sind Begriffe, die die mediale Umgebung von heute begrifflich entwerfen. Ein bedeutsames Merkmal des Social Web ist, »dass es die Rezeption von Informationen, Wissens- und Kulturgütern einerseits und deren Hervorbringung, Bewertung und Verbreitung andererseits in der täglichen Nutzung eng miteinander verwebt«[1]. Dadurch kann der Nutzer Artikel sowohl rezipieren als auch publizieren, soziale Beziehungen zu Freunden und Interessensgruppen pflegen oder Informationsangebote wahrnehmen. Vor allem soziale Netzwerke wie Facebook, Twitter oder Instagram ermöglichen einen weltweiten Austausch, der unabhängig von den traditionellen Diffusionswegen der Medien völlig eigenständige Community-Bildung erlaubt. Diese intensive Nutzung von sozialen Medien, die sich anhand der beeindruckenden Zahl von 1,4 Milliar-

---

1 Schmidt 2008: 26.

den Facebook-Nutzern illustrieren lässt, verdeutlicht auch eine Modifikation
und Ausweitung von Öffentlichkeit. Obwohl die traditionellen Massenmedien wie Zeitung, Radio oder Fernsehen in Politik, Wirtschaft, Arbeit
und Freizeit oder Bildung und Kunst auch heute noch allgegenwärtig sind,
haben sie inzwischen ihre Monopolstellung als Vermittler zwischen politischen Akteuren und der Zivilgesellschaft verloren. Das Internet übernimmt
zunehmend die Funktion eines »digitalen Versammlungsortes«[2] und eröffnet
auch für kleinteiligere Gruppeninteressen die Option zur Veröffentlichung.
Die Potenziale digitaler Medienangebote bieten dementsprechend auch
für politisch motivierte Gegenkulturen Chancen, politischen, sozialen und
kulturellen Wandel in Gang zu setzen.[3]

In diesem Zusammenhang kommt besonders den sozialen Netzwerken
eine neue Rolle zu: Sie stellen in einer sich zunehmend im digitalen Raum
bewegenden Gesellschaft eine Option für andere politische und zivilgesellschaftliche Handlungsformen dar. Prinzipielle Vorteile elektronischer Medien
wie Gleichzeitigkeit, Unmittelbarkeit, Ortsungebundenheit und Anonymität
fördern dabei entscheidend neue Möglichkeiten jedes Einzelnen, Öffentlichkeit herzustellen.

Betrachtet man theoretische Ansätze zum Verständnis dieser Umwäl-
zung, so erscheint es zentral, den Prozesscharakter der Entwicklung in
den Mittelpunkt zu stellen. Es ist nicht nur die Perspektive auf die situativ
nachweisbaren Veränderungen, sondern auch der Prozess als solcher, der als
Treiber gesellschaftlicher Entwicklungen auf der ganzen Welt gelten kann.
Diese Sichtweise, die sich auf die Perspektive der Lebenswelt stützt, wurde
besonders im Rahmen des Mediatisierungsansatzes präzisiert.

2. Mediatisierung der Politik

Auf die geschilderte mediale Durchdringung des Lebensalltags in all seinen
Facetten ist in verschiedenen konzeptionellen Arbeiten hingewiesen worden.
Besonders herausstellen lässt sich dabei der Ansatz der »Mediatisierung der
Gesellschaft«. Fredirich Krotz beschreibt die Entwicklung der Gesellschaft
auch als »Metaprozess« des sozialen beziehungsweise kulturellen Wandels.
Er verwendet den Begriff »Metaprozess«, um klar zu machen, dass es sich
hierbei um »eine lang andauernde und Kultur übergreifende Veränderung
handelt, um Prozesse von Prozessen, die die soziale und kulturelle Entwick-

---

2   Siedschlag/Rogg/Welzel 2002: 89.
3   Winter/Kutschera-Groining 2006.

lung der Menschheit langfristig beeinflussen«.[4] Mediatisierung bezeichnet im deutschen, aber auch zunehmend im englischen und skandinavischen Wissenschaftsraum (»mediatization«), einen ähnlich übergreifenden Entwicklungsprozess wie Industrialisierung oder Globalisierung, nämlich die zunehmende Prägung von Kultur und Gesellschaft durch Medienkommunikation. Dieser Metaprozess kann nicht von anderen parallelen Entwicklungen, wie zum Beispiel der Individualisierung oder der Globalisierung, abgegrenzt werden und lässt sich in seiner Komplexität nicht auf einzelne Teilprozesse reduzieren, sondern beeinflusst alle gesellschaftlichen Vorgänge. Mediatisierung beschreibt insofern die wachsende Bedeutung der Medien für Arbeit, Alltag, soziale Beziehungen oder Politik.[5]

Das Mediatisierungskonzept bezeichnet Handlungsfelder und Sozialwelten, in denen gesellschaftliches Handeln und kulturelle Sinnkonstruktion untrennbar mit Medien verbunden sind. Das Konzept soll insbesondere ausdrücken, dass damit nicht nur einseitige Wirkungen oder reziproke Effekte der Medien auf Personen(gruppen) gemeint sind, sondern dass sich die Strukturen, Abläufe und Prozesse von Öffentlichkeit, Politik und (Arbeits-)Organisationen, von Alltag und Identität, sozialen Beziehungen, Erwerbsarbeit und Konsum sowie gesellschaftlichen Institutionen und Geschlechterverhältnissen zusammen mit den Medien und der darauf bezogenen Kommunikation immer weiter entwickeln. Aus dieser Perspektive können heute Gesellschaft und Kultur als Ganzes sowie in ihren relevanten Teilen nur noch im Zusammenhang mit Medien theoretisiert und verstanden werden.

Längst hat durch die Mediatisierung auch ein unumkehrbarer Umbruch in der Herstellung und Struktur von Öffentlichkeit stattgefunden: In der traditionellen massenmedialen Öffentlichkeit erhielten Bürger von Journalisten nur partiell die Möglichkeit, sich Gehör zu verschaffen und somit Aufmerksamkeit für ein für sie relevantes Thema zu erlangen. Die einfache Nutzbarkeit des sozialen Netzes hingegen ermöglicht eine selbstständige Artikulation ohne journalistische Gatekeeper. Der Netzwerkcharakter des Social Web vereinfacht zudem die Weiterleitung von Themen und die Verbindung von Gleichgesinnten auf der ganzen Welt.

Sichtbar wird diese neue Rolle von sozialen Medien in politischen Konfliktsituationen, sei es im Zusammenhang der Bürgerproteste um »Stuttgart 21«[6] oder der politischen Umbrüche im sogenannten »Arabischen Frühling« im Jahr 2011, in denen soziale Medien Funktionen von Vernetzung und

---

4   Krotz 2007: 27.
5   Vgl. Thimm/Dang-Anh/Einspänner 2014.
6   Vgl. Thimm/Bürger 2013.

Echtzeitkommunikation entfaltet haben.[7] Diese zunächst durch die medientechnologischen Rahmenbedingungen entstanden Nutzungsoptionen haben
in den letzten Jahren bei vielen Menschen die Hoffnung genährt, über soziale
Medien mehr Einfluss auf die Gestaltung demokratischer Gesellschafts-
formen zu bekommen.

Solche politischen und gesellschaftlichen Entwicklungen belegen, dass
soziale Medien für den demokratischen Artikulationsprozess zunehmend
auch inter- und transnational beträchtliche Bedeutung haben. Plattformen
wie Twitter, Facebook oder YouTube eröffnen den Nutzern dabei bis dato
nicht dagewesene Möglichkeiten der (Re-)Distribution von politischen
Inhalten und Präferenzen. Dass diese Distributionsformen aber nicht nur von
demokratischen, sondern auch intensiv von terroristischen Kräften wie dem
»Islamischen Staat« genutzt werden, verweist auf eine neue Herausforderung
im Hinblick auf die Regulierung der Internetöffentlichkeit.

Es sind facettenreiche Nutzungsoptionen und auf das Teilen von Inhalten
angelegte Formen der Kommunikation, die das Umwälzende dieses Medienwandels auszeichnet. Dabei ist herauszuheben, dass diese Medienentwicklung
zwar auf technischen Grundlagen beruht, nun aber zunehmend soziale und
gesellschaftspolitische Veränderungen zur Folge hat. Sieht man diese medialen
Plattformen und deren technisch-kommunikativen Konstruktionen und algo-
rithmenbasierten Kommunikationsoptionen als kategorial für das »soziale
Web« an, so erweist sich Partizipation als zentrale Kategorie zum Verständnis
der Rolle des Medienwandels: »Participation seems to be the key concept that
explains the difference between ›old‹ web and ›new‹ social media«.[8] Allerdings
ist festzustellen, dass die Nutzung des Partizipationsbegriffs so vielfältig
ist, dass von einem »Buzzword« und von »hyperinflationärem« Gebrauch
gesprochen werden muss.[9]

3. Digitale Gesellschaft: Veränderte Strukturen von Öffentlichkeit

Mit dem skizzierten Aufkommen der digitalen interaktiven Medien und
damit neuer Beteiligungs- und Öffentlichkeitsformen haben sich auch die
Strukturen von Öffentlichkeit selbst verändert. Die in den letzten Jahren
entstandene Netzöffentlichkeit ist nicht nur als ein intermediäres Geflecht

---

7   Vgl. Tufekci/Wilson 2012.
8   Vgl. Effing/Hillegersberg/Huibers 2011: 28.
9   Vgl. Rösch 2012.

zwischen Gesellschaft, politischem System und Organisationen[10], sondern als ein interdependentes System von Öffentlichkeit, Teil- und Gegenöffentlichkeiten anzusehen. Dieser Wandel beruht vor allem auf den oben geschilderten Optionen, die alle Nutzer haben, nämlich mit einem Mausklick oder Fingerwischen weltweit Informationen und Meinungen publizieren zu können.

Die sozialen Medien und die durch sie gegebenen Möglichkeiten der eigenständigen Herstellung von Öffentlichkeit durch digitale Partizipation haben vielfältige neue Formen digitaler Diskurse begründet. Das Internet bietet aus dieser Sicht »soziotechnische Tools, um Informationen über Normverletzungen zu gewinnen, alternative Deutungsmuster zu verbreiten und auch jenseits nationaler Grenzen Protestnetzwerke aufzubauen und zur Teilnahme an Protestaktionen zu mobilisieren«.[11] Es sind aber nicht nur Online-Proteste denkbar, sondern auch eine Reihe weiterer formalisierter und nicht-formalisierter Partizipationsmöglichkeiten, wie beispielsweise die Nutzung von Online-Petitionen, die Diskussion über politische Themen in Chats oder Foren, die Möglichkeit Mailinglisten abrufen zu können, Tweets mit @-mentions direkt an politische Akteure zu schreiben oder auf Facebook zu posten. Durch neue Plattformen wird politische Kommunikation direkter, die Organisation von politischen Kampagnen flexibler und gemeinschaftliches Handeln vernetzter. Das Internet substituiert dabei nicht zwangsweise herkömmliche Formen politischer Partizipation, sondern ergänzt sie. Mit der steigenden Akzeptanz von Social Media bei den Nutzern geht demnach auch eine steigende Bedeutung für die politische Nutzung einher.[12] Aber auch die Nutzer werden im Gegenzug transparenter: Die Klarnamenpolitik von Facebook ermöglicht es in aller Regel, das Nutzerprofil auch in einer breiteren Öffentlichkeit zuordnen zu können. Dies scheint aber die meisten Nutzer nicht zu stören, selbst wenn sie extreme Positionen dort veröffentlichen. So wurden auch viele rechtsradikale, fremdenfeindliche und rassistische Posts im Umfeld der Flüchtlingskrise unter Klarnamen veröffentlicht.[13]

Diese große Bandbreite an soziotechnischen Kommunikationsoptionen hat dazu geführt, dass in den vergangenen Jahren nicht nur die Politik, sondern auch Unternehmen ihren Weg in die sozialen Medien gefunden haben. Aber diese Netzpräsenz birgt Risiken – besonders für diejenigen, die die Netzkultur entweder nicht kennen oder nicht verstehen beziehungsweise sich im digitalen Raum falsch verhalten. Insbesondere die Schnelligkeit der

---

10 Vgl. Jarren/Donges 2011.
11 Baringhorst 2009: 630.
12 Vgl. Emmer/Vowe/Wolling 2011: 198.
13 Vgl. Thimm 2017.

Reaktionen von Menschen rund um den Globus, die hohe Verdichtung des Informationsaustausches und die weltweite Verbreitung von Produkten macht Politiker und auch die Wirtschaft in der digitalen Öffentlichkeit verletzbarer. Von daher erscheint es nicht nur für die Politik, sondern aus einem gesamtgesellschaftlichen Interesse hoch relevant, die emergenten neuen Formen digitaler Öffentlichkeit besser zu verstehen.

Betrachtet man den medialen Wandel und die oben skizzierten strukturellen Veränderungen der Konstruktion von Öffentlichkeit und öffentlichen Diskursen, so stellt sich die Frage, ob das grundlegende Modell von Habermas für diesen digitalen Strukturwandel noch Geltungskraft besitzt.[14] Habermas sieht die Öffentlichkeit als den Ort an, an dem sich politische Meinungs- und Willensbildung (Input) der Bürger einer Demokratie ereignet, die sich ihrerseits (rational) in öffentlichen Diskursen vollzieht und so kollektiv verbindliche Entscheidungen des politischen Systems (Output) legitimiert. Dieses Modell der »deliberativen Demokratie« basiert maßgeblich auf den Zugriffsmöglichkeiten der Bürger auf den öffentlichen Diskurs. Überträgt man dieses Modell auf die digitale Welt, so wird der verengende Charakter eines solch normbasierten Ansatzes schnell deutlich. Während die traditionelle Öffentlichkeit von journalistischen Recherche- und Selektionsprozessen und entsprechende Agenda-Setting-Prozessen bestimmt wird, gilt dies für die digitale Öffentlichkeit im Social Web nicht. Zudem herrschen hier andere Formen der Aufmerksamkeitskonstitution – so kann in der digitalen Öffentlichkeit auch »Mikro-Partizipation« von Relevanz sein, und bereits ein Klick kann Millionen von Reaktionen zur Folge haben. Im Zusammenhang mit politischer Partizipation werden solche minimalen Aktivitäten allerdings noch häufig abwertend als »slacktivism« oder »clicktivism« negativ etikettiert.[15] Nicht beachtet wird dabei, dass das Liken, Posten oder Kommentieren von politischen Inhalten als eine Form von Mikro- beziehungsweise Sub-Aktivismus verstanden werden muss, der einer dezidiert politischen Aktivität oft vorgelagert ist.

Analysiert man die Einschätzungen der aktuellen Entwicklung im Hinblick auf die Entstehung einer digitalen Öffentlichkeit im Internet aus einer grundsätzlicheren Perspektive, zeigt sich ein ausgesprochen heterogenes Bild. Viele Studien betonen das Potenzial des Netzes, politische Beteiligung zu demokratisieren und zu erweitern.[16] Weniger optimistische Perspektiven dagegen verweisen auf die möglichen negativen Seiten dieser Entwicklung,

---

14 Vgl. Habermas 1992; siehe außerdem Thimm/Einspänner/Dang-Anh 2012.
15 Vgl. Christensen 2011.
16 Vgl. Dahlgren 2009.

wie die Fragmentierung beziehungsweise Polarisierung der Gesellschaft, oder die Beeinflussung von Informationsflüssen durch die Macht von Algorithmen großer Medienunternehmen, wie dies Eli Pariser in seinem Modell der »Filter Bubble« befürchtet.[17] Beklagt werden auch eine allgemeine intellektuelle Verflachung und die Ausprägung von Elitediskursen.[18] Noch weiter geht Evgeny Morozov[19], der das Risiko von Überwachungsstrukturen aufseiten von Regierungen thematisiert und die Hoffnung auf eine netzbasierte Demokratisierung als reine Illusion (»Net Delusion«) bezeichnet. Allerdings, so lässt sich kritisch anmerken, erscheinen diese Ansätze sehr pauschalisierend und wenig auf die konkreten Kontexte von öffentlichen Diskursen bezogen.

Vielmehr, so zeigen unsere Forschungen im DFG-Schwerpunktprogramm »Mediatisierte Welten«, ist es nötig, die Prozesse zur Herstellung digitaler Öffentlichkeit genauer zu differenzieren. Dazu erscheint es nötig, auch solche Strukturen oder Gruppen einzubeziehen, die sich aus quantitativer Sicht als »Mini-Publics« bezeichnen lassen.

3.1 Digitale Öffentlichkeit und »Mini-Publics«

Als eine der gravierendsten aktuellen Entwicklungen des Internets lässt sich die zunehmende Ausprägung in Einzelmedien und Einzelplattformen anführen, die über die große Menge an Nutzern ihre ganz eigenen Logiken durchsetzen können. Daher muss das Internet heute als eine Medienumgebung angesehen werden, die immer mehr von diesen institutionell und funktionell bestimmenden Medienlogiken wie denen von Facebook, Twitter, Instagram oder YouTube dominiert wird. Während sich im vordigitalen Zeitalter die Massenmedien als Gatekeeper und Agenda-Setter definierten, ist dies bei den sozialen Medien bisher nicht explizit der Fall, obwohl sie in vielfältiger Art und Weise als öffentliche Plattformen fungieren. Zu beobachten ist jedoch eine andere Dynamik der Herstellung von Öffentlichkeit: Auch solche kleineren Foren oder Gruppen, die zunächst nur über eine geringe Beteiligung verfügen, können sich rasant zu massenhaften Bewegungen erweitern, wie an diversen »Shitstorms« deutlich wird.[20] Die Ausprägung dieser Dynamiken digitaler Öffentlichkeit wurde von Thimm[21]

---

17 Vgl. Pariser 2011.
18 Vgl. Carr 2010.
19 Vgl. Morozov 2011.
20 Vgl. Bieber/Härthe/Thimm 2015.
21 Vgl. Thimm 2016.

in Form eines Modells der »Mini-Publics« konzipiert. Solche »Mini-Publics«, die sich durch eine Verschränkung verschiedener Medien im Sinne
einer »polymedialen« Mediennutzung auszeichnen, werden im digitalen
Umfeld zunehmend häufig beobachtet. Sie formieren sich entlang spezifischer Themen und Inhalte und entwickeln eigene Strukturmerkmale, die
von Nutzerrollen, Themenentwicklung und Zeitrahmen beeinflusst werden.
Auch die Optionen der technischen Medienlogiken der Plattformen selbst,
wie Hashtags und Retweets bei Twitter, bestimmen die Konstruktion solcher Öffentlichkeiten[22]. Entsprechend lassen sich die folgenden Typen von
»Mini-Publics« unterscheiden:

1. *Nutzer-initiierte Mini-Publics:* Das Diskursthema wird von den
   Nutzern initiiert, die in einigen medialen Umfeldern auch die Rolle
   des Moderators annehmen können (wie zum Beispiel in Blogs). Dafür
   braucht es keinen konkreten Anlass.

2. *Ereignisbezogene Mini-Publics:* Realweltliche Ereignisse können
   intensive Beteiligung und weitergehende Aktivitäten auslösen. Dies
   können zum Beispiel Naturkatastrophen und Unfälle, politische
   Ereignisse (wie Wahlen) oder kulturelle (Popkonzerte) sowie sportli-
   che Ereignisse (Olympische Spiele, Fußball-Weltmeisterschaften) sein.
   Diese Form der »Mini-Publics« ist durch hochverdichtete und zeitlich
   beschränkte Aktivitätsmuster ausgezeichnet, die sich mit zunehmendem zeitlichem Abstand zum Ursprungsereignis abschwächen. Diese
   Form der »Mini-Publics« beginnt zumeist als »Ad-hoc-Mini-Public«.
   Neben diesen intensiven und zeitlich begrenzten »Mini-Publics« existieren aber auch andere Formen solcher kleinerer Öffentlichkeiten,
   die sich als »Over-time-Mini-Publics« bezeichnen lassen und Themen
   längerfristig in der Diskussion halten.

3. *Kommerziell gelaunchte Mini-Publics:* Immer mehr Unternehmen
   haben die Macht kleinerer Öffentlichkeiten für ihr Marketing entdeckt.
   So kann digitales Empfehlungsmarketing als virales Marketing
   (»Word-of-Mouth«) erfolgreicher sein als große Werbekampagnen.
   Nicht immer jedoch funktioniert die Herstellung von Öffentlichkeit
   wie von den Unternehmen gewünscht, so sind auch »digitale Feuer-
   stürme« oder »Shitstorms« keine Seltenheit.[23]

Solche kleineren Öffentlichkeiten entstehen häufig aus einer realweltlichen
Situation als »Ad-hoc-Mini-Public«. Ein typischer Fall ist das Verkehrs-

---

22 Vgl. Einspänner-Pflock/Anastasiadis/Thimm 2016.
23 Vgl. Bieber/Härthe/Thimm 2015.

projekt »Stuttgart 21«, das zur Herausbildung des Begriffes des »Wutbür-
gers« beigetragen hat.[24]

Betrachtet man die Vielzahl dieser »Mini-Publics«, so muss betont werden,
dass diese keineswegs als minderwertig oder »victims of fragmentation« anzu-
sehen sind, wie einige Forscher meinen.[25] Vielmehr sind sie eine eigenständige
Formierung von Öffentlichkeit in einer zahlenmäßig kleineren diskursiven
Umgebung, wie zum Beispiel einem Forum oder einer Facebook-Gruppe.
Aus dieser Sicht sollten »Mini-Publics« als ein konstitutives Subset und festes
Element der digitalen Öffentlichkeit angesehen werden. Viele dieser digitalen
»Mini-Publics« beziehen Traditionsmedien insofern ein, als sie über Quer-
verweise auf andere Medien einen polymedialen Raum schaffen, der eine grö-
ßere Menge an Aufmerksamkeit erhält, ohne dass ihre eigene Diskursqualität
verändert wird. Dabei spielen die medienspezifischen Optionen eine große
Rolle. So hat sich beispielsweise nach den Pariser Anschlägen auf die Redak-
tion von *Charlie Hebdo* im Frühjahr 2015 auf Twitter eine große Breite von
Hashtags im Sinne einer »Hashtag-Familie« gebildet, mit deren Hilfe dieses
spezifische Thema debattiert wurde. Eine Hashtag-Familie bestand zum
Beispiel aus #CharlieHebdo, #WeAreAllCharlie, #NousSommesCharlie,
#JeSuisCharlie und/oder je nach politischer Haltung dann später auch aus
Hashtags wie #JeSuisAhmed (in Erinnerung an den getöteten Polizisten)
oder #JeNeSuisPasCharlie (als Gegenargument), #ContreLesTerroristes oder
als konkrete Aktionshinweise wie #MarcheRepublicaine.

Diese Formen von nutzergenerierten Öffentlichkeiten verweisen auf die
formative Rolle von Partizipation als Grundprinzip digitaler Öffentlichkeit.
Dabei ist jedoch Partizipation als ein zunehmend breites Feld anzusehen.

3.2 Öffentlichkeit und Partizipationskulturen

Der Schritt vom Web 2.0 zu den sozialen Medien war maßgeblich durch die
Perspektive der »Partizipation« und »Kollaboration« gekennzeichnet, die
sich ihrerseits als »ideological foundation« des Web 2.0 bezeichnen lassen:
»Social Media is a group of Internet-based applications that build on the
ideological and technological foundations of Web 2.0, and that allow the
creation and exchange of User Generated Content.«[26] Diese Perspektive
macht deutlich, dass die sozialen Medien keineswegs eine komplett neue

---

24　Vgl. Thimm/Bürger 2013.
25　Vgl. Webster/Ksiazek 2012.
26　Kaplan/Haenlein 2010: 61.

Generation von Internetangeboten darstellen, wie bereits von Jan Schmidt ausgeführt.[27] So sind zahlreiche der heute populären Web-2.0-Anwendungen wie Weblogs, Wikis oder Netzwerkplattformen bereits in der zweiten Hälfte der 1990er-Jahre entstanden und Dienste wie E-Mail oder Instant Messaging haben Vorläufer, die bis in »die Frühphase des Internets zurückreichen«.[28] Auch Robin Effing, Jos van Hillegersberg und Theo Huibers betonen, dass »basic tools for interaction such as chat and forum were available in the early days of the World Wide Web«.[29] Wie die Autoren zutreffend konstatieren, geht es in der Perspektivierung auf die aktuellen Entwicklungen der sozialen Medien darum, die Partizipationskulturen des »alten« Netzes von denen des »neuen« Netzes zu unterscheiden. Zwar sind auch Chats und Foren klar auf gemeinsame, aufeinander abgestimmte Nutzeraktivitäten ausgelegt, aber die Funktionen, Effekte und Wirkungen von Partizipation und damit auch die bestimmenden Kontexte im medialen Umfeld haben sich gewandelt.

Neben den Detailperspektiven auf die Nutzungskontexte und -technologien erscheint es zentral, die weitergehenden Implikationen dieser auf Teilnahme und Teilhabe basierenden Medienkulturen in den Blick zu nehmen. Die Integration der sozialen Medien in den Alltag im Sinne einer »Mediatisierung der Gesellschaft« ist ein Verweis auf die gesellschaftliche Durchdringung nahezu aller Lebensbereiche durch Medien. So spricht Sonja Livingstone sogar von einer »mediatisation of everything«[30]. Diese Deutung beruht auf der Beobachtung, dass digitale Medien und ihre vielfältigen Nutzungskontexte das Selbstverständnis einer ganzen Generation bestimmen, die das Internet als gleichwertigen Lebensraum konstituiert hat und sich dort genauso selbstverständlich als Person fühlt und agiert wie im nicht-digitalen Umfeld.

Diese Genese der grundlegenden Bauprinzipien der Social-Media-Nutzung ist ein Grund für die auch kritisch als »inflationär« charakterisierte Nutzung des Begriffs der »Partizipation« im Zusammenhang mit sozialen Medien. Ersichtlich wird dabei auch, dass sich normative Vorstellungen über das, was Partizipation ist (oder zu sein hat), stark aus der Perspektive der traditionellen Partizipationsforschung speisen, die vor allem aus der Politikwissenschaft stammen. Die Vorteile der sozialen Medien wie Sozialität, Vernetzung, Unmittelbarkeit oder Ortsungebundenheit[31] fördern aber nicht nur die Möglichkeiten von höherer und breiter gestreuten Aktivitäten

---

27 Vgl. Schmidt 2009.
28 Schmidt 2009: 14.
29 Effing/Hillegersberg/Huibers 2011: 28.
30 Livingstone 2009.
31 Vgl. Thimm 2011.

und Optionen, sondern haben auch zu problematischen Praktiken geführt, so »Cybermobbing«[32] oder »Sexting«[33], die über die zunehmend mobile Nutzung der sozialen Medien verstärkt werden.[34] Daneben werden auch ökonomische Interessen immer ausgeprägter. Hier ist das Ziel, den aktiven Konsumenten zu formieren, das heißt die direkte Partizipation der Nutzer im sozialen Netz zu stimulieren, um persönliche Daten zu sammeln. Die vielen Unternehmensprofile bei Facebook belegen, dass auch in der Wirtschaftswelt eine bestimmte, an Unternehmensinteressen ausgerichtete Form der Partizipation als hohes Gut angesehen wird. So setzen inzwischen viele Unternehmen die Auswertungen von Userkommentaren, Facebook-Likes oder Twitter-Retweets als neue Form der Marktforschung ein.[35] Zudem haben Tools wie die Einführung der Timeline bei Facebook, die dem erklärten Ziel des »Frictionless Sharing« dienen soll, Partizipation weiter normiert und formatiert.[36] »Frictionless Sharing« ist ein Prinzip für bequeme Teilhabe, die allerdings über die starke Formatierung durch die medienlogischen Bedingungen der Technologie auch Normierungen nach sich zieht. Die Extension des Partizipationsbegriffs als »Sharing« hat zudem einen positiv aufgeladenen Begriff etabliert, der Partizipation in sozialen Medien als grundlegend positive Sozialhandlung ausweisen soll. Damit erweist sich der Partizipationsbegriff als hochgradig kontextualisiert und zunehmend interpretationsbedürftig.

3.3 Partizipation als Grundprinzip

Mit der Technologie der sozialen Medien und der Kultur des Teilens wurde auch das Verständnis von Partizipation kategorial neu definiert: nicht mehr nur als eine Option des medialen Handelns, sondern als grundlegende Produktionsbedingung des sozialen Netzes. Diese Veränderung lässt sich auch als eine Lockerung der Grenzen zwischen Individual- und Massenkommunikation respektive als die Konvergenz medienrezeptiver und medienproduktiver Aktivitäten bezeichnen. Dabei wird verschiedentlich kritisiert, dass die Betrachtung des Internets als »großtechnisches System« noch keinen Eingang in die Forschung gefunden habe.[37] Um die technologischen

---

32 Vgl. Grimm/Rhein/Clausen-Muradian 2008.

33 Vgl. Hasinoff 2013.

34 Vgl. Campbell/Jin Park 2013.

35 Vgl. Thimm/Einspänner 2012.

36 Vgl. Payne 2014.

37 Papsdorf 2013: 87.

und kommunikativen Ansätze zu verbinden, entwickelte Axel Bruns sein Konzept des »Produsage«. Der Hybrid aus Produktion (»production«) und Nutzung (»usage«) basiert auf der Konzeption von Partizipation größerer Communities »of participants in a shared project«.[38] Dabei geht es Bruns vor allem um die Herstellung von Inhalten, weniger von sozialen Beziehungen:

> »In collaborative communities the creation of shared content takes place in a networked, participatory environment which breaks down the boundaries between producers and consumers and instead enables all participants to be users as well as producers of information and knowledge – frequently in a hybrid role of produser where usage is necessarily also productive. Produsers engage not in a traditional form of content production, but are instead involved in produsage – the collaborative and continuous building and extending of existing content in pursuit of further improvement.«[39]

Ersichtlich wird die kollaborative Perspektive auf Produktion, durch die nach Bruns Grenzen zwischen Produzent und Nutzer nicht nur verschwimmen, sondern sich gänzlich auflösen. Auch wenn sich Internetnutzer dazu entscheiden, vorerst nicht durch eigene Handlungen teilzuhaben, sondern in einer beobachtenden, das heißt lesenden beziehungsweise zuschauenden Rolle zu bleiben, sind sie in ihrem Umgang mit dem sozialen Web also bereits »Produser«.

Diese Beobachtungen und Konzeptualisierungen verweisen darauf, dass sich die Kategorie der Partizipation, so unbestimmt und uneinheitlich sie auch in vielen Fällen Verwendung findet, als »Formativ der sozialen Medien« bezeichnen lässt. Dabei sollen zunächst alle Verwendungsweisen des Begriffes der Partizipation in die Betrachtungen eingeschlossen sein. Das Verständnis von Partizipation im Sinne einer formativen Bedingung der sozialen Medien schließt dabei die Unschärfe der Verwendung und der Begriffsebenen mit ein, die sich auch auf die Reichweite und Geltungskraft von partizipativen Handlungen beziehen. Beginnend bei einem einfachen Klick, mit dem Beiträge oder Produkte bewertet werden, kann die Verstehensweise von Partizipation über das Kommentieren von einzelnen Beiträgen bis hin zur Gestaltung kompletter Online-Auftritte reichen. Denn auch vermeintlich bedeutungslose Klicks oder Eingaben von Suchbegriffen können semantische Bedeutungszusammenhänge verändern und machen dadurch Nutzer, auch unwissentlich, zu Produzenten. Mit diesen technologisch-strukturellen Besonderheiten der Digitalität ändert sich die Art und Weise, wie wir miteinander kommunizieren: »The properties of bits – as distinct from atoms – introduce new possibilities for interaction. As a result,

---

38 Bruns 2008: 112.
39 Bruns 2008: 21.

new dynamics emerge that shape participation«.[40] Andererseits wirken auch die Veränderungen im Kommunikationsverhalten zurück auf die Struktur des Internets und der digitalen Kommunikationsformen, sodass sich stets wieder neuartige Formen und Funktionen herausbilden.

Die Frage, wie sich das als konstitutiv für die sozialen Medien erachtete Prinzip der Partizipation genauer fassen lässt, wird am ehesten über eine situierte Ausdifferenzierung beantwortbar, die Parameter des situativen Handelns einbezieht. Diese Ausdifferenzierung trägt der Tatsache Rechnung, dass Partizipation als unbestimmte Kenngröße gelten muss und sich nur anhand von situativen Parametern der jeweiligen Kommunikationssituation greifen lässt. Für eine präzisere Verstehensweise der unterschiedlichen Bedeutungsebenen von Partizipation in medialen Kontexten erscheint es daher sinnvoll, die Perspektiven einer inhaltlich motivierten Partizipation, wie dies in der politischen Sichtweise des Begriffs zum Tragen kommt, von der medienlogisch-verfahrensbasierten Partizipation zu unterscheiden. Als eine vom Nutzer nicht selbstverständlich modifizierbare Voraussetzung ist dabei die technische Rahmung durch die entsprechenden Medienlogiken und algorithmischen Formungen zu sehen, die als Konstante die Partizipationsformen nachhaltig bestimmt.

3.4 Zur Modellierung von Partizipation im Kontext von sozialen Medien

Sieht man Partizipation als Grundprinzip und Formativ der sozialen Medien an, so gilt es, die unterschiedlichen Dimensionen dieser Perspektive zu präzisieren. Ausgegangen werden kann zunächst davon, dass die strukturellen Gegebenheiten der Digitalität sowie situative Kenngrößen als Einflussfaktoren auf konkrete Partizipationstypen zu gewichten sind. Dabei sind sich weiter ausdifferenzierende Nutzergruppen, die Verbesserung der globalen technischen Infrastruktur und verbreitete Diffusionsoptionen sowie die Archivierbarkeit der Daten wichtige allgemeine Rahmenbedingungen. Angesichts dieser Entwicklungen stellt sich die Frage, wie sich Partizipationsprozesse und -kulturen besser differenzieren und systematisch erfassen lassen. Um sowohl begriffliche als auch strukturelle Veränderungen analysieren zu können, soll zunächst auf die Grundkonzeption von politischer Partizipation eingegangen werden.

---

40 Boyd 2010: 39.

Partizipation wird aus der Sicht der Politikwissenschaft als Prozess einer politischen Handlung zwischen Individuen und der Gemeinschaft verstanden und gehört zu einem Beziehungsgeflecht aus teils substitutiv, teils kontradiktorisch verwendeten Begriffen (zum Beispiel Teilhabe, Beteiligung, Demokratisierung, Mitbestimmung, Mitwirkung etc.).[41] Zumeist wird Partizipation nicht genauer qualifiziert, sondern als »politische Beteiligung möglichst vieler über möglichst vieles, und zwar im Sinne von Teilnehmen, Teilhaben, Seinen-Teil-Geben und innerer Anteilnahme am Schicksal eines Gemeinwesens« beschrieben.[42] Insbesondere die politische Mobilisierung eines jüngeren Publikums wird gemeinhin den Netzmedien zugesprochen.[43] Martin Emmer, Gerhard Vowe und Jens Wolling zeigen, dass die Teilnahme an Offline-Partizipationsformen wie Demonstrationen vor allem bei denjenigen steigt, die das Internet nutzen.[44]

Die Perspektive auf die Netzmedien als Beschleuniger politischer Beteiligung wird dabei höchst kontrovers diskutiert. So scheinen Ereignisse wie der sogenannte »Arabische Frühling«, die Proteste gegen »Stuttgart 21« oder die »Anti-Acta-Bewegung« zu belegen, dass sich neue Formen der politischen Aktivität und Einmischung in politische Prozesse herausbilden.[45] Durch die Möglichkeiten, mithilfe verschiedener technischer Endgeräte mobil online zu gehen, wird das Internet für die Organisation und die politische Mobilisierung facettenreicher nutzbar. Immer mehr Bürger werden beispielsweise zu Reportern oder Kommentatoren, die Echtzeit-Berichterstattung aus erster Hand liefern und so tradierte Produktions- und Verteilungsstrukturen verändern. Die dezentralen Beteiligungsmöglichkeiten im sozialen Web und die schnellen Verbreitungsmechanismen ihrer Inhalte sind – auf den ersten Blick – für politisch aktive, vernetzte Menschen ausgesprochen hilfreich. Doch wie lassen sich die jüngsten Entwicklungen der politischen Online-Kommunikation bewerten? Werden durch das Internet tatsächlich mehr Menschen politisch aktiv oder ermächtigt das Web nur die ohnehin politisch interessierte gebildete Bevölkerungsschicht?

Die Haltungen dazu sind ausgesprochen kontrovers und lassen sich zumeist in zwei Gruppen ausdifferenzieren: Befürworter und Gegner der Position, die die sozialen Medien als Demokratisierungsfaktor ansehen. Anhänger der Demokratisierungsfraktion betonen die Optionen des Parti-

---

41 Vgl. Kasper 2008.
42 Schmidt 2008: 236.
43 Vgl. Wagner 2014.
44 Vgl. Emmer/Vowe/Wolling 2011.
45 Vgl. Thimm/Bürger 2013.

zipations- und Einmischungspotenzials sowie die Möglichkeit von interpersonaler und intergruppaler Vernetzung. Insbesondere Clay Shirky betont die Schnelligkeit, mit der Gruppen sich über das Netz mobilisieren lassen: »We are living in the middle of a remarkable increase in our ability to share, to cooperate with one another, and to take collective action, all outside the framework of traditional institutions and organizations«.[46]

Auch andere Studien betonen, dass soziale Medien Chancen für eine breitere gesellschaftliche und politische Teilhabe bieten. So zeigen Homero Gil de Zúñiga, Eulàlia Puig-i-Abril und Hernando Rojas, dass neue kommunikative Praktiken auf Social-Media-Plattformen auch Einfluss auf politische Entscheidungsprozesse haben können: »[P]articipating in politics might make one more likely to talk about politics in the future, but the relationship between talking about politics today and participating in the future is stronger«.[47] Aber inwieweit diese Form der digitalen Teilhabe wirklich eine breitere neue Beteiligungskultur innerhalb der Politik fördert, ist nach wie vor umstritten. So stellen beispielsweise Ralf Lindner und Ulrich Riehm heraus, dass Online-Partizipation in einigen Kontexten Ungleichheiten repliziert und nicht zur Erweiterung von Beteiligungsgruppen beiträgt:

> »According to our findings, the Internet-based participation channel e-petitioning seems to amplify existing inequalities in participation patterns as they predominantely attract highly mobilised and politically active individuals with a disproportionately high socio-economic status.«[48]

Betrachtet man die plattformbezogenen Analysen von Partizipation, so zeigt sich, dass Twitter und Facebook auch in der Politik eine Rolle spielen – jedoch vor allem im nicht-formalisierten politischen Prozess. Es sind besonders interpersonale Interaktionen und Debatten innerhalb von Eliten, die die Partizipation hier dominieren. Davon zeugen zum Beispiel Analysen der Distributionsfunktion von Informationen bei Facebook und Twitter während der Europawahl 2009[49] und der Europawahl 2014[50], bei den Landtagswahlen und bei der Bundestagwahl 2013[51].

Fasst man diese Beobachtungen zusammen, wird deutlich, dass Partizipation nicht als ein eindimensionales Prinzip anzusehen ist, sondern als mehrdimensionales Konstrukt konzipiert werden muss. Tobias Bürger und

---

46 Shirky 2008: 20.
47 Gil de Zúñiga/Puig-i-Abril/Rojas 2009: 558.
48 Lindner/Riehm 2011: 1.
49 Vgl. Vergeer/Hermans/Sams 2010.
50 Vgl. Thimm et al. 2016.
51 Vgl. Thimm et al. 2014.

Esther Dorn-Fellermann legen dazu einen Vorschlag vor und differenzieren den Partizipationsbegriff anhand von Beteiligungsplattformen im sozialen Netz.[52] Hierbei unterscheiden sie zunächst zwischen politischer Partizipation und Medienpartizipation und stellen ein Modell vor, in dem sie unter Einbeziehung des Interaktionsbegriffs unterschiedliche Partizipationsgrade und -möglichkeiten voneinander differenzieren. Allerdings bleiben hier die unterschiedlichen Grade an Partizipation im Hinblick auf ihre systematische und technologische Einbettung noch unerklärt. Um dies zu präzisieren, führen Katrin Jungnickel und Wolfgang Schweiger die Kategorie der »Sichtbarkeit« ein.[53] Sie sehen den Zusammenhang zwischen Sichtbarkeit und Nutzerhandlungen in zwei maßgeblichen Entwicklungsschritten: Erstens fand ein Großteil kommunikativer Aktivitäten früher im privaten Kreis statt, während heute auf Online-Plattformen öffentlich, teilöffentlich oder im erweiterten Bekanntenkreis mehr und wohl heterogenere Adressatenkreise erreicht werden. Zweitens sind alle Formen der Nutzeraktivität auf einem einzigen Kanal oder einer Plattform möglich, sodass das Publikum nicht mehr nur Rezipient, sondern auch potenziell öffentlicher Kommunikator wird.

4. Fazit

Die skizzierten Strukturmerkmale von digitaler Öffentlichkeit verweisen darauf, dass wir uns in einem massiven Transitionsprozess befinden – der »Mediatisierung der Gesellschaft«. Dieser Prozess bedeutet unter anderem einen kategorialen Wandel von Öffentlichkeit und Privatheit, der durch die Netzkommunikation verursacht wird. Es lässt sich konstatieren, dass der Transitionsprozess im Hinblick auf die Ausbildung einer digitalen Öffentlichkeit einen wichtigen Markstein im Hinblick auf gesamtgesellschaftliche Veränderungen darstellt. Dabei spielt die Herausbildung von »Mini-Publics« eine wichtige Rolle.

Auch für die persönlichen Lebenswelten hat diese Veränderung von Öffentlichkeitsstrukturen und -kulturen vielfältige Folgen, da diese Sphären für viele, besonders jüngere Menschen, heute kaum noch zu trennen sind: Um bei Facebook meine Freunde zu treffen, muss ich einen gewissen Grad von Öffentlichkeit in Kauf nehmen. Zudem birgt die Publizität und Transparenz, die mit der Nutzung sozialer Medien verbunden ist, neue Risiken in Bezug auf die Kontrolle eigener Datenbestände. So sind anonyme Proteste

---

52 Vgl. Bürger/Dorn-Fellermann 2014.
53 Vgl. Jungnickel/Schweiger 2014.

heute über das Netz kaum noch möglich, und politische Aktivisten leben in einigen Ländern inzwischen gefährlicher als vor der digitalen Wende. Es lässt sich festhalten, dass für alle Gesellschaften durch die digitalen Medien und insbesondere die sozialen Medien wie Facebook, YouTube, Twitter oder Instagram neue kommunikative Umwelten entstehen, die sich den üblichen Mechanismen von Kontrolle und den bisher vertrauten Formen der Informationsdistribution entziehen. Die alltägliche Nutzung der populären Plattformen ist für viele ein eher oberflächlicher Automatismus. Parallel zur Alltagsroutine bildet sich aber, und dies ist ein alarmierender Befund im Hinblick auf die Ausbildung digitaler Ungleichheit, eine digitale Elite heraus. Hier zeichnen sich neue Herausforderungen einer digitalen Gesellschaft im Bereich der Bildungspolitik ab – die Erkenntnis, dass digitale Literalität ein Kernthema gesellschaftlicher Entwicklung ist, beginnt sich erst sehr zögerlich zu etablieren.

Abstract

The discussions surrounding the different perspectives on the digital public sphere are manifold and lead to controversial assessments of digitization. Some see online networked platforms as a new option for online participation for all citizens, others argue that the digital transformation of the public sphere leads to elitist discourse and to a fragmented public. Particularly the assessment of the digital public sphere as fragmented, which describes the split-up of the public sphere into uncountable small and isolated publics, not necessarily related to each other, has received a lot of attention. Such forms of fragmented online publics are viewed as a discontinuity of the digital public sphere.

In this paper it is argued that a fragmentation or discontinuation of the discursive public space must not necessarily be regarded as a shortcoming of the digitization process, but rather as a logical consequence of the increasing plurality and differentiation of the digital public sphere as such. Instead of a single public space according to the Habermasian ideal, we need to focus on a multitude of parallel and intertwined *online mini-publics,* which should be considered as a constitutive subset of the broader digital public sphere.

Literatur

Baringhorst, Sigrid (2009): Politischer Protest im Netz – Möglichkeiten und Grenzen der Mobilisierung transnationaler Öffentlichkeit im Zeichen digitaler Kommunikation, in: Frank Marcinkowski / Barbara Pfetsch (Hg.), Politik in der Mediendemokratie, Wiesbaden, S. 609–634.

Bieber, Christoph / Härthe, Constantin / Thimm, Caja (2015): Erregungskampagnen in Politik und Wirtschaft. Digitale Öffentlichkeit zwischen Shit- und Candystorms, Bonn.

Boyd, Danah (2010): Social Network Sites as Networked Publics: Affordances, Dynamics, and Implications, in: Zissi Papacharissi (Hg.), Networked Self: Identity, Community, and Culture on Social Network Sites, New York / London, S. 39–58.

Bruns, Axel (2008): Blogs, Wikipedia, Second Life, and Beyond: From Production to Produsage, New York.

Bürger, Tobias / Dorn-Fellermann, Esther (2014): Interaktion oder Partizipation – wo beginnt politische Partizipation im Netz, in: Jessica Einspänner-Pflock / Mark Dang-Anh / Caja Thimm (Hg.), Digitale Gesellschaft – Partizipationskulturen im Netz, Berlin, S. 41–61.

Campbell, Scott W. / Jin Park, Yong (2013): Predictors of Mobile Sexting Among Teens: Toward New Explanatory Framework, in: Mobile Media and Communication 2 (1/2013), S. 20–39.

Carr, Nicolas (2010): The Shallows. What the Internet is Doing to Our Brains, New York.

Christensen, Henrik (2011): Political Activities on the Internet. Slacktivism or Political Participation by Other Means?, in: First Monday 16 (2/2011) (online unter: firstmonday.org/article/view/3336/2767 – letzter Zugriff: 13.03.2018).

Dahlgren, Peter (2009): Media and Political Engagement, New York.

Effing, Robin / van Hillegersberg, Jos / Huibers, Theo (2011): Social Media and Political Participation: Are Facebook, Twitter and YouTube Democratizing Our Political Systems?, in: Efthimios Tambouris / Ann Macintosh / Hans de Bruijn (Hg.), Lecture Notes in Computer Science, Heidelberg, S. 25–35.

Einspänner-Pflock, Jessica / Anastasiadis, Mario / Thimm, Caja (2016): Ad Hoc Mini-Publics: Citizen Participation or Political Communication? Examples from the German National Election 2013, in: Alex Frame / Gilles Brachotte (Hg.), Citizen Participation and Political Communication in a Digital World, London, S. 42–59.

Emmer, Martin / Vowe, Gerhard / Wolling, Jens (2011): Bürger online. Die Entwicklung der politischen Online-Kommunikation in Deutschland, Konstanz.

Gil de Zúñiga, Homero / Puig-i-Abril, Eulàlia / Rojas, Hernando (2009): Weblogs, Traditional Sources Online and Political Participation: an Assessment of how the Internet is Changing the Political Environment, in: New Media and Society 11 (4/2009), S. 553–574.

Grimm, Petra / Rhein, Stefanie / Clausen-Muradian, Elisabeth (2008): Gewalt im Web 2.0. Der Umgang Jugendlicher mit gewalthaltigen Inhalten und Cyber-Mobbing sowie die rechtliche Einordnung der Problematik, Berlin.

Habermas, Jürgen (1992): Strukturwandel der Öffentlichkeit. Untersuchungen zu einer Kategorie der bürgerlichen Gesellschaft, Frankfurt/M. [zuerst 1963].

Hasinoff, Amie (2013): Sexting as Media Production: Rethinking Social Media and Sexuality, in: New Media and Society 15 (4/2013), S. 449–465.

Jarren, Otfried / Donges, Patrick (2011): Strukturen der Öffentlichkeit, in: Otfried Jarren / Patrick Donges, Strukturen der Öffentlichkeit: Politische Kommunikation in der Mediengesellschaft. Eine Einführung, Wiesbaden, S. 95–117.

Jungnickel, Katrin / Schweiger, Wolfgang (2014): Publikumsaktivität im 21. Jahrhundert – ein theoriegeleitetes Framework, in: Jessica Einspänner-Pflock / Mark Dang-Anh / Caja Thimm (Hg.), Digitale Gesellschaft – Partizipationskulturen im Netz, Berlin, S. 16–40.

Kaplan, Andreas M. / Haenlein, Michael (2010): Users of the World, Unite! The Challenges and Opportunities of Social Media, in: Business Horizons 53 (1/2010), S. 59–68.

Kasper, Christian (2008): Schlüsselbegriff: Partizipation. Mehr als die Summe der einzelnen Teile, in: Christian S. Moser / Peter Danich / Dietmar Halper (Hg.), Schlüsselbegriffe der Demokratie, Wien, S. 161–177.

Krotz, Friedrich (2007): Mediatisierung. Fallstudien zum Wandel von Kommunikation, Wiesbaden.

Lindner, Ralf / Riehm, Ulrich (2011): Broadening Participation Through E-Petitions? An Empirical Study of Petitions to the German Parliament, in: Policy and Internet 3 (1/2011), S. 1–23.

Livingstone, Sonia (2009): On the Mediation of Everything: ICA Presidential Address 2008, in: Journal of Communication 59 (1/2009), S. 1–18.

Morozov, Evgeny (2011): The Net Delusion. The Dark Side of Internet Freedom, Philadelphia.

Papsdorf, Christian (2013): Internet und Gesellschaft. Wie das Netz unsere Kommunikation verändert, Frankfurt/M.

Pariser, Eli (2011): The Filter Bubble. What the Internet Is Hiding from You, New York.

Payne, Robert (2014): Frictionless Sharing and Digital Promiscuity, in: Communication and Critical/Cultural Studies 11 (2/2014), S. 85–102.

Rösch, Eike (2012): Ansätze von Partizipation im Netz, in: Medienpädagogik. Praxis-Blog, 22. November 2012 (online unter: www.medienpaedagogik-praxis.de/2012/11/22/ ansatze-von-partizipation-im-netz/ – letzter Zugriff: 13.03.2018).

Shirky, Clay (2008): Here Comes Everybody. The Power of Organizing without Organizations, New York.

Siedschlag, Alexander / Rogg, Arne / Welzel, Carolin (2002): Digitale Demokratie. Willensbildung und Partizipation per Internet, Opladen.

Schmidt, Jan (2008): Was ist neu am Social Web? Soziologische und kommunikationswissenschaftliche Grundlagen, in: Ansgar Zerfaß / Martin Welker / Jan Schmidt (Hg.), Kommunikation, Partizipation und Wirkungen im Social Web, Köln, S. 18–41.

Schmidt, Jan (2009): Das neue Netz. Merkmale, Praktiken und Folgen des Web 2.0, Konstanz.

Thimm, Caja (2011): Ökosystem Internet – Zur Theorie digitaler Sozialität, in: Mario Anastasiadis / Caja Thimm (Hg.), Social Media: Theorie und Praxis digitaler Sozialität, Frankfurt/M., S. 16–35.

Thimm, Caja (2016): The Mediatization of Politics and the Digital Public Sphere: Participatory Dynamics in Mini-Publics, in: Alex Frame / Gilles Brachotte (Hg.), Citizen Participation and Political Communication in a Digital World, London, S. 167–183.

Thimm, Caja (2017): Hate Speech und Shitstorms als digitale (Un-)Kultur. Politische und persönliche Reaktionsformen auf Hass im Netz, in: Merz – Medien und Erziehung 61 (3/2017), S. 52–58.

Thimm, Caja / Einspänner, Jessica (2012): Public Affairs Management in Zeiten von Sozialen Medien, in: Ansgar Zerfaß / Thomas Pleil (Hg.), Handbuch Online-PR. Strategische Kommunikation in Internet und Social Web, Konstanz, S. 185–201.

Thimm, Caja / Einspänner, Jessica / Dang-Anh, Mark (2012): Politische Deliberation online – Twitter als Element des politischen Diskurses, in: Friedrich Krotz / Andreas Hepp (Hg.), Mediatisierte Welten. Forschungsfelder und Beschreibungsansätze, Wiesbaden, S. 95–117.

Thimm, Caja / Bürger, Tobias (2013): Digitale Partizipation im politischen Kontext – »Wutbürger« online, in: Mike Friedrichsen / Roland Kohn (Hg.), Digitale Politikvermittlung. Chancen und Risiken interaktiver Medien, Wiesbaden, S. 255–272.

Thimm, Caja / Anastasiadis, Mario / Bürger, Tobias / Einspänner, Jessica (2014): Die Bundestagswahl online – Twitter im politischen Diskurs, Bonn.

Thimm, Caja / Dang-Anh, Mark / Einspänner, Jessica (2014): Mediatized Politics – Structures and Strategies of Discursive Participation and Online Deliberation on Twitter, in: Friedrich Krotz / Andreas Hepp (Hg.), Mediatized Worlds: Culture and Society in a Media Age, Basingstoke, S. 253–269.

Thimm, Caja / Frame, Alex / Einspänner-Pflock, Jessica / Leclercq, Eric / Anastasiadis, Mario (2016): The EU-Election on Twitter: Comparison of German and French Candidates' Tweeting Styles, in: Christina Holz-Bacha (Hg.), Europawahl 2014: Internationale Studien zur Rolle der Medien, Wiesbaden, S. 175–203.

Tufekci, Zeynep / Wilson, Christopher (2012): Social Media and the Decision to Participate in Political Protest: Observations From Tahrir Square, in: Journal of Communication 62 (2/2012), S. 363–379.

Vergeer, Maurice / Hermans, Liesbeth / Sams, Stevens (2010): The Voter is only a Tweet Away. Microblogging during the 2009 European Parliament Election Campaign in the Netherlands. Paper Presented at the 3rd Annual Political Networks Conference, Duke University, May 19–21, 2010 (online unter: opensiuc.lib.siu.edu/pnconfs_2010/13/ – letzter Zugriff: 13.03.2018).

Wagner, Ulrike (2014): Jugend, Information und Partizipation online. Zur Differenzierung von Beteiligungsformen im Internet, in: Jessica Einspänner-Pflock / Mark Dang-Anh / Caja Thimm (Hg.), Digitale Gesellschaft – Partizipationskulturen im Netz, Berlin, S. 169–189.

Webster, James / Ksiazek, Thomas (2012): The Dynamics of Audience Fragmentation: Public Attention in an Age of Digital Media, in: Journal of Communication 62 (1/2012), S. 39–56.

Winter, Rainer / Kutschera-Groinig, Sonja (2006): Widerstand im Netz? Zur Herausbildung einer transnationalen Öffentlichkeit durch netzbasierte Kommunikation, Bielefeld.

Matthias Rath

»Ethik 2.0« – »Neue« Werte in den mediatisierten Welten?

1. Einleitung

»Ethik 2.0« hat Konjunktur. Eine einfache Google-Suche reicht schon, um in kaum einer halben Sekunde nahezu 2000 Ergebnisse im Netz zu finden und unter den – zumindest in meiner »Filter Bubble«[1] – ersten zehn Einträgen befindet sich nicht einer, der nicht einer kirchlichen, politischen oder anderen akademischen Bildungsinstitution zugehört. Öffentliche Meinung und (politische) Bildung sind anscheinend in besonderer Weise auf die an Software-Versioning gemahnende 2.0-Variante zur klassischen Ethik angewiesen, sofern man davon ausgeht – was man nicht immer kann –, dass hier wirklich »Ethik« drin ist, wenn »Ethik« draufsteht.

Allerdings muss man, wie so häufig bei »ethischen« Fragen im weitesten Sinne, zur Kenntnis nehmen, dass dieses Versioning ein abgeleitetes ist: Das Innovative der Ethik ist quasi ein Folgephänomen der innovativen Kraft des Faktischen. Sofern sich die deskriptive Welt von einer Version in die andere wandelt, muss das, so der Grundgedanke auch bei den eingangs genannten Internet-Einträgen, die Ethik auch tun. Und auch die diesem Band zugrunde liegende Tagung hat in ihrer Systematik der Mediatisierung eine Kommunikation 2.0, Gesellschaft 2.0, Berufswelt 2.0 und eben Ethik 2.0 folgen lassen. Der Titel bietet also Potenzial.

Drei Aspekte sind dabei – über 2.0 hinaus – vor allem interessant: Da ist zunächst die Bezeichnung »Ethik«, die anscheinend neben lebensweltlichen Phänomenen wie Kommunikation, soziales Leben und Arbeit zu stehen kommt, dann die »Werte«, die für die Orientierung menschlichen Handelns gemeinhin in Anschlag genommen werden, sowie die Frage nach »mediatisierten Welten«, also einem Plural.

- Für die Ethik werde ich eine Abgrenzung von Moral und Ethos formulieren, sie also als Wissenschaft ausweisen. Insofern unterscheidet sich

---

1 Vgl. Pariser 2011.

»Ethik 2.0« von den Themen einer Kommunikation 2.0, Gesellschaft 2.0
und Berufswelten 2.0, da diese Themenfelder jeweils das »Materialobjekt«[2] einer Wissenschaft in den Blick nehmen, eben die Materialobjekte
der Kommunikationswissenschaft, der Sozialwissenschaften allgemein,
vielleicht noch der Arbeitswissenschaft. Ethik hingegen wird im Folgenden als Wissenschaft zum Thema gemacht – aus gutem Grunde.

– »Werte« werde ich dann als Präferenzhandlungen von Menschen
  aufweisen, also Werte nicht in einer essenzialistischen Weise deuten,
  die häufig, vor allem bei politischen Diskussionen, anzutreffen ist, so
  als wären Werte Objekte, auf die man sich in seinem Tun beziehen
  könnte. Werte sind vielmehr Deutungen und Bedeutungen, die Menschen bestimmten Handlungszielen beimessen. Sie existieren nicht in
  gleicher Weise wie Entitäten der Realität, wie materielle Gegenstände
  oder abstrakte Strukturen.

– Und schließlich werde ich den Plural der »mediatisierten Welten«,
  der einem Sonderschwerpunktprogramm der Deutschen Forschungsgemeinschaft den Namen gibt, und den Plural der »mediatisierten
  Gesellschaften«, der das Thema der ganzen Tutzinger Tagung aus-
  machte, durch einen Singular ergänzen, der nach meinem Dafürhalten
  zumindest aus philosophischer Sicht unabdingbar ist.

Doch vorab sei noch einmal die »Ethik 2.0« in den Blick genommen. Es
ist eine inzwischen häufig anzutreffende Gewohnheit, Wissenschaften,
Betrachtungsweisen, Institutionen oder menschliche Handlungsformen in
der Form eines solchen Software-Versionings zu unterscheiden. Das kann
man natürlich als griffige, metaphorische und zum Teil auch rhetorische
Wendung verstehen, dann braucht man darüber nicht weiter nachzudenken.
Denn dann soll diese Punkt-Null-Version nichts anderes heißen als: Hier
hat sich etwas maßgeblich geändert mit anscheinend qualitativ grundlegenden Folgen für Wissenschaften, Betrachtungsweisen, Institutionen oder

---

2 In der Wissenschaftstheorie haben sich einige formale Kriterien herausgebildet,
   die es erlauben, Wissenschaften zu kategorisieren. Diese Systematik ist auch in der
   Kommunikationswissenschaft (vgl. Beck 2003: 72), der Medienwissenschaft (vgl. Saxer
   1999: 3), der Publizistik (vgl. Bonfadelli/Jarren/Siegert 2005: 5) und wohl auch in der
   Politikwissenschaft (vgl. Peukert 2005: 6) sowie der politischen Bildung (vgl. Weißeno et al.
   2010: 32) in Anschlag gebracht worden. Drei Faktoren sind dabei genannt: Materialobjekt
   beschreibt ein Phänomen der Wirklichkeit, das von einer Wissenschaft untersucht werden
   soll, Formalobjekt meint die Fragestellung, unter der eine Wissenschaft an ein Materialobjekt
   herangeht, und schließlich Methode, die alle Verfahren der Erhebung, Auswertung und
   Interpretation einer Wissenschaft bezeichnet. Man kann sagen, dass das Materialobjekt ohne
   wissenschaftliches oder vor jedem wissenschaftlichen Interesse besteht. Das Formalobjekt
   hingegen entsteht erst unter dieser Perspektive, taucht quasi aus der Realität als Objekt erst
   auf.

menschliche Handlungsformen. Allerdings bleibt es dabei, diese Form des Versionings hat Implikationen, die man sich nochmals klar machen sollte. Die Interpretation historischer Prozesse als abgrenzbare Phasen ist an sich nicht ungewöhnlich. Die Industrielle Revolution soll inzwischen auch schon ihre 4.0-Version erreicht haben, und die sogenannten »Kondratjew-Zyklen« zeigen eine immer neue, inzwischen sechste volkswirtschaftliche Phase an, die aufgrund einer meist technischen Basisinnovation die Bedürfnisse, Verfahren und Wertschöpfungsketten ebenso verändert wie die soziokulturellen und politischen Zielsetzungen gesellschaftlicher Realität. Allerdings führt uns das Software-Versioning auf eine meines Erachtens problematische Fährte. Denn die dezimale Gliederung der Innovationen durch Ziffern zeigt mittels der Punkte Ebenen der innovativen Ausprägung an. Zumindest die ersten beiden Ziffern, die wir bei der metaphorischen oder rhetorischen Übernahme dieses Versionings verwenden, unterscheiden eine Major- oder Hauptversion im Gegensatz zu einer Unter- oder Nebenversion. Diese Gliederung fußt auf bestimmten Grundannahmen.[3]

- Die Haupt- oder Major-Versionsnummer (hier 2.) hält grundlegende (»signifikante«) Innovationen des »Produkts« fest.
- Die Neben- oder Minor-Versionsnummer (hier .0) dokumentiert kleinere (»funktionelle«) Erweiterungen.

Das aber wirft mindestens zwei grundlegende Fragen auf, die jetzt hier für das Themenfeld Ethik spezifiziert werden, die sich aber auch auf alle anderen Bereiche ausweiten lassen:

- Wenn die Haupt- oder Major-Versionsnummer grundlegende (»signifikante«) Innovationen des »Produkts« festhält: Was war dann die Ethik 1.0 und was unterscheidet sie so grundlegend (eben Major) von Ethik 2.0 – beziehungsweise in welcher Hinsicht ist sie dieser Nachfolgerversion gegenüber defizitär?
- Wenn die Neben- oder Minor-Versionsnummer nur kleinere (»funktionelle«) Erweiterungen dokumentiert, welche funktionelle Erweiterung macht dann einen wahrnehmbaren Unterschied zwischen einer Ethik 1.X zu einer Ethik 2.0 aus?

Zumindest für eine Differenzierung von Wissenschaft scheint es mir interessant, diese offenen Fragen zumindest zur Kenntnis zu nehmen. Denn wenn die grundsätzliche Innovation, die die Versioning-Nummerierung erster Stelle, also 1.0, 2.0, 3.0, 4.0 und so weiter, ihre Berechtigung haben soll, dann muss es wohl schon eine Neuorientierung am Materialobjekt sein, die Ethik (und vielleicht auch andere Human- und Sozialwissenschaften) 1.0 zur Ethik

---

3   Vgl. zum Versioning allgemein Preston-Werner 2016.

2.0 macht. Vielleicht laufen wir in der doch recht groben Verwendung dieses Versionings 1.0, 2.0, 3.0, 4.0 und so weiter Gefahr, die Folgen innovativer Entwicklungen in der Weise einer Selffulfilling Prophecy für gewichtiger und grundlegender zu halten, als es diese Folgen wirklich sind.

Für die Ethik, hier verstanden als eine »Theorie rational eingeholter Normativität«[4], heißt das: Auch unter den neuen Bedingungen einer medial innovativen Entwicklung, wie sie zum Beispiel die Digitalisierung darstellt, ändert sich das Materialobjekt der Ethik nicht – es geht nach wie vor um die normativen Orientierung menschlichen Handelns. Und sollten nicht-menschliche Entitäten wie Roboter, Maschinen und Algorithmen das zeigen, was wir im Gegensatz zu Verhalten und Reflex wohlerwogen als »Handeln« bezeichnen, werden auch dann die grundlegenden ethischen Fragestellungen weiterhin von der Ethik 1.0 zu beantworten sein – die im besten Fall ihr Formalobjekt klarer zu fassen und auch auf nicht-menschliche, aber verantwortungsfähige Intelligenz zu richten hätte. Im Moment sieht es aber nicht so aus, als ob die Ethik sich in absehbarer Zeit mit den moralischen Problemen nicht-menschlicher Handelnder zu beschäftigen hätte.[5]

Allgemein gesprochen haben wir es vielleicht viel häufiger, als es uns die 2.0-Metaphorik nahelegt, mit funktionellen Varianten zu tun statt mit signifikanten Innovationen und schon gar nicht mit »disruptions«[6], die uns in ein Dilemma führen und vor unlösbare Aufgaben stellen. Es wäre vor allem für die in der politischen Öffentlichkeit geführten Diskurse hilfreich, sich darüber Rechenschaft abzulegen, um nicht einem interessegeleiteten Alarmismus aufzusitzen. Gerade die Frage nach dem gesellschaftlichen Umgang mit Medien scheint mir in Bezug auf diesen Alarmismus besonders gefährdet.

Doch nun zu den drei Themenbereichen Ethik, Werte und mediatisierte Welten. Es geht in diesem Beitrag um die Bedeutung, die die Theorie der Mediatisierung für die philosophische Ethik hat. Dabei wird es notwendig sein, kurz auf die Ethik als Wissenschaft zu sprechen zu kommen. Daran anschließend will ich deutlich machen, dass die von Friedrich Krotz zu Recht bemerkte Deprofessionalisierung[7] medialer Produktion auch die klassische Systematik der Ethik in Bezug auf Medien – ich nenne sie ab jetzt der Einfachheit halber »Medienethik« – grundlegend ändert. Dann werde ich diese spezifisch medienethische Perspektive jedoch verlassen und auf die allgemeine philosophisch-ethische Bedeutung der Theorie der Mediatisie-

---

4   Vgl. Rath 2016a: 8.
5   Vgl. Krotz/Rath/Karmasin 2018.
6   Vgl. Christensen 2016; siehe dazu Rath 2016a.
7   Vgl. Krotz 2010: 248.

rung eingehen. Dazu werde ich meinen Ausgangspunkt von der Definition des Menschen als »Animal symbolicum« bei Ernst Cassirer nehmen und in Abgrenzung zu dieser anthropologischen Bestimmung einer grundlegenden Medialität des Menschen die Mediatisierung als Begriff eines epochalen Bewusstseins bestimmen.

Nach dieser anthropologischen Grundlegung der Mediatisierung wende ich mich den wieder speziell medienethischen Schlussfolgerungen zu: Der Frage, ob wir heute eine Ethik 2.0 bräuchten, die die grundlegenden Handlungsorientierungen neu zu bestimmen hätte. Ergebnis wird sein, dass die konkreten Wertvorstellungen, die unser mediales Handeln bestimmen, heute zwar funktionell anders gedacht werden müssen, aber dass sie nichts signifikant anderes meinen als bisher. Mit anderen Worten, es bedarf keiner Ethik 2.0, damit auch keiner Medienethik 2.0 und die konkreten Orientierungen im mediatisierten Zeitalter sind die alten Werte, neu bedacht, also quasi »Werte 1.1«. Im Fazit schließlich versuche ich diese Gedankengänge nochmals zu bündeln.

2. Ethik als Wissenschaft

Mit Ethik als Wissenschaft soll noch einmal ins Gedächtnis gerufen werden, dass entgegen einer manchmal umgangssprachlich anzutreffenden Ungenauigkeit, »Moral« und »Ethik« synonym zu verwenden, »Ethik« eine philosophische Disziplin bezeichnet. Das hat drei wichtige Implikationen.[8]

- Als wissenschaftliche Disziplin ist Ethik nicht identisch mit Moral. Moral ist das Ensemble von Normüberzeugungen und Werthaltungen, die in einer Gesellschaft, einer Gemeinschaft oder einer Gruppe real gelten. Sie sind sozial und historisch relativ, können sich wandeln und resultieren meist aus der Tradition der jeweiligen Gruppe. Dazu gehören auch professionelle Wert- und Normvorstellungen, zum Beispiel die Professionalisierungsnormen von Journalisten. Sie dienen der Handlungsregulation von Professionals eines bestimmten Handlungsfeldes. Doch diese Normüberzeugungen sind, trotz eines häufig ungenauen Wortgebrauchs, noch keine Ethik. Es sind sozial unterscheidbare Moralen. Ethik als Wissenschaft hat solche Moralen zum Objekt.
- Als philosophische Disziplin hat Ethik jedoch nicht das Ziel, eine konkrete Moral nur zu beschreiben und in ihrem sozio-historischen

---

8   Vgl. dazu ausführlicher Rath 2015a.

Kontext zu erklären. Vielmehr geht es der philosophischen Ethik
um die Frage nach der *normativen* Legitimation der Prinzipien und
Werte, die einer solchen Moral zugrunde liegen. »Zugrunde liegen«
bedeutet, dass bei der Frage, warum man eine bestimmte Handlung
vollziehen oder unterlassen sollte, bestimmte Prinzipien benannt werden. Beispiele dafür sind der Wille Gottes, die Sympathie zwischen
Angehörigen einer Gruppe oder die gemeinsamen Eigenschaften
der Angehörigen einer Spezies. All diese Prinzipien und Werte sind
sozial tradiert und werden bei den Angehörigen einer Gruppe de facto
akzeptiert. Philosophische Ethik hingegen fragt nach argumentativen
Begründungen, die über eine De-facto-Akzeptanz hinausgehen. Es
geht ihr um die Verallgemeinbarkeit der normativen Prinzipien und
Werte. Ziel der Ethik ist es, ethische Standards zu begründen, die als
selbstevident anzusehen sind. Sie gelten für alle Menschen, ungeachtet
ihrer historischen, kulturellen, politischen, sozialen oder ökonomischen Kontexte. Dazu versucht philosophische Ethik zu zeigen, dass
bestimmte Prinzipien für alle vernünftigen Menschen plausibel und
wünschenswert sind, auch wenn diese Prinzipien auf das Handeln der
jeweiligen Menschen selbst angewendet werden. In diesem Sinne ist
Ethik, wie oben bereits ausgeführt, eine »Theorie rational eingeholter
Normativität«. Auf die verschiedenen Argumentationswege der philosophischen Ethik kann hier nicht eingegangen werden, aber es ist noch
ein dritter Aspekt zu nennen:

– Der empirische Erweis, dass ein Prinzip akzeptiert wird, reicht nicht
  aus, um es zu verallgemeinern. Es führt kein Weg vom Sein zum Sollen.
  Jeder Versuch, empirische Gültigkeit als Beleg für normative Geltung
  zu nutzen, wird seit George Edward Moores Hauptwerk *Principia
  Ethica* als »naturalistic fallacy« bezeichnet.[9] Dennoch muss Ethik auf
  die empirische Realität achten, sie hat »Empiriebedarf«.[10] Denn es geht
  ihr immer um das konkrete Handeln von Menschen.[11] Sie muss die
  Realisierungsbedingungen der Prinzipien kennen, deren Allgemeingül-

---

9   Vgl. Moore 1903.
10 Vgl. Rath 2000.
11 Diese Einlassung »Handeln von Menschen« ist in gewisser Weise eine Tautologie, weswegen
    die medienethische Auseinandersetzung mit nicht-menschlichem Handeln – wie oben bereits
    angedeutet – auch nicht zu einer disruptiven Irritation des Materialobjekts führt. Wir sprechen
    vom Handeln des Menschen, da wir davon ausgehen, dass nur Menschen zu dem fähig
    sind, was wir »Handeln« nennen. Handlungstheoretisch ist Handeln gekennzeichnet durch
    Intention, Volition und Prospektion – sowie Freiheit. Doch sind diese Bestimmungsstücke
    nicht speziesistisch zu verstehen. Handeln ist das Materialobjekt der Ethik – und damit
    gemein das Handeln von Menschen.

tigkeit sie diskutiert. Daher ist es wichtig für die Ethik, die empirischen Ergebnisse, aber auch die wissenschaftlichen Konzepte zu kennen, die der empirischen Forschung über menschliches Handeln zugrunde liegen. Vor diesem Hintergrund ist ein Konzept wie die Theorie der Mediatisierung ethisch relevant.

Kurz gesagt, Moral ist ein sozial vermitteltes Set an akzeptierten Handlungsregeln. Ethik fragt nach den Prinzipien, die diesen Regeln zugrunde liegen und nach den Begründungen, die unabhängig von der realen Akzeptanz dieser Prinzipien für ihre Verallgemeinerung plausibel gemacht werden können.

Ich möchte im Folgenden der philosophischen Relevanz der Mediatisierung für eine Ethik nachgehen, die sich mit den Handlungsregeln für die mediale Praxis des Menschen beschäftigt. Dabei werde ich zunächst auf die Folgen zu sprechen kommen, die von einer wichtigen Veränderung in der medialen Praxis ausgehen.

3. Folgen medialer Deprofessionalisierung für die Systematik der Medienethik

Diese Veränderung lässt sich in den Schlagwörtern »Konvergenz« und »Produsage« oder »Produtzung« zusammenfassen: Henry Jenkins formulierte 2006, damals noch MIT-Vordenker für Medienpädagogik, einen weiten Konvergenzbegriff.

> »By convergence, I mean the flow of content across multiple media platforms, the cooperation between multiple media industries, and the migratory behavior of media audiences who will go almost anywhere in search of the kinds of entertainment experiences they want. Convergence is a word that manages to describe technological, industrial, cultural, and social changes depending on who's speaking and what they think they are talking about.«[12]

Konvergenz ist also die Bereitstellung unterschiedlichster Inhalte über unterschiedliche Plattformen und in Kooperation unterschiedlicher Industrien, vor allem aber meint Konvergenz für Jenkins die Wanderbewegung der Nutzer, die sich ihre Inhalte da holen, wo sie diese, gemäß ihrer Bedürfnisse, finden. Jenkins betont dabei konvergente Nutzung und Gestaltung: die rezeptive und kreative Nutzung unterschiedlicher Medienformen, Gattungen und Formate zur Gestaltung, zum Austausch und zur Kommunikation medialer und nicht medialer Themen.

---

12 Jenkins 2006: 2f.

Diese aktive Erweiterung der Handlungsformen des Nutzers hat der deutsch-australische Medienwissenschaftler Axel Bruns[13] durch den Ausdruck »Produsage« für den Prozess der Produktion medialer Inhalte durch einen Nutzer sowie »Produser« für diese nicht-professionellen, produzierenden Nutzer selbst bezeichnet. Produser konstruieren in häufig kollaborativer Weise mit anderen Produsern eigenständig Inhalte, die dann ihrerseits weiterentwickelt und genutzt werden. Teilnehmer dieser konvergenten Prozesse sind nicht Produzenten im klassischen Sinne, sondern mit dieser Mediennutzung wird die klassische Unterscheidung von Produzent und Konsument aufgebrochen. Bruns verwendet im Deutschen die Ausdrucke »Produtzer«[14] oder »Produtzung«[15], um diese Verschmelzung zum Ausdruck zu bringen. Die Rollenverteilung zwischen Produzent, Distributor und Rezipient löst sich demnach auf, verschmilzt im nicht professionellen Produser oder Produtzer.

Das hat Folgen für die Medienethik.[16] Bis zur Konvergenz der verschiedenen Medien in der digitalen Welt und bis zur Ausweitung der individuellen medialen Handlungskompetenz stand innerhalb der Ethik der öffentlichen Kommunikation einer Medienethik, einer Ethik der Massenmedien und der massenmedialen Produktion eine eigene Ethik der privaten Kommunikation, des medialen Dilettantismus und des Privatgebrauchs gegenüber. Heute ist die Ethik der öffentlichen Kommunikation die Medienethik schlechthin. Abgesehen von einer reinen Face-to-Face-Kommunikation (sofern sie nicht auch mit wenig Aufwand digital aufgezeichnet wird) läuft jede Kommunikation über prinzipiell öffentliche oder zumindest öffentlich zugängliche Systeme. Ob E-Mail, SMS, Twitter, Facebook, WhatsApp oder andere Plattformen, ob auf öffentlich oder semiöffentlich bereitgestellten Plattformen oder als vermeintlich »direkte« Nachricht – die digitalisierten Kommunikationsprozesse sind nicht nur technisch beobachtbar, sondern auch technisch replizierbar und weitergebbar. Eine Abschrift, eine Kopie oder ein schriftliches Protokoll, diese Formen der Weitergabe aus vordigitaler Zeit muten umständlich und aufwendig an angesichts des schnellen »Forwarding« von Text, Bild, Ton und Bewegtbild mit einem Klick, häufig auch auf ein und derselben Plattform. Jede Form der medialen Kommunikation und Produktion ist damit prinzipiell öffentlich – entweder in den Massenmedien »one to many« oder in den sozialen Netzwerken »many to many«. Damit werden wir selbst zu Produ-

---

13 Vgl. Bruns 2006.
14 Bruns 2009a.
15 Bruns 2009b.
16 Vgl. im Folgenden Rath 2010.

zenten potenziellen Medienangebots, also zu Produtzern. Dies muss man als Deprofessionalisierung der Medienproduktion auf breiter Basis ansehen. Das heißt, jede Medienethik muss heute öffentliche Kommunikation weiter denken als nur als Ethik der Massenmedien. Damit scheint mir unmittelbar einsichtig, dass Medienethik diese aktuelle Medienaneignung, die individuelle Mediennutzung und allgemeinen Medienangebote als das Ergebnis eines medialen Wandels verstehen muss, den Friedrich Krotz[17] mit der Theorie der »Mediatisierung« rekonstruierbar gemacht hat. Er bestimmt Mediatisierung als einen »Metaprozess«[18] des sozialen Wandels. Dieser umfassende Anspruch ist dabei nur zu verstehen, wenn deutlich wird, dass keine Form sozialen Wandels ohne Berücksichtigung der diesem Wandel zugrunde liegenden sozialen Kommunikation zu verstehen ist. Friedrich Krotz beschreibt diesen umfassenden Anspruch seiner Mediatisierungstheorie folgendermaßen:

> »Diese Entwicklung, die heute in der Durchsetzung der digitalisierten Kommunikation kulminiert, aber mit dem Internet längst nicht zu Ende ist, soll einschließlich ihrer sozialen und kulturellen Folgen als Prozess der Mediatisierung bezeichnet werden. Sie findet zugleich auf einer makrotheoretischen Ebene statt, insofern sie den Wandel von Kultur und Gesellschaft postuliert, auf der Mesoebene, insofern sich beispielsweise Institutionen und Organisationen weiterentwickeln, und auf mikrotheoretischer Ebene, insofern die Veränderungen im sozialen und kommunikativen Handeln der Menschen gründen.«[19]

4. Allgemeine philosophisch-ethische Bedeutung der Theorie der Mediatisierung

Aus einer philosophischen Perspektive ist ein so weit ausgreifender Metaprozess wie Mediatisierung, den Friedrich Krotz ja über den aktuell beobachtbaren Medienwandel hinaus ansetzt, nicht ohne Weiteres plausibilisierbar. Wie alle im Prinzip überhistorischen Prozesse müsste auch dieser sich im Menschen selbst begründen lassen. Dies ist die Grundannahme aller philosophischen Anthropologie. Der Mensch muss die Bedingungen erfüllen, die sich als Grundlage eines Wandels bestimmen lassen. Damit müssen wir nach der anthropologischen Basis der Mediatisierung fragen. Das heißt, welches Menschenbild liegt implizit einer Theorie der Mediatisierung zugrunde? Die These, die ich dabei zu verteidigen versuche, ist die Annahme, dass einem

---

17 Vgl. Krotz 2001 sowie Krotz 2007.
18 Krotz 2007: 11.
19 Krotz 2007: 38.

grundsätzlichen Prozess der Mediatisierung zugleich eine grundsätzliche Eigenschaft des Menschen zugrunde liegt, seine »Medialität«. Im Folgenden soll diese Medialität geklärt werden.

4.1 Anthropologische Basis: Medialität

Jede Zeit hat ihr eigenes Bild von der Welt und vom Menschen. Die Philosophie hat die kantische Frage »Was ist der Mensch?« immer als die Frage verstanden, was den Menschen von anderen Dingen in der Welt unterscheidet und auszeichnet. Und sie hat versucht, dies in eine Definition zu fassen. Diese Definitionen bestimmten den Menschen ambivalent, nämlich durch die Ähnlichkeit mit anderem in der Welt und zugleich durch die nähere Bestimmung der Ungleichheit. Was unterscheidet den Menschen als Lebewesen von anderen Lebewesen? Und bezeichnen diese Unterscheidungen eine Fähigkeit oder auch eine Bedürftigkeit? Die verschiedenen Definitionsversuche seit der Antike bis in die Gegenwart hinein will ich hier nicht referieren, eines allerdings ist allen Selbstdefinitionen des Menschen gemeinsam, der Mensch scheint beständig versucht, sich selbst »auszulegen«. Er versteht sich selbst nur über ein signifikantes Bild von sich selbst. Manfred Frank nennt dies daher eine »Hermeneutik des Selbstverständnisses«[20].

Anthropologisch ist damit eine Grundkonstante benannt: die Fähigkeit des Menschen, seine Welt und sich selbst auszulegen. Die Welt und er selbst ist sich nicht unmittelbar gegeben, sondern nur über eine Deutung. Diese anthropologische Konstante formuliert zu haben, kann Ernst Cassirer für sich in Anspruch nehmen. Cassirer greift in seinem 1944 veröffentlichen Buch *An Essay on Man*[21] seine von 1923 bis 1929 erschienene *Philosophie der symbolischen Formen*[22] auf und wendet sie auf den Menschen an. In der »Philosophie der symbolischen Formen« macht Cassirer deutlich, dass die Begriffe, Kategorien und Theorien des Menschen über sich und seine Welt nicht objektiv sind, sondern »selbstgeschaffene intellektuelle Symbole«[23] darstellen. Diese kulturell und historisch unterschiedlichen Vorbegriffe nennt Cassirer »symbolische Formen«.

In *An Essay on Man* bestimmt Cassirer diese Symbolisierung von Welt als das eigentliche Charakteristikum des Menschen. Er greift dabei auf die

---

20 Frank 1988: 28.
21 Vgl. Cassirer 1996.
22 Vgl. Cassirer 1953, Cassirer 1954, Cassirer 1964.
23 Cassirer 1953: 5.

theoretische Biologie seiner Zeit zurück und bestimmt den Menschen als
ein Wesen, das in einem »symbolischen Universum«[24], also einer Welt, die er
sich nur durch symbolische Vermittlung – wir können auch sagen »mediali-
siert«[25] – aneignen kann. Der Mensch ist damit für Cassirer das Wesen, dem
seine Welt nur und ausschließlich in Symbolen erscheint. Er ist das »Animal
symbolicum«.

Der Mensch hat also keine »eigentliche« und »unmittelbare« Sicht auf
die Welt, seine Orientierung in der Welt ist immer schon eine mittelbare,
vermittelte. Die anthropologische »Medialität« menschlicher Welterfassung
ist zugleich das Spezifikum einer bestimmten Kultur, in der Menschen leben.
Das Symbol und die Medialität der Welt wandeln sich zwar in der jeweiligen
Kultur, aber als Faktum sind sie grundlegend.

Damit kommen wir zur zweiten Determinanten der jeweiligen kulturell
bedingten Selbstauslegung des Menschen, also zur Realisierung der Medialität unter einem bestimmten kulturellen Selbstverständnis des Menschen.

4.2 Epochale Realisierung der Medialität: Mediatisierung

In der ursprünglichen Konzeption von Friedrich Krotz wurde Mediatisierung als ein historischer Prozess verstanden, in dem sich die Kommunikation
des Menschen in Abhängigkeit von seinen medialen Möglichkeiten gewandelt hat. Dieser kommunikative Wandel erzeugt zugleich einen sozialen
und kulturellen Wandel, da der Mensch sich sozial und kulturell nur in und
durch Kommunikation organisiert. Ich habe versucht, diese Mediatisierung
auf eine anthropologische Konstante zurückzuführen, die ich zunächst als
Medialität bestimmt habe. Im Anschluss an Ernst Cassirer griff ich dann die
Definition des Menschen als »Animal symbolicum« auf. Nun möchte ich für
den weiteren Beitrag die als Mediatisierung charakterisierte Prozesshaftigkeit
doppelt verstehen.

Zunächst meint diese Prozesshaftigkeit den Wandel der sozialen und
kulturellen Welt durch Wandel der medialen Praxis des Menschen. Medienethik nimmt bei diesem Verständnis von Mediatisierung eine historische

---

24 Cassirer 1996: 50.
25 Ich kann hier nicht auf die zum Teil irritierend profane Debatte um die Begrifflichkeiten
»Mediatisierung« oder »mediatization« und »Medialisierung« oder »medialisation«
eingehen, die sich sogar auf internationalem Parkett zu einem eher individualphonetischen
Geschmäcklertum versteigt und einen »clumsy neologism« (Livingstone 2009: 6) beklagt,
statt die konzeptionelle Berechtigung einer Differenzierung zu diskutieren. Verschiedene
Aspekte dieser Debatte werden sachlich deutlich in Ampuja/Koivisto/Väliverronen 2014.

Betrachtungsweise ein: Die jeweiligen medialen Handlungsmöglichkeiten erzeugen historisch unterschiedliche medialen Praxen, die wieder historisch unterschiedliche moralische Probleme aufwerfen. Indem wir die Frage behandeln, welche Handlungsregulierungen in einem bestimmen sozialen Kontext bestehen und ob sie verallgemeinert werden können, rekonstruieren wir die konkreten normativen Prinzipien medialer Praxis.

Jedoch ist die jeweilige historische Realisierung der anthropologisch grundlegenden Medialität selbst ein symbolisch vermittelter Konstruktionsprozess. Es ist eine historisch jeweils unterschiedliche Deutung unseres Verständnisses unserer Welt und damit eine reflexive Bewusstseinsform. Mit anderen Worten, ich möchte vorschlagen, Mediatisierung nicht nur als den Metaprozess der Realisierung unserer Medialität zu verstehen, sondern als einen »gewussten« Metaprozess. In diesem Fall wird Mediatisierung verstanden als das rekonstruierbare Bewusstsein von der medialen Konstruktion von »Welt«. Wir können daher auch von einer epochalen Bestimmung von Medienethik sprechen.

Diese Deutung von Mediatisierung als epochales Bewusstsein realisiert eine Aufgabe von Philosophie, die Georg Wilhelm Friedrich Hegel in der Vorrede zu seinem 1820 erschienenen Werk *Grundlinien der Philosophie des Rechts* definiert: »Was das Individuum betrifft, so ist ohnehin jedes ein *Sohn seiner Zeit*, so ist auch die Philosophie *ihre Zeit in Gedanken erfasst.*«[26] Hegel bestimmt Philosophie (und damit auch ihre Teildisziplin Ethik) als eine dialektische Bewegung des Denkens, das seine eigene Gegenwart erst in einer reflexiven Konstruktion versteht. Die Philosophie hat die Grundmerkmale einer Epoche zu erfassen und sich bewusst zu machen. Denn, und auch das sagt Hegel an gleicher Stelle, Philosophie ist nicht überzeitlich, sondern abhängig von der Epoche, in der sie gedacht wird. Die Erfassung ihrer Zeit ist das Bewusstmachen der eigenen Abhängigkeit. Dies gilt auch im Hinblick auf die philosophische Rekonstruktion der normativen Prinzipien, mit denen wir unserem Handeln Orientierung geben.

Der Rahmen unserer Selbstbetrachtung, also der Kontext, in dem wir uns heute plausibel selbst beschreiben können und unser Handeln verstehen, scheint mir der mediale Diskurs zu sein. Was heißt das für uns heute?

---

26 Hegel 1979: 25. Im Original von 1820 (das im Titel »1821« führt, vgl. Hegel 1820) wie auch in der auf Basis von Ergänzungen und Korrekturen des 1831 verstorbenen Hegel überarbeiteten Ausgabe von 1833 steht der Satz in dieser Form: »Was das Individuum betrifft, so ist ohnehin jedes ein Sohn seiner Zeit; so ist auch die Philosophie, ihre Zeit in Gedanken erfasst.« (Hegel 1821: XXIf., Hegel 1833: 19). Das grammatische Unbehagen, das mit dieser Formulierung einhergeht, ist selbst historisch. Für Hegel hingegen war klar, dass er hier eine Definition bietet: Philosophie ist wesensmäßig dadurch gekennzeichnet, dass sie ihre »gegenwärtige Welt« (Hegel 1979: 25), also ihre Epoche und Gegenwart, reflexiv in Begriffen erfasst. Es ist nicht ihre Aufgabe, die Welt zu beschreiben, wie sie sein könnte oder sein soll.

Für die gegenwärtigen Diskurse über Politik, Wirtschaft, Bildung, Technik, lebensweltliche Beheimatung, soziale Kommunikation und Partizipation, Integration und Exklusion sowie die mit allen diesen Themenfeldern zusammenhängenden sozialen, kulturellen und religiösen Konflikte ist offensichtlich, dass Medien diese Diskurse nicht nur durchziehen, sondern konstituieren und damit unser gesamtes Handeln bestimmen. Dabei ist nochmals zu betonen: Diese Funktion der Medien als Weltvermittler und »Weltbildgeneratoren«[27], die unser Bild von Welt und Mensch gestalten und prägen, ist kein ausschließlich gegenwärtiges Phänomen. Genau das hat Friedrich Krotz mit seiner Theorie der Mediatisierung deutlich gemacht. Im Folgenden geht es jedoch vielmehr um die damit verbundene Reflexionsebene – das gegenwärtige Bewusstsein dieses grundlegenden Phänomens. Krotz hebt die Frage nach der Medialität auf eine neue Ebene – von der Ebene der medialen Realität auf die Ebene der medialen Rekonstruktion von Welt:

– Auf der *Realitätsebene* haben sich die Möglichkeiten der Medialität im Prozess der Mediatisierung extrem vervielfältigt. Auch die klassische, für mediale Kommunikation lange Zeit konstitutive Trennung zwischen Sender und Empfänger, zwischen Produzent und Rezipient, löst sich auf. Quintessenz eines »medialen Zeitalters« ist jedoch nicht die Tatsache der Medialität als solche: Diese gab es immer. Alle Formen menschlicher Welterfassung waren von jeher medial.

– Auf der *Ebene der medialen Rekonstruktion* von Welt jedoch ist Medialität nicht ein Realisierungsfaktor, sondern eine Reflexionskategorie. Mit anderen Worten, es ist für unsere Epoche zentral, sich der grundsätzlichen Medialität des Menschen bewusst zu sein – und uns selbst medial zu konstruieren.

Medialität ist also allgegenwärtig, jede Epoche, jedes Zeitalter war in diesem Sinne »medial«. Aus philosophischer Sicht jedoch wird unsere Gegenwart erst durch die bewusste Zuwendung zu diesem Sachverhalt zum »medialen Zeitalter«. Mediatisierung ist die Kategorie, in der wir »unsere Zeit in Gedanken« erfassen. Medialität umgibt uns von jeher so weit, dass keine Kommunikation als nicht medial gedacht werden kann. Aber »medial« ist unser Zeitalter insofern, als es sich selbst auch als »mediatisierte Welt« rekonstruiert. Und insofern muss sich jede Reflexion auf die Weise des Umgangs mit Welt dieser grundsätzlichen Medialität bewusst sein.

Hier zeigt sich jetzt auch, dass aus dieser philosophischen Perspektive der Plural «mediatisierte Welten« durch einen Singular der »mediatisierten Welt« unterfangen werden muss – nicht um den Plural zu korrigieren (denn

---

27   Vgl. Rath 2000: 81.

sozialphänomenologisch gesprochen leben und handeln wir in kulturell, sozial und individuell differenzierbaren »Lebenswelten«[28]). Aber um deutlich zu machen, dass diese differenzierenden Lebenswelten als »mediatisierte Welten« sich darin gleichen, ja identisch sind, dass sie die Medialität des Menschen in einem lebensweltlichen Alltag historisch und biografisch realisieren, und dass die epochale Gegenwart eben dadurch ausgezeichnet ist, dass sie sich dieser Mediatisierung bewusst ist.

Das hat ebenfalls, wie schon die Entprofessionalisierung der Medienpraxis[29], Folgen für die Medienethik. Als philosophische Disziplin geht es ihr um die reflexive Erfassung der Bedingungen menschlichen Handelns und die Reflexion auf die Plausibilität und Verallgemeinerbarkeit normativer Ansprüche an dieses Handeln. Wenn unser Handeln aber unter dem prinzipiellen Vorbehalt der Medialität steht, dann ist unser Tun immer auch darauf hin zu bedenken, dass es sich aktiv, produzierend, und passiv, rezipierend, in einem medialen Zusammenhang bewegt.

Das Neue der mediatisierten Welt (oder wie wir jetzt auch soziologisch sagen können, der mediatisierten Gesellschaft) und damit den sogenannten »mediatisierten Welten« ist also nicht die Abhängigkeit von Medien, womöglich nur von sogenannten »neuen« oder «interaktiven« Medien. Diese Abhängigkeit bestand immer schon, wenn auch jeweils unter anderen Realisierungsbedingungen. Das Neue der mediatisierten Gesellschaft ist das Bewusstsein von dieser medialen Abhängigkeit, von der Vermittlung unserer Welt an uns und untereinander durch Zeichensysteme, die jeweils zu kodieren und zu dekodieren sind. Alles, was unser Handeln bestimmt, ist medial erzeugt und symbolisch vermittelt. Das stellt Medienethik aus der Peripherie angewandter Ethik ins Zentrum philosophischer Ethik unserer Zeit überhaupt. Mit anderen Worten: Alle Reflexion auf die Prinzipien einer Handlungsorientierung muss sich der Medialität als Grundmoment normativer Prinzipienformulierung bewusst sein. Alle Ethik ist demnach, sofern sie heutige Ethik ist, »Ethik der mediatisierten Welt«.[30]

5. »Mediatisiertes Bewusstsein« und »Werte 1.1«

Wie aus den Ausführungen ganz zu Beginn deutlich geworden sein sollte, lässt sich eine Ethik 2.0 nicht ernsthaft als Alternative zur Ethik als Reflexion

---

28 Vgl. Schütz 1971, Luckmann 1970.
29 Vgl. Rath 2016b.
30 Vgl. ausführlicher zu dieser epochal-ethischen Deutung der Mediatisierung Rath 2014.

auf die Plausibilisierbarkeit und Verallgemeinerbarkeit normativer Prinzipien oder Werte konstruieren. Nun heißt dies nicht, dass die handlungsleitenden Prinzipien nicht auch einem Wandel unterliegen – historisch im Sinne sich verändernder äußerer Handlungsbedingungen als auch reflexiv im Sinne sich verändernder innerer Gegebenheiten. Und mit diesen inneren Gegebenheiten sind wir beim eigentlichen Thema angekommen, den »Werten«.[31]

Werte sind nicht nur ein breites, sondern auch ein unterschiedlich komplex abgehandeltes Feld. Werte werden allenthalben ins Feld geführt, wenn Handlungen – individuelle wie auch sozial beziehungsweise kollektiv organisierte – begründet werden sollen. Werte sollen das Ziel, den Sinn, den Zweck von Handeln ausmachen und damit das Handeln orientieren. Obwohl wir in der öffentlichen Diskussion häufig so sprechen, als wären Werte objektive Gegebenheiten, Dinge, Entitäten oder gar Autoritäten – »dieser oder jener Wert verlange von uns, dass … « und so weiter –, so sind sie doch etwas anderes. Werte sind die reflexive Abstraktion von »Präferenzhandlungen«. Etwas wird zum Wert, indem ich es anderem vorziehe oder gegenüber anderem nachsetze. In Bezug auf Güter können wir das unmittelbar verstehen. Etwas ist in Bezug auf anderes vorzuziehen oder nachzusetzen – erst dann ist es ein Gut. Das Pferd ist wertvoller als ein Schaf, ein Schaf wertvoller als ein Hase. Doch unsere Bereitschaft zu werten geht auch über Dinge und Gegenstände hinaus. Wir bewerten auch Abstrakta wie zum Beispiel Liebe, Toleranz, Dankbarkeit oder Respekt. Im Gegensatz zu Gütern können wir diese »Werte« einander aber nicht direkt gegenüberstellen. Diese abstrakten Präferenzen sind Charakterisierungen von Handlungen, die wir als »tolerant«, »respektvoll« oder »dankbar« interpretieren und damit bewerten.

Um also die ethische Relevanz von Werten erfassen zu können, ist es sinnvoll, die dabei zu berücksichtigenden Aspekte zu differenzieren und zu systematisieren. Da sind zunächst einmal die *Handlungen* von Menschen. »Handlung« meint dabei, wie bereits erwähnt, eine komplexe Spezifik des Menschen. Wir nehmen an, dass Menschen gemeinhin einerseits nicht völlig zufällig agieren (hier im weitesten Sinne als Aktion), andererseits gehen wir davon aus, dass Menschen sich auch nicht völlig festgelegt und determiniert verhalten (im Sinne von instinkt- oder regelgeleitetes Funktionieren). Wir sind flexibel, können unsere Aktionen steuern und anpassen, mehr als andere Lebewesen, denn wir passen unser Tun nicht nur an die äußeren Gegebenheiten an (das tut jedes Tier und in abgeschwächter Form auch jede Pflanze), sondern wir passen unser Tun auch an unsere inneren Gegebenheiten an. Darunter verstehen wir unsere Neigungen, Wünsche, Strebungen, Überzeu-

---

31 Vgl. dazu auch mit einem Fokus auf Bildungszusammenhänge Rath 2015b.

gungen, Präferenzen und Vorlieben, eben unsere Wertungen. Unsere inneren Gegebenheiten lassen uns »präferieren«.

Was heißt das? Es heißt, dass Menschen aus Gründen handeln. »Gründe« meint dabei nicht notwendigerweise Begründungen – ganz im Gegenteil. Meist handeln wir, ohne uns vorher das Handeln explizit argumentativ zu begründen. Wir handeln wie »selbstverständlich«, unser Handeln versteht sich für uns meist von selbst. Das ist auch wünschenswert, müssten wir nämlich jede einzelne Handlung argumentativ abwägen und auf der Basis solcher Abwägungsprozesse noch für uns begründen und dann erst vollziehen, wären wir nicht nur recht langsam, sondern auch schlicht überfordert. Werte (als allgemeine Präferenzen) helfen uns, unsere Handlungen zu sichern und trotzdem an unserer spezifischen Fähigkeit, nämlich unsere inneren Gegebenheiten zum Maß aller Dinge zu machen, zu orientieren.

Damit können wir also schon einmal zwei Ebenen unterscheiden, die Ebene des konkreten Tuns und die Ebene unserer inneren Gegebenheiten, also unserer Intentionen, Zielvorstellungen oder Präferenzen. Immanuel Kant hat diese Intentionen, Zielvorstellungen oder Präferenzen als »Maximen«[32] bezeichnet. Damit wollte er ausdrücken, dass sie als Handlungsbereitschaften das Maß unserer Handlungen abgeben. Zwar kommt es im Einzelfall vor, dass wir unseren Maximen einmal nicht folgen (zum Beispiel weil die äußeren Gegebenheiten es nicht zulassen), aber wir würden, wenn wir könnten. Und genau diese zweite Ebene ist die Ebene, auf der wir Werte ansetzen müssen. Es sind die Präferenzen, die bestimmte Handlungsziele anderen möglichen Handlungszielen vorziehen. Kant hat mit dem »kategorischen Imperativ« auch einen, wie er schrieb, Prüfstein formuliert, der uns hilft, die Verallgemeinerbarkeit und Plausibilität solcher Werte zu überprüfen. Darauf will ich hier aber nicht ausführlicher eingehen.

Im Folgenden wird es darum gehen deutlich zu machen, dass sich diese Präferenzen, die wir als »Werte« bezeichnen, ändern, nicht in der grundlegenden Bedeutung, aber in der ethisch zu fordernden Reflexion auf diese Werte. Wir können auch sagen in Bezug auf die »normative Zuweisung«. Damit ist die Frage gemeint, an wen sich der normative Gehalt richtet, der einem Wert seine Bedeutung verleiht.

Drei Werte sollen hier als »Modelle«[33] vorgestellt werden, auf die man sich vor allem in medienethischen Kontexten häufig beruft. Sie sind eher

---

32 Kant 1785: 420f.

33 Adorno unterscheidet in seinem Werk *Negative Dialektik* zwischen »Modell« und »Beispiel«. Anders als das letztlich beliebige (und austauschbare) Beispiel trifft das Modell bei Adorno »das Spezifische und mehr als das Spezifische, ohne es in seinen allgemeineren Oberbegriff zu verflüchtigen« (Adorno 1975: 39). Im Einzelnen wird das Allgemeine differenziert(er) erfassbar.

modellhaft (und damit grundlegend) als nur exemplarisch (und damit eher zufällig) für Werte in mediatisierten Welten, da sie drei Grundfragen der medienethischen Handlungsorientierung bestimmen. Ich beschränke mich dabei der Einfachheit halber auf mediales Handeln, das nicht fiktional, sondern mit dem Anspruch auf Faktizität auftritt. Professionelle Formen dieser medialen Praxis wären also zum Beispiel Nachrichten- und Informationsmedien im weitesten Sinne – also im eigentlichen Sinne Journalismus. Diese drei Grundfragen informationsorientierter medialer Praxis sind:
- – Wer? macht medial
- – Was?
- – Wie?
Und die ebenso häufig anzutreffenden Wertantworten für das ethisch gerechtfertigte und moralisch richtige mediale Handeln sind:
- – Medienauthentizität
- – Medienqualität
- – Wahrhaftigkeit
Das heißt, in medialen Praxen soll das Subjekt der Handlung (Wer) authentisch handeln. Sein Produkt (Was) soll dabei eine hohe Qualität realisieren und die Weise des Handelns, seine Praxis (Wie) soll dabei wahrhaftig sein.

5.1 Medienauthentizität

Medienauthentizität[34] meint, dass der Kommunikator über sich selbst und seine Intentionen beziehungsweise Handlungsbedingungen wahrhaftig Auskunft gibt. Authentizität ist quasi die auf das Mediensubjekt bezogene Wahrhaftigkeit, also die Bereitschaft, über sich selbst keine vorsätzlich falschen Aussagen zu machen. Authentizität ist also ein Wert, der durch den Kommunikator selbst realisiert wird.

Nun wurde schon vor einer breiten Diskussion der Mediatisierungsthese diese Authentizität des Kommunikators diskutiert. Andreas Greis zum Beispiel hat der medialen Kommunikation ein Authentizitätsdefizit im Gegensatz zur Face-to-Face-Kommunikation unterstellt, da es ihr an »Authentizitätsgaranten« fehle.[35] Jedoch ist die Face-to-Face-Kommunikation keineswegs privilegiert, denn auch hier sind die Garanten in Wirklichkeit nur symbolisierte Authentizitätshinweise wie zum Beispiel Mimik und Gestik. Medialität, also die grundsätzliche Abhängigkeit des Menschen von

---

34 Vgl. dazu ausführlicher Rath 2013a.
35 Vgl. Greis 2001.

symbolisierter Weltaneignung, macht das Grundverständnis der Authentizität hinfällig – Authentizität ist zu fordern, aber nicht objektiv einzulösen. Dann aber muss ethisch der Wert Authentizität umgedeutet werden: Authentizität ist ein Anspruch des Kommunikators, aber die Verwirklichung entzieht sich der normativen Plausibilisierung. Anders herum wird es plausibel: Der Rezipient misst den Authentizitätsanspruch des Kommunikators an der dem Kommunikator zu unterstellenden Intention. Gemessen an dieser unterstellten Grundintention deutet der Rezipient die mediale Nachricht. Authentizität wird damit von einer Leistung des Kommunikators zu einer Kompetenz des Rezipienten. Er setzt die Intention voraus, an der er den Inhalt der Kommunikation misst.

So irritierend dies vielleicht auf den ersten Blick scheinen mag, diese Deutung ist auch kommunikations- und medienwissenschaftlich nicht ungewöhnlich. Beispiele hierzu sind die Arbeiten von Knut Hickethier, Karin Wetschanow oder Nicola Döring.[36] Diese und andere Befunde zeigen, Authentizität ist abhängig von den »Nutzungsmotiven und Aneignungskompetenzen«[37] der Nutzer, der Leser und Rezipienten.

Die Intention des Rezipienten in der Interpretation des medialen Kommunikationsangebots als Maß der Authentizitätsunterstellung gegenüber dem Kommunikator – dies eröffnet eine andere ethische Perspektive auf den Kommunikationsakt. Denn Authentizität als ethische Kategorie ist in gewisser Weise aporetisch: Der Kommunikator ist alleiniger Herr seiner Authentizität, der Rezipient muss auf diese Authentizitätsunterstellung vertrauen. Aber verstanden als Leistung des Rezeptionsaktes wird aus der Authentizität als Schicksal eine Kompetenzleistung, nämlich die Fähigkeit, Kommunikationsprozesse gemäß meiner, des Rezipienten eigener Kommunikationsintention zu interpretieren und letztlich zu gestalten.

5.2 Medienqualität

Kommen wir zum zweiten Wert in der Medienbeurteilung, der Medienqualität.[38] Auch hier stellen wir eine Umwertung der Werte unter den Bedingungen eines mediatisierten Bewusstseins fest: Dazu ist es nötig sich zunächst klar zu machen, dass Qualität eine deskriptive Kategorie ist: Alles hat eine Qualität, ein »quale«, eine Beschaffenheit. Medienqualität ist daher genau

---

36 Vgl. Hickethier 1997, Wetschanow 2005, Döring 2001.
37 Döring 2001: 335.
38 Vgl. hierzu ausführlicher Rath 2013b.

genommen eine Charakterisierung, die nur vermeintlich eine normative Orientierung für Medienprodukte (und Medienhandeln) bietet. Vielmehr ist Medienqualität (wie Qualität überhaupt) eine deskriptive Kategorie, die eine abstrakte Beschaffenheit beschreibt, unter die Einzelnes (was sehr vage ist, denn es können konkrete Produkte, Formate oder Medienpraxen sein) zu fassen ist. Wollen wir Medienqualität als normative Kategorie einführen, müssen wir Kriterien benennen, die diese Qualität näher bestimmen. Positive oder »hohe« Medienqualität muss sich an operationalisierbaren Indikatoren beweisen und an ethisch plausibilisierten Prinzipien legitimieren. Dieser Ausweis gelingt aber nicht »an sich«, sondern nur in der Rezeption beziehungsweise Nutzung von Medienangeboten.

Damit erweist sich »Medienqualität« als Missverständnis. Ein normativer Begriff von Medienqualität muss nach der normativ legitimierbaren »Medienkompetenz« der Nutzer ebenso wie der Produzenten fragen. Schlagwortartig gesagt: »Nicht alles, was rezipiert wird, ist qualitativ hochstehend, sondern das ist qualitativ hochwertig, das kompetent rezipiert und genutzt werden kann.«[39]

5.3 Wahrhaftigkeit

Wahrhaftigkeit ist ein Wert, der nicht mit Wahrheit verwechselt werden darf.[40] Unser Anspruch, Informationsangebote müssten »wahr« sein, ist gängig, aber ungenau. Was moralisch zu fordern (und ethisch begründbar) ist, ist die Wahrhaftigkeit des Kommunikators in Bezug auf seine Medienangebote. Hier zeigt sich die Parallele zur Medienauthentizität, allerdings bezog sich diese auf den Kommunikator selbst und seine Intentionen, Wahrhaftigkeit hingegen bezieht sich auf die Inhalte des Kommunikations- beziehungsweise Medienangebots. Doch wie Authentizität hat Wahrhaftigkeit ein Objektivierungsproblem, und zwar völlig unabhängig davon, ob die Mediatisierungsthese akzeptiert wird oder nicht. Selbst wenn ich der Medialität als anthropologische Relativierung von objektiver Wahrheit nicht zustimme, spätestens mediale Informationsangebote sind nicht wirklich überprüfbar. Wir sind gezwungen, dem Kommunikator zu »vertrauen«. Die Bereitschaft, überhaupt Medien zu nutzen, fußt auf diesem Vertrauen in die grundsätzliche Wahrhaftigkeit der Medien. Dabei kann nicht übersehen werden, dass Medien Interessen haben, individuell zum Beispiel Interessen der einzelnen

---

39 Rath 2013b: 303.
40 Vgl. hierzu ausführlicher Rath 2011.

Journalisten, strukturell zum Beispiel über Vorgaben der Eigentümer. Im
Hinblick auf die ethische Begründung des Wertes »Wahrhaftigkeit« stellt sich
damit wie schon bei den beiden zuvor genannten Werten eine Umwertung
ein: Der Wert Wahrhaftigkeit des Medienangebots wird zur Fähigkeit des
Nutzers, Angebote auf ihre Wahrheit oder besser: Interessengebundenheit
hin zu überprüfen. Die mediatisierte Welt als grundlegendes Bewusstsein von
der Medialität des Menschen und der konkreten Medienabhängigkeit seiner
Kommunikationsformen verweist die Tugend der Wahrhaftigkeit zurück an
die Kompetenz des Mediennutzers, Medieninhalte kritisch zu hinterfragen
und zwar konkret wieder medial zu überprüfen. Recherchierte Verlässlichkeit der Nachricht wird deprofessionalisiert zur Medienkompetenz.

Wer macht was wie? Diese Frage nach den Grundwerten einer Mediengesellschaft führt im Bewusstsein der Mediatisierung zu einer Umorientierung
der Zielrichtung der Werte. Insofern können wir zwar nicht von einer »Ethik
2.0«, aber sehr wohl von »Werten 1.1« sprechen. Authentizität, Qualität und
Wahrhaftigkeit sowie andere (medien-)ethisch relevanten Werte und damit
zusammenhängende Wertungen laufen ohne den archimedischen Ort der
nichtmedialen Welterfassung ins Leere. Wie sollen Authentizität, Qualität
und Wahrhaftigkeit erfasst werden, wenn dies nicht unabhängig von den
medial gestalteten Formen der Weltaneignung gelingen kann? Damit werden
die Werte abgekoppelt von einer absoluten Eichung an einer außermedialen,
also nicht vermittelten beziehungsweise vor aller Vermittlung unabhängigen Wirklichkeit. Indem das »Animal symbolicum« sich und seine Welt als
eine »selbstgeschaffene« Verstehensleistung begreift, wird jeder Wert, an
den wir dieses Selbst- und Weltverständnis binden, zum Ergebnis dieser
Verstehensleistung. Mit anderen Worten: Medienethik formuliert plausible
Wertungen zu Medienprodukten und Medienpraktiken als Kompetenzen des
medienhandelnden Menschen. Nicht das mediale Produkt oder die mediale
Praxis bestimmen unser Verstehen und Deuten von Selbst und Welt, sondern
unser kompetentes (oder eben nicht kompetentes) Deuten und Verstehen
von Selbst und Welt konstituieren den Wert medialer Produkte und Praxen.[41]

6. Fazit

Die Theorie der Mediatisierung ist über die fachwissenschaftliche Bedeutung
hinaus für eine zeitgenössische Ethik in doppelter Weise relevant:

---

41 Vgl. zu einem solchen umfassenden und nicht auf bildungswissenschaftliche oder medienpädagogische Zusammenhänge beschränkten Begriff von Medienkompetenz Rath 2013c.

– Sie gibt ein Forschungsparadigma ab, das die individuelle Medienpraxis und die Rahmenbedingungen dieser Praxis (technisch, ökonomisch, politisch) für die Medienethik differenzierter zu reflektieren erlaubt. Im Rahmen des Empiriebedarfs der Medienethik ist es wichtig diese Rahmenbedingungen zu kennen, um die mediale Praxis des Menschen normativ beurteilen zu können.

– Darüber hinaus ist Mediatisierung aber zugleich ein Epochenbegriff. Er bezeichnet ein gegenwärtiges Bewusstsein, das die ethischen Prinzipien generell in einem neuen Lichte betrachten lässt.

Die Theorie der Mediatisierung macht deutlich, dass die strenge Trennung zwischen dem produzierenden Subjekt medialer Verantwortung und dem rezipierenden Objekt medialer Verantwortung verschwimmt. Vor allem der Professionalitätsanspruch durch die Medienethik wird unklar. Mehr und mehr drängt der »Produser« in den Vordergrund, der zugleich Rezipient/Nutzer und Gestalter medialer Realität ist. Der professionelle Produzent und Medienakteur der Massenmedien ist nur eine Spielart dieser grundsätzlichen medialen Praxis.

Das hat, wie wir gesehen haben, Folgen für vermeintlich klassische Prinzipien der Medienethik, auch für die genannten Werte (also Handlungspräferenzen) Medienauthentizität, Medienqualität sowie Wahrhaftigkeit. Diese Werte werden in der Perspektive einer »Ethik der mediatisierten Welt« von einer Eigenschaft des Produkts beziehungsweise des Medienproduzenten zu einer Konstruktion des Mediennutzers. Medienethische Verantwortung wird also mehr und mehr zu einer normativen Forderung an den »Medienprodutzer« schlechthin – nicht mehr für einen professionellen Medienmacher, der paternalistisch Verantwortung für seine Zielgruppe übernimmt. Vielmehr ist jede Medienpraxis zunächst für sich selbst verantwortlich. Die moralische Sorge für einen Nutzer oder Rezipienten ist nicht mehr begründbar. Denn jede Kommunikation ist heute medial vermittelt und in jede meiner medialen Praxen sind andere Medienakteure prinzipiell verwickelt. Entweder, weil ich die Medienangebote gestalte und für andere Nutzer medial öffentlich zugänglich mache, zum Beispiel niederschwellig in Social Media und über Kommentarfunktionen im Netz oder durch eigene mediale Plattformen und Praxen wie etwa das Bloggen, oder weil ich Medieninhalte, Angebote, Funktionen nutze, die von anderen Medienakteuren öffentlich zugänglich gemacht wurden. Als »Animalia symbolica« sind wir in der mediatisierten Welt aneinander gebunden. Jedes Handeln ist intentional auf andere gerichtet, und das nicht notwendigerweise wohlwollend.

Diese grundsätzliche Verwobenheit von Produsern, vor allem unter den Bedingungen der Digitalisierung, die als Prozess die Mediatisierungsthese

bestätigt, ist zugleich – wie oben gezeigt – Bedingung eines Bewusstwer-
dungsprozesses, der Mediatisierung als Epochenbegriff ausweist. Ist Ethik
die Reflexion auf die Begründbarkeit normativer Handlungsorientierung,
dann ist im Zeitalter der Mediatisierung als epochales Bewusstsein eine
weitgehend auf den professionellen Medienmacher beschränkte Verantwor-
tungsforderung relativiert. Vielmehr zieht das Publikum gleich – die mediale
Verantwortung wird zum ethischen Postulat der medialen »Selbstsorge«.[42]
Diese aber ist sinnvoll nur zu fordern – und damit greife ich auf ein altes
und traditionelles Prinzip der Ethik zurück – wenn der Mensch, an den ich
diesen Verantwortungsanspruch stelle, die Fähigkeit hat, dieser Forderung
nachzukommen. Dieses Kriterium ist uns als »impossibilium nulla obligatio« im Römischen Recht[43] beziehungsweise als »Ought Implies Can« oder
»Sollen impliziert Können« in der neuzeitlichen Ethik bekannt.[44] Es ist
eine Metaregel der Normativität, das heißt die Könnensunterstellung geht
jeder Sollensforderung schon voraus. Das aber heißt unter den Bedingungen
»mediatisierter Welten«, dass Medienkompetenz zu den Grundkompetenzen
des aktuellen sozialen Lebens gehört. Denn nur medienkompetent bin ich
im Stande mein mediales Handeln zu verantworten und mich gegen das
mediale Handeln anderer zur Wehr zu setzen. Beides gelingt nur, wenn
wir aus der grundlegenden Medialität und dem epochalen Bewusstsein der
Mediatisierung das Recht eines jeden auf Medienkompetenz fordern – nicht
als möglichen Bildungsinhalt neben anderen, sondern als grundlegende
Kompetenz für ein Leben in mediatisierten Welten.

---

42 Zur Geschichte dieser Konzeption von Platon bis zu Michel Foucault und Wilhelm Schmid
    vgl. Wunden 2006.

43 Vgl. Schermaier 2006.

44 Dieses Prinzip gilt als unmittelbar einsichtig, und ist daher auch in vielfältiger Hinsicht
    lebenspraktisch plausibel. Differenziert betrachtet, wird man aber zugeben müssen, dass
    Szenarien denkbar sind, in denen dieses Prinzip wenig hilfreich ist (vgl. Kekes 1984; Stern
    2004) oder mit der schlagwortartigen Formulierung häufig übersehen wird, in welch engen
    logischen Grenzen diesem Satz nur prinzipielle Bedeutung zugesprochen werden kann (vgl.
    Sinnott-Armstrong 1984). In einem hier auf eine bestimmte Praxis abhebenden Sinne jedoch
    ist der Satz plausibel, denn er impliziert, dass einem Akteur eine bestimmte Aktion nur als
    verpflichtend auferlegt werden kann, wenn dieser Akteur auch im Stande ist, diese Aktion
    auszuüben. »Im Stande sein, etwas auszuüben« wurde hier als »Kompetenz« gedeutet – ein
    Konstrukt, das neben der reinen Fertigkeit auch Kenntnisse und normative (»motivationale«
    und »volitionale«, vgl. Weinert 2001) Aspekte umfasst. Vgl. dazu ausführlich und in Bezug
    auf Medienkompetenz Rath 2013c.

Abstract

Software versioning seems to be the blueprint of social change. The implicit connotation is to indicate different software versions in correspondence to their innovational character. Especially the so-called mayor numbers 1.0, 2.0 and so on indicate a significant development leap in functionality. In contrast, the so-called minor numbers x.1, x.2 and so on are increased when only less important changes are carried out. This paper argues that today's mediatization does not justify speaking of Ethics 2.0 as, seriously spoken, a fundamental change in the ethical significance of moral attitudes in a mediatized world. Firstly, the systematic difference between ethics and morality will be recalled. Secondly, it is shown that the idea of media producers producing for a more or less passive public must be abandoned and nowadays nearly every communication must be understood as public communication. Thirdly, human being is described as »animal symbolicum« (Ernst Cassirer) and »mediatization« as a concept of media science (Friedrich Krotz) is philosophical interpreted as today's epochal consciousness of this mediality. Finally, media values as authenticity, quality and truthfulness are redefined as attitudes depending on recipient's media competence. This is the main requirement of media ethics as today's Ethics 1.1.

Literatur

Adorno, Theodor W. (1975): Negative Dialektik, Frankfurt/M.

Ampuja, Marko / Koivisto, Juha / Väliverronen, Esa (2014): Strong and Weak Forms of Mediatization Theory. A Critical Review, in: Nordicom Review 35 (Sonderausgabe/2014), S. 111–123.

Beck, Klaus (2003): Neue Medien – neue Theorien? Klassische kommunikations- und Medienkonzepte im Umbruch, in: Martin Löffelholz / Thorsten Quandt (Hg.), Die neue Kommunikationstheorie. Theorien, Themen und Berufsfelder im Internet-Zeitalter, Wiesbaden, S. 71–88.

Bonfadelli, Heinz / Jarren, Otfried / Siegert, Gabriele (2005): Publizistik- und Kommunikationswissenschaft – ein transdisziplinäres Fach, in: Heinz Bonfadelli / Otfried Jarren / Gabriele Siegert (Hg.), Einführung in die Publizistikwissenschaft, Bern, S. 5–16.

Bruns, Axel (2006): Towards Produsage. Futures for User-Led Content Production, in: Fay Sudweeks / Herbert Hrachovec / Charles Ess (Hg.), Proceedings: Cultural Attitudes Towards Communication and Technology 2006, Perth, S. 275–284 (auch online unter: produsage.org/files/12132812018_towards_produsage_0.pdf – letzter Zugriff: 13.03.2018).

Bruns, Axel (2009a): Vom Prosumenten zum Produtzer, in: Birgit Blättel-Mink / Kai-Uwe Hellmann (Hg.), Prosumer Revisited: Zur Aktualität einer Debatte, Wiesbaden, S. 191–205.

Bruns, Axel (2009b): Produtzung: Von medialer zu politischer Partizipation, in: Christoph Bieber / Martin Eifert / Thomas Groß / Jörn Lamla (Hg.), Soziale Netze in der digitalen Welt. Das Internet zwischen egalitärer Teilhabe und ökonomischer Macht, Frankfurt/New York, S. 65–86 (auch online unter: snurb.info/files/Produtzung%20-%20von%20medialer%20zu%20politischer%20Partizipation.pdf – letzter Zugriff: 13.03.2018).

Cassirer, Ernst (1953): Philosophie der symbolischen Formen, Teil 1: Die Sprache, 2. Aufl., Darmstadt.

Cassirer, Ernst (1954): Philosophie der symbolischen Formen, Teil 3: Phänomenologie der Erkenntnis, 2. Aufl., Darmstadt.

Cassirer, Ernst (1964): Philosophie der symbolischen Formen, Teil 2: Das mythische Denken, 2. Aufl., Darmstadt.

Cassirer, Ernst (1996): Versuch über den Menschen. Einführung in eine Philosophie der Kultur, Hamburg [zuerst engl. 1944].

Christensen, Clayton M. (2016): The Innovator's Dilemma: When New Technologies Cause Great Firms to Fail, Boston (Mass.).

Döring, Nicola (2001): Persönliche Homepages im WWW. Ein kritischer Überblick über den Forschungsstand, in: Medien und Kommunikation 49 (3/2001), S. 325–349.

Frank, Manfred (1988): Subjekt, Person, Individuum, in: Manfred Frank (Hg.), Die Frage nach dem Subjekt, Frankfurt/M., S. 7–28.

Greis, Andreas (2001): Identität, Authentizität und Verantwortung: Die ethischen Herausforderungen der Kommunikation im Internet, München.

Hegel, Georg W. F. (1820): Grundlinien der Philosophie des Rechts, Berlin [auf 1821 datiert].

Hegel, Georg W. F. (1833): Grundlinien der Philosophie des Rechts, oder Naturrecht und Staatswissenschaft im Grundrisse, hrsg. von Eduard Gans, Berlin.

Hegel, Georg W. F. (1979): Grundlinien der Philosophie des Rechts oder Naturrecht und Staatswissenschaft im Grundrisse. Mit Hegels eigenhändigen Notizen und den mündlichen Zusätzen (= Werke, Bd 7), Frankfurt/M.

Hickethier, Knut (1997): Das Erzählen der Welt in den Fernsehnachrichten. Überlegungen zu einer Narrationstheorie der Nachricht, in: Rundfunk und Fernsehen 45 (1/1997), S. 5–18.

Jenkins, Henry (2006): Convergence Culture: Where Old and New Media Collide, New York.

Kant, Immanuel (1785): Grundlegung zur Metaphysik der Sitten. in: Immanuel Kant, Gesammelte Schriften. Hrsg von der Preußischen Akademie der Wissenschaften, Bd. 4, Berlin (online unter: korpora.zim.uni-duisburg-essen.de/kant/aa04/ – letzter Zugriff: 13.03.2018), S. 385–463.

Kekes, John (1984): »Ought Implies Can« and Two Kinds of Morality, in: The Philosophical Quarterly 34 (1984), S. 459–467.

Krotz, Friedrich (2001): Die Mediatisierung kommunikativen Handelns. Der Wandel von Alltag und sozialen Beziehungen, Kultur und Gesellschaft durch die Medien, Opladen.

Krotz, Friedrich (2007): Mediatisierung. Fallstudien zum Wandel von Kommunikation, Wiesbaden.

Krotz, Friedrich (2010): Zivilgesellschaft und Stiftung Medientest, in: Christian Schicha / Carsten Brosda (Hg.), Handbuch Medienethik, Wiesbaden, S. 244–254.

Krotz, Friedrich / Rath, Matthias / Karmasin, Matthias (Hg.) (2018): Maschinenethik. Normative Grenzen autonomer Systeme, Wiesbaden [im Erscheinen].

Livingstone, Sonia (2009): On the Mediatization of Everything, in: Journal of Communication 59 (1/2009), S. 1–18.

Luckmann, Benita (1970): The Small Life-Worlds of Modern Man, in: Social Research 37 (4/1970), S. 580–596.

Moore, George-Edward (1903): Principia Ethica, Cambridge.

Pariser, Eli (2011): The Filter Bubble: What the Internet Is Hiding from You, New York.

Peukert, Helge (2005): Das tradierte Konzept der Staatswissenschaft, Berlin.

Preston-Werner, Tom (2016): Semantic Versioning 2.0.0 (online unter: semver.org/ – letzter Zugriff: 20.11.2017).

Rath, Matthias (2000): Kann denn empirische Forschung Sünde sein? Zum Empiriebedarf der normativen Ethik, in: Matthias Rath (Hg.), Medienethik und Medienwirkungsforschung, Wiesbaden, S. 63–87.

Rath, Matthias (2010): Vom Flaschenhals zum Aufmerksamkeitsmanagement. Überlegungen zum Online-Journalismus und einer Ethik der öffentlichen Kommunikation 2.0, in: Zeitschrift für Kommunikationsökologie und Medienethik 12 (1/2010), S. 17–24.

Rath, Matthias (2011): Art. »Wahrhaftigkeit«, in: Neues Handbuch philosophischer Grundbegriffe. Begründet von Hermann Krings et al., neu hrsg. von Armin G. Wildfeuer und Petra Kolmer, Freiburg/München, S. 2389–2397.

Rath, Matthias (2013a): Authentizität als Eigensein und Konstruktion – Überlegungen zur Wahrhaftigkeit in der computervermittelten Kommunikation, in: Martin Emmer / Alexander Filipović / Jan-Hinrik Schmidt / Ingrid Stapf (Hg.), Echtheit, Wahrheit, Ehrlichkeit. Authentizität in der Online-Kommunikation, München, S. 16–27.

Rath, Matthias (2013b): Medienqualität und die Kompetenz des Publikums. Medienethische Anmerkungen zu einer Chimäre, in: Communicatio Socialis 46 (3–4/2013), S. 297–305.

Rath, Matthias (2013c): Normativ-ethische Begründungsleistungen für die Kommunikations- und Medienwissenschaft – Beispiel »Medienkompetenz«, in: Matthias Karmasin / Matthias Rath / Barbara Thomaß (Hg.), Die Normativität in der Kommunikationswissenschaft, Wiesbaden, S. 443–466.

Rath, Matthias (2014): Ethik der mediatisierten Welt. Grundlagen und Perspektiven, Wiesbaden.

Rath, Matthias (2015a): Methode(n) der Medienethik. Grundzüge eines integrativen Methodenkonzepts für die Medienethik, in: Marlis Prinzing / Matthias Rath / Christian Schicha / Ingrid Stapf (Hg.), Neuvermessung der Medienethik – Bilanz, Themen und Herausforderungen seit 2000, München, S. 329–352.

Rath, Matthias (2015b): »Werte-volle« Medien? Medienpädagogik zwischen Wertevermittlung und Werturteilskompetenz, in: Merz Wissenschaft 59 (3/2015), S. 10–18.

Rath, Matthias (2016a): The Innovator's (Moral) Dilemma – Zur Disruptionsresistenz der Medienethik, in: Michael Litschka (Hg.), Medienethik als Herausforderung für MedienmacherInnen – ethische Fragen in Zeiten wirtschaftlicher und technologischer Disruption, Brunn am Gebirge, S. 5–10.

Rath, Matthias (2016b): Vom Ende der Profession. Medienethische Anmerkungen zur »Produsage«, in: Medienjournal 40 (2/2016), S. 20–33.

Saxer, Ulrich (1999): Der Forschungsgegenstand der Medienwissenschaft, in: Joachim-Felix Leonhard / Hans-Werner Ludwig / Dietrich Schwarze / Erich Straßner (Hg.), Medienwissenschaft. Ein Handbuch zur Entwicklung der Medien und Kommunikationsformen, Teilband 1, New York, S. 1–14.

Schermaier, Martin J. (2006): Impossibilium nulla obligatio. Vorverständnis, Begriff und Gegenstand der Unmöglichkeit der Leistung im römischen Recht, in: Annali del Seminario Giuridico dell'Università di Palermo 51 (2006), Palermo, S. 241–268.

Schütz, Alfred (1971): Über die mannigfaltigen Wirklichkeiten, in: Alfred Schütz, Gesammelte Aufsätze, Bd. 1, Den Haag, S. 237–299.

Sinnott-Armstrong, Walter (1984): »Ought« Conversationally Implies »Can«, in: The Philosophical Review 93 (2/1984), S. 249–261.

Stern, Robert (2004): Does »Ought« Imply »Can«? And Did Kant Think It Does?, in: Utilitas 16 (1/2004), S. 42–61.

Weinert, Franz E. (2001): Vergleichende Leistungsmessung in Schulen – eine umstrittene Selbstverständlichkeit, in: Franz E. Weinert (Hg.), Leistungsmessungen in Schulen, Weinheim, S. 17–31.

Weißeno, Georg / Detjen, Joachim / Juchler, Ingo / Massing, Peter / Richter, Dagmar (2010): Konzepte der Politik – ein Kompetenzmodell, Bonn.

Wetschanow, Karin (2005): Die diskursive Aushandlung und Inszenierung von Authentizität in den Medien, in: Markus Rheindorf / Karin Wetschanow (Hg.), Diskursive Konstruktionen von Authentizität, Geschlecht und Heterosexualität in Starmania (= Wiener Linguistische Gazette, Sonderausgabe 72A/2005), Wien, S. 1–16.

Wunden, Wolfgang (2006): Selbstsorge als Quelle kritischer Kompetenz, in: Horst Niesyto / Matthias Rath / Hubert Sowa (Hg.), Medienkritik heute, München, S. 87–99.

III. Bildungspolitische Perspektiven

Thomas Goll

Mediatisierung und Medienkompetenz

Aufgabenfelder für die politische Bildung

1. Einleitung

Spätestens seit Wolfgang Hilligens Überlegungen zu den zentralen Herausforderungen der Gegenwart wird das Phänomen der Mediatisierung im fachdidaktischen Diskurs zu den fundamentalen Problemen gezählt, die bevorzugte Lerngegenstände der politischen Bildung begründen können und sollen, da mit solchen Problemlagen sowohl Risiken als auch Chancen für die gesellschaftliche Weiterentwicklung verbunden sind. Hilligen versteht unter »Mediatisierung« das »Angewiesensein auf mediale statt primäre Erfahrung.«[1] Auch seine Antwort auf die schon 1985 konstatierte »Allgegenwart der Information« ist klassisch: »Urteilskraft für die Auswahl des Wissensnotwendigen/Schönen«.[2] Hilligen will also – modern gesprochen – die Kompetenz der politischen beziehungsweise medienbezogenen Urteilsfähigkeit fördern. Gesellschaftlich will er der Gefahr der »Informationsmonopole« durch die »Kontrolle und Erhaltung der Vielfalt« begegnen.[3]

Was damals im Kontext des Zeitungssterbens insbesondere auf der kommunalen Ebene und der Marktmacht weniger Großverlage als Problem aufgefasst wurde, sollte in Zeiten von Google und Big Data, von Virtual Reality und Faked News umso mehr von fachdidaktischem Interesse sein. Dennoch findet man zum Beispiel in den Kernlehrplänen der politischen Bildung in Nordrhein-Westfalen das Stichwort Mediatisierung weder in Sekundarstufe I noch II. Dort wird aber immerhin im Kontext der Sachkompetenz auf die Teilkompetenz der Schüler verwiesen, »fallbezogen die Funktion der Medien in der Demokratie [erläutern]« und im Kontext der Urteilskompetenz auf die Teilkompetenz »die Veränderung politischer Partizipationsmöglichkeiten durch die Ausbreitung digitaler Medien [erörtern]«

---

1   Hilligen 1985: 32.
2   Hillingen 1985: 33.
3   Hillingen 1985: 33.

zu können.[4] Offensichtlich ist es wie häufig: Der theoretische Diskurs findet nur langsam, wenn überhaupt, seinen Niederschlag in den Lehrplänen der Schule.[5] Möglicherweise ist das aber in der außerschulischen politischen Bildung anders, denn diese kann prinzipiell unmittelbarer auf gesellschaftliche und politische Diskurse reagieren, da sie keine das ganze Feld umspannenden curricularen Debatten führen muss.

Der Beitrag folgt einem klassischen Dreischritt, indem zunächst umrissen wird, wie Mediatisierung gegenwärtig theoretisch gefasst werden kann. In einem zweiten Schritt wird die Rolle der Medien als Lerngegenstand im Politikunterricht und in der außerschulischen politischen Bildung unter besonderer Berücksichtigung der Mediatisierung erörtert. Abschließend erfolgt eine thesenhafte Zusammenfassung, wie das Thema Mediatisierung in der politischen Bildung verortet werden kann.

2. Mediatisierung – Diskussion der theoretischen Fundierung und Grundannahmen

Kommunikation gehört essenziell zum Menschsein – und damit auch der Umgang mit Kommunikationsmitteln. Diese anthropologische Grundannahme von der Kommunikationsangewiesenheit und -kompetenz des Menschen als Individuum und Gattungswesen liegt auch der Mediatisierungstheorie von Krotz zugrunde.[6] In dieser Grundannahme wird der aristotelische Zweiklang von »Zoon logon echon« und »Zoon politikon« augenfällig. Kommunikation verortet den Menschen in der Gesellschaft und hält diese zusammen beziehungsweise sprengt sie. Menschliche Vergesellschaftungen sind kommunikative Wahrheiten. Und weil das so ist, empfangen Gesellschaften ihre Legitimation aus der Art und Weise, wie ihre Mitglieder sich über ihr Zusammenleben verständigen können. Bei all ihren methodischen Schwächen zeigt unter anderem die Studie *Sprichst du Politik*[7] genau dies: Ein zentrales Problem des gegenwärtigen Politikbetriebs besteht in der mangelnden Kommunikationsfähigkeit der politischen Eliten und dem Unvermögen der Medien, hier Abhilfe zu schaffen. Stattdessen verstärkt die Mediensprache den Effekt und trägt so zu einer schleichenden Delegitimierung von Politik und intermediärem System bei (Stichwort »Lügenpresse«). Kaum verwun-

---

4   Ministerium für Schule und Weiterbildung von Nordrhein-Westfalen 2014: 27.
5   Vgl. Besand 2014: 372.
6   Vgl. Krotz 2007: 11–14.
7   Vgl. Arnold et al. 2011.

dern kann daher, dass schon 2013 das Berufsprestige von Journalisten und Politikern auf vergleichbar niedrigem Niveau lag.[8] Menschen weichen daher bei der Suche nach der vermeintlich richtigen Information aus in die scheinbar authentische Welt der sozialen Netzwerke, um alsbald festzustellen (oder auch nicht), dass sie auch dort keine Antwort auf die Frage des Pilatus »Was ist Wahrheit?« erhalten.

Die Nutzung aktueller Kommunikationsmöglichkeiten und deren Dynamik ist jedoch kein neuer Trend, sondern immer schon ein zentraler Aspekt gesellschaftlicher Entwicklung. Jede neue technische Möglichkeit war Ergebnis einer Weiterentwicklung und eines damit verbundenen Bedürfnisses nach intensivierterer oder einfacherer Kommunikation. Dabei gilt: Die Kommunikation prägt einerseits deren Mittel, umgekehrt jedoch prägen auch die Kommunikationsmittel die Arten der Kommunikation. Kommunikationsmittel sind daher kulturprägend. Neue Medien ermöglichen und erzwingen immer auch neue Kommunikationsmuster auf der individuellen wie auf der gesellschaftlichen Ebene und führen damit zu gesellschaftlichen Veränderungen. Diese Veränderungen und Wechselwirkungen können nur prozessual und nicht statisch gedacht werden.

Es handelt sich um einen Prozess, der die gesellschaftliche Realität in ihrer Totalität durchdringt und selbst Resultat dieser Realität ist. Dieser Prozess dauert schon Jahrhunderte an. Steinmaurer[9] identifiziert zum Beispiel vier Stufen der Mediatisierung beginnend beim Buchdruck mit beweglichen Lettern: 1. Buchdruck, 2. Telegrafie, 3. Telefonie und Vernetzung, 4. Mobiltelefonie und mobiles Internet. Aus klar trennbarer individueller und kollektiver Nutzung haben Prozesse der Beschleunigung, Verdichtung und permanenten Verfügbarkeit von Telekommunikation einen Zustand geschaffen, den Steinmaurer als »[v]ollständige Mediatisierung in permanenter und ubiquitärer Konnektivität und Umgebungsvernetzung« beschreibt.[10] Für Krotz beginnt der Mediatisierungsprozess bereits vor Erfindung der Schrift und umschreibt das sich gegenseitige Bedingen von Formen menschlicher Kommunikation und gesellschaftlich-kultureller Zustände.[11]

Es geht nicht allein um Technikfolgen und deren Abschätzung im Sinne kausaler Zusammenhänge, sondern um Einsichten in das menschliche Handeln in Hinsicht auf Medien. Denn durch die Nutzung und Erweiterung medialer Potenziale ändern sich das kommunikative Handeln der Menschen

---

8 Vgl. Institut für Demoskopie Allensbach 2013.
9 Vgl. Steinmaurer 2016: 308.
10 Steinmaurer 2016: 308.
11 Vgl. Krotz 2007: 12–14.

Thomas Goll

und damit ihre soziale und kulturelle Einbettung. Das gilt für jeden Bereich menschlicher Vergesellschaftung, das heißt auch für die Politik, da diese grundsätzlich auf der »wechselseitig aufeinander bezogene[n] Kommunikation der Menschen als Form sozialen Handelns«basiert.[12] Hier liegt auch das zentrale Problem für die Politik, denn

> »[ü]ber die so entstehenden unterschiedlichen Kommunikationsumgebungen und damit verbundenen Kommunikationspraktiken entstehen für die Menschen zunehmend unterschiedliche Zugänge zu Kommunikationsräumen und darüber vermittelten Beziehungsnetzen, die in ihrer vielfältigen Form Basis für eine Netzwerkgesellschaft sind und in denen zumindest wesentliche Strukturen zukünftiger Gesellschaftsformen beschrieben werden.«[13]

Was aber, wenn diese Strukturen so sehr auseinander fallen, dass sich kein Gemeinsames mehr ergibt? Oder anders gefragt: Was hält eine Gesellschaft zusammen, wenn die gemeinsame Narration fehlt oder immer mehr infrage gestellt ist? Mit der einleitend formulierten anthropologischen Grundannahme ist jedoch zugleich evident, dass es sich bei diesem Sachverhalt – zumindest was die Kommunikation unter Menschen betrifft – nicht um etwas tatsächlich Neues handelt, wenngleich die potenziell mögliche Kommunikationsdichte wesentlich höher ist als vor dem Zeitalter digitaler Netzkommunikation. Menschen lebten immer schon in kommunikativen Netzen – und das durchaus nicht nur auf den Face-to-Face-Kontext bezogen. Menschen sind eingebettet in narrative Strukturen in der Familie und im Freundeskreis, im privaten und beruflichen Umfeld. Sie kommunizieren und es wird über sie kommuniziert.

Allerdings wandeln sich die technischen Möglichkeiten, sodass man nun prinzipiell drei Kommunikationsarten unterschieden kann, und zwar die Kommunikation von Menschen mit Menschen (Typ 1, Beispiel: Telefongespräch), die Kommunikation von Menschen mit Maschinen (Typ 2, Beispiel: Geldautomat) und schließlich zunehmend autonom die Kommunikation von Maschinen untereinander. Im Kontext der Digitalisierung muss also »das Netz« selbst als Akteur begriffen werden, in dem nicht immer ersichtlich ist, ob ein Kommunikationsteilnehmer menschlich oder nicht-menschlich ist. Die Grenzen verschwimmen, sodass Krotz zu Recht eine »parallele Realitätsebene im Netz« annimmt, »über die sich Geräte miteinander verständigen, über die aber auch interaktive Mensch-Maschine-Kommunikation stattfindet«.[14] Zudem arrangiert und komponiert »das Netz« aus Versatzstücken analoger und digitaler Wirklichkeiten eine eigene Reali-

---

12 Krotz 2007: 13.
13 Krotz 2007: 13.
14 Krotz 2007: 13.

tät.[15] Mit dieser müssen sich Menschen heute genauso auseinandersetzen wie mit den Realitätspostulaten ihrer menschlichen Kommunikationspartner. Der Prozess der Mediatisierung ist damit wissenschaftslogisch eingebettet in kommunikations- und kulturwissenschaftliche Ansätze. Erkenntnistheoretisch folgt aus ihren Prämissen und ihrer Beschreibung, dass die sich im Wechselspiel der menschlichen wie nicht-menschlichen Kommunikationspartner vollziehende Erschaffung kommunikativer Welten nur konstruktivistisch verstanden werden kann, denn es handelt sich ja um Aushandlungsprozesse, in denen Sinn produziert wird. Noch ist die »Sinnschöpfung« von Maschinen dahingegen beschränkt, dass sie einem von Menschen geschaffenen Programm folgen muss, aber Versuche zur künstlichen Intelligenz (KI) – so sie erfolgreich sind – haben das Potenzial zur Erschaffung virtueller Welten, die sich kein Mensch mehr ausgedacht hat, die aber Menschen in ihren Bann schlagen kann, so zumindest die Science-Fiction-Filme der *Matrix*-Reihe und andere Werke des Genres. Dass Medien das Zeug dazu haben, konnte vor knapp 100 Jahren schon Orson Wells mit seinem Hörspiel *Krieg der Welten* zeigen.

Damit ist eine Grundfrage des Denkens über Medien in der Politik angesprochen: Bilden Medien Politik bloß ab oder erschaffen sie eine eigene Welt, indem sie bestimmte Narrationen kommunizieren, andere aber unterdrücken. Medienwirkungstheorien sprechen von Verstärkung und Selektion. Einerseits betreiben Medien Agenda-Setting, Priming und Framing, andererseits werden nach der Theorie der Schweigespirale bestimmte Themen unterdrückt.[16] Das Netz wiederum lässt in seiner scheinbaren Anonymität alles das, was »man schon immer mal sagen wollte«, ungefiltert ans Licht kommen. Ob das ein Zeichen für mehr Authentizität und damit eine Chance für eine demokratischere Kommunikation oder aber ein Zeichen für einen Zivilisationsbruch und damit für das Ende deliberativer Demokratievorstellungen ist – oder gar beides gleichermaßen, also Chance und Risiko im Sinne von Wolfgang Hilligen –, darüber lässt sich trefflich streiten.

3. Mediatisierung als Gegenstand politischer Bildung in der Schule

Auf der Basis der theoretischen Einbettung sollte es naheliegen, dass kommunikative beziehungsweise konstruktivistische oder auf politische Kultur bezogene fachdidaktische Ansätze[17] einen sinnvollen Zugriff auf das Thema

---

15 Vgl. Krotz 2007: 14.
16 Vgl. Maier 2015: 226–231.
17 Vgl. exemplarisch: Grammes 1998, Sander 2013, Deichmann 2004

Mediatisierung bieten können. Gegenwärtiger Mainstream des fachdidaktischen Diskurses und damit auch prägend für die Lehrpläne der Schulen ist
jedoch ein Verständnis politischer Bildung, das sich im Kontext der Kompe-
tenzorientierung bewegt. Daher wird dieser Ansatz im Folgenden vorgestellt.
Ihre erste vollständige Konzeptualisierung fand die Kompetenzorientie-
rung im Entwurf der Gesellschaft für Politikdidaktik und politische Jugend-
und Erwachsenenbildung (GPJE) für Anforderungen an *Nationale Bildungsstandards für den Fachunterricht in der Politischen Bildung an Schulen.*[18]
Dort wird gleich zu Beginn auf die Bedeutung der Medien für die politische
Sozialisation hingewiesen.[19] Im Kontext der Ausführungen zur »Politischen
Handlungsfähigkeit« wird die folgende Kompetenz formuliert: »Beiträge zu
politischen, ökonomischen und gesellschaftlichen Fragen für Medien realisieren, vom Leserbrief über die Website bis zu komplexeren Medienprodukten«.[20] Bei den »methodischen Fähigkeiten« sehen die Verfasser die Chance,
dass »die fachbezogene Interpretation von Texten und anderen Medienprodukten aus der politischen Publizistik« zur Entwicklung »fachspezifische[r]
methodische[r] Fähigkeiten« führt.[21] Daher sollen Schüler schon am Ende
der Jahrgangsstufe 4 in der Lage sein, »Bücher und elektronische Medien,
insbesondere Angebote für Kinder im Internet (z. B. Kindersuchmaschinen)
für Informationen zu Themen des Unterrichts [zu] nutzen.«[22] Am Ende der
Sekundarstufe I sollen sie des Weiteren über die »methodischen Fähigkeiten«
verfügen, unterschiedliche Medien als Informationsquelle zu nutzen, auch
wenn sie nicht speziell für Kinder und Jugendliche konzipiert wurden, sowie
exemplarisch »die Bedeutung von Medienkommunikation für die politische
Öffentlichkeit (z. B. mediale Inszenierung von Politik, Agenda-Setting, Meinungsbildung, Skandalisierung) rekonstruieren zu können«.[23] Die gleiche
Formulierung findet sich unter den Kompetenzformulierungen für berufliche Schulen unter »politischer Urteilsfähigkeit«.[24] Für die Sekundarstufe II
werden keine eigenen medienbezogenen Kompetenzen formuliert. Es findet
sich jedoch ein Aufgabenbeispiel, an dem deutlich gemacht wird, was die
Schüler an Kompetenzvoraussetzungen zu dessen erfolgreicher Bearbeitung
mitbringen sollen:

---

18 Vgl. GPJE 2004.
19 Vgl. GPJE 2004: 13.
20 GPJE 2004: 17.
21 GPJE 2004: 18.
22 GPJE 2004: 20.
23 GPJE 2004: 24.
24 GPJE 2004: 27.

»Ihre Lösung setzt voraus, dass Medienanalysen – insbesondere des Fernsehens –, Rekonstruktion journalistischer und bildsprachlicher Mittel der politischen Fernsehberichterstattung (und möglichst auch deren Erprobung in der Herstellung von Medienprodukten, etwa mit digitalem Video) sowie kontroverse Positionen zur Bedeutung des Fernsehens für die Politische Öffentlichkeit Lerngegenstände waren.«[25]

Im Kern folgt die Darstellung damit dem traditionellen Bild der Massenmedien als intermediäre Institutionen zwischen Bürgern und Staatsorganen. Auch wenn der Begriff Mediatisierung nicht verwendet wird, ist doch die zugrunde liegende Analyse erkennbar, dass Medien eine eigene politische Wirklichkeit zu konstruieren in der Lage sind, die der mündige Bürger durchschauen können sollte. Was fehlt, sind die erst nach 2004 etablierten neuen technischen Möglichkeiten des Internets der Dinge und der smartphonebasierten politischen Kommunikation, die zuerst, aber nicht allein den US-Wahlkämpfen ihren Stempel aufdrücken.

Weiterentwickelt wird die Kompetenzformulierung in der Publikation *»Konzepte der Politik«* im »Fachkonzept Massenmedien«.[26] Ausgehend von einer Beschreibung von Massenkommunikation und Massenmedien werden hier Wechselwirkungen von Medien und Kommunikationsstrukturen in einer »politikwissenschaftlichen Vertiefung« angesprochen. Zudem wird darauf hingewiesen, dass das Internet »maßgeblich zur Globalisierung, Flexibilisierung und Beschleunigung von politischen und anderen Arbeitsabläufen bei[trägt].« Auch das »Verschwimmen« der Grenzen zwischen Öffentlichkeit und Privatsphäre über »Mikromedien« wie zum Beispiel Blogs, wird thematisiert. Als konstituierend für das Konzept und dessen Entwicklung werden in der Grundschule die Begriffe »Kommunikation, Information, Nachricht«, in der Sekundarstufe I die Begriffe »Interessen, Pressefreiheit, Datenschutz, Internet, Partizipation, Manipulation, Kommentar« und in der Sekundarstufe II die Begriffe »Gate-Keeper, Agenda Setting, Agenda Cutting« angesehen. Insgesamt kann festgestellt werden, dass neuere kommunikations- und politikwissenschaftliche Ansätze in die Darstellung eingeflossen sind, dass aber der Mediatisierungsprozess selbst nicht angesprochen wird. Das Medienbild mutet klassisch an, ist jedoch um das Internet erweitert und damit anschließbar an den Mediatisierungsdiskurs. Dies gilt auch für die 2012 erschienene Weiterentwicklung des Modells.[27] Medien werden auch hier als Massenmedien verstanden und im Kontext

---

25 GPJE 2004: 51.
26 Vgl. Weißeno et al. 2010: 125–128.
27 Vgl. Detjen et al. 2012: 65f.

der politischen Handlungskompetenz abgehandelt, und zwar unter dem
Stichwort »kommunikatives politisches Handeln«:

> »Mit kommunikativem politischen Handeln sind vor allem Gespräche oder Diskus-
> sionen über Politik im sozialen Umfeld gemeint. In der politischen Soziologie zählt
> dazu auch die Nutzung der politischen Berichterstattung der Massenmedien. Ziele
> des kommunikativen politischen Handelns sind unter anderem politisches Wissen zu
> erwerben, seine politische Meinung zu sagen, Freunde und Bekannte für die eigenen
> politischen Ansichten zu gewinnen sowie Unsicherheiten in einer komplexen und
> nicht unmittelbar erfahrbaren politischen Umwelt zu reduzieren. Kommunikatives
> politisches Handeln spielt eine Rolle im Politikunterricht«[28].

Klassisch sind damit auch die »Kompetenzfacetten des kommunikativen
[…] politischen Handelns« umrissen, »die im Politikunterricht gefördert
werden können […]: Artikulieren, Argumentieren«.[29] Denn »[d]ie Einbindung des Individuums in die Welt des Politischen erfolgt vor allem durch
kommunikatives Handeln im Sinne von interpersonaler Kommunikation«
und deren zentrale Kommunikationsmodi sind wiederum «Artikulieren«
und «Argumentieren«, was entsprechende Kompetenzfacetten voraussetze.[30]
Diese Kompetenzfacetten seien deshalb so wichtig, weil es zur politischen
Meinungsbildung vor allem durch »persönlichen Austausch über politische
Themen mit Personen des sozialen Umfeldes« komme, wodurch insbesondere über die Anknüpfung an Informationen aus den Massenmedien »subjektiv geteilter Sinn und damit die Möglichkeit zu sozial verankerten [sic!]
Meinungsbildung [entsteht]«.[31] In dieser Wirkvorstellung der Massenmedien
ist deren Berichterstattung und Kommentierung dann auch mit verantwortlich für politisches Systemvertrauen.[32] Das weist den Massenmedien eine
hohe Bedeutung zu, denn Schülerinnen und Schüler haben in der Regel noch
keine eigenen unmittelbaren Erfahrungen mit Politik gemacht:

> »Mit der realen Politik kommen Jugendliche – auch im Politikunterricht – überwie-
> gend über die Massenmedien in Verbindung. Das heißt: Der Politikunterricht hat
> auch die Aufgabe, den kritischen Umgang mit Massenmedien zu vermitteln […] und
> politische Probleme und Sachverhalte zu analysieren. Dies fördert kommunikatives
> politisches Handeln und es hilft Schülerinnen und Schülern dabei, die Responsivität
> des politischen Systems beurteilen zu können und politisches Systemvertrauen zu
> entwickeln«.[33]

---

28 Detjen et al. 2012: 65.
29 Detjen et al. 2012: 66.
30 Detjen et al. 2012: 72.
31 Detjen et al. 2012: 72.
32 Vgl. Detjen et al. 2012: 97.
33 Detjen et al. 2012: 109.

Unschwer zu erkennen ist, dass ein direkter Anschluss dieses Konzeptes von Medien an das Phänomen der Mediatisierung (wie etwa von Krotz beschrieben) nur bezüglich der mediatisierten interpersonalen Kommunikation beziehungsweise »Massenkommunikation« möglich ist, während eine »interaktive Kommunikation [...] zwischen Mensch und einem ›intelligenten‹ Hardware/Software-System« nicht angesprochen wird.[34] Noch weniger ist von unterschiedlichen Realitäten der Kommunikationsnetze die Rede. Ohne Bezugnahme auf konstruktivistische Annahmen wird man der modernen Medienwelt jedoch schwerlich gerecht, denn

> »[b]ei politischen Institutionen und Prozessen handelt es sich um Ergebnisse und Formen menschlichen Tuns, denen offensichtlich keine außermenschliche Realität zukommt; bei der ›Sache‹ von Politik und politischer Bildung geht es somit in jedem Fall um menschliche Konstrukte«.[35]

Daher ist für jede Beschäftigung mit dem Verhältnis von Medien und Politik – und das gilt erst Recht im Kontext der Mediatisierungstheorie – davon auszugehen, dass »Medien als aktives Element im sozialen und politischen Prozess« zu verstehen sind. Sie »verändern die Politik genauso, wie die Politik die Medien verändert. [...] Sie verändern Verhältnis und Struktur öffentlicher und privater Kommunikation und stellen damit [...] unsere Vorstellung von Sender und Empfänger auf die Probe«.[36] Diese Entwicklung wird von Anja Besand mit dem Begriff »Medialisierung« umschrieben, der sowohl Chancen als auch Risiken birgt,[37] womit wiederum der Anschluss an Hilligen möglich ist. Herausforderungen liegen beispielsweise in dem Ausgeliefertsein von Internetnutzern an die Algorithmen nicht nur von Suchmaschinen[38] oder in der grundsätzlichen Unübersichtlichkeit heutiger medialer Möglichkeiten, Chancen im Versprechen unmittelbaren Zugangs zu Informationen und breit angelegter dialogischer Kommunikation im Netz. Grundsätzlich gilt, dass heutzutage »die Beschäftigung mit Politik [...] zu keiner Zeit von der Beschäftigung oder zumindest der Berücksichtigung ihrer medialen Aspekte zu trennen« ist.[39] Grammes führt dies weiter, wenn er eine »sozialwissenschaftliche Wissenstheorie für das digitale Zeitalter« einfordert, die unter anderem solche Fragen beantworten hilft, »wie sich das Verhältnis von Netz und Knoten, von Informationen und Begriffen für

---

34 Krotz 2007: 13.
35 Sander 2014: 85.
36 Besand 2014: 366.
37 Vgl. Besand 2014: 366–368.
38 Vgl. Schieren 2016.
39 Besand 2014: 369f.

eine orientierungslose Jugendgeneration ›Surf&Click‹ neu gestalten soll«.[40]
Diese Theorie würde die »Entwicklungslogiken gesellschaftlich-politischer
Kognitionen« berücksichtigen.[41]

Eine aktuelle Analyse fachdidaktischer Forschung zu digitalen Medien in
der politischen Bildung[42] sieht diese jedoch weit davon entfernt, eine empirische Basis für solch eine fachdidaktische Theorie liefern zu können, denn
obwohl »der Zusammenhang politischer Fragen mit Neuen Medien relativ
gut beforscht wird, thematisieren nur wenige Arbeiten den Zusammenhang
mit politischer Bildung«.[43] Die Forderung, dass politische Bildung sich auf
Grund der Medienentwicklung und Mediennutzung verändern muss, weil
digitale Medien zunehmend nicht nur passiv rezipiert, sondern aktiv genutzt
werden[44], wobei sich öffentliche, halböffentliche und private Sphären berüh-
ren oder sogar durchmischen, ist damit zwar verständlich, aber noch nicht
hinreichend konzeptualisiert. Dies gilt sowohl für die schulische wie auch
für die außerschulische politische Bildung.

Gründe für diese Forschungsdesiderate lassen sich benennen: Für die
schulbezogene politikdidaktische Forschung spielt das Thema eine unterge-
ordnete Rolle, da sie ihre Aufmerksamkeit seit geraumer Zeit auf die Etablierung und Absicherung von Kompetenzstruktur- und -entwicklungsmodellen
richtet und thematisch höchst heterogen ist. Medienfragen werden nur an
einer überschaubaren Anzahl von Standorten thematisiert und das meist
nicht im Verbund mit anderen. Der außerschulischen politischen Bildung
fehlt es dagegen schlicht an der nötigen wissenschaftlichen Infrastruktur in
Form von Stellen und Ressourcen. Dennoch lassen sich einige Folgerungen
für die politische Bildung aus den vorhandenen Studien und Überlegungen
ziehen.

4. Folgerungen für die politische Bildung

Grundsätzlich gilt, dass »Politik immer medial vermittelt ist« und es daher
nur konsequent wäre, eine »medienbezogene Politikdidaktik zu denken und
auszuarbeiten«.[45] Das bedeutet auch, dass diese Politikdidaktik auf der Höhe
der Zeit zu sein und daher selbstredend auch das Thema Mediatisierung zu

---

40 Grammes 2016: 260.
41 Grammes 2016: 260.
42 Vgl. Transferstelle politische Bildung 2016.
43 Transferstelle politische Bildung 2016: 19.
44 Vgl. Transferstelle politische Bildung 2016: 9.
45 Goll 2016: 331.

berücksichtigen hat. Dies kann man unter Bezugnahme auf die fachdidaktische Literatur mehrdimensional begründen: Basal sind dabei die didakti-
schen Kriterien »Zukunftsbedeutsamkeit (für das Leben der Menschen) und
permanente Aktualität (im Sinne mittel- und langfristiger gesellschaftlicher
Probleme). Dazu tritt die Möglich- und Notwendigkeit einer Verknüpfung
der politischen Bildung mit den systematisch-wissenschaftlichen Grundlagen der Politik und, abgeleitet davon, der Gesellschaft, der Wirtschaft
und des Rechts«[46]. Evident ist, dass Mediatisierung als Grundkonstante
der Kommunikation menschliche Gesellschaften konstituiert und dass die
gelingende oder misslingende Konstituierung gerade für die Demokratie von
permanenter Aktualität ist.

Ebenso evident ist die Bedeutsamkeit medialer Wirklichkeiten im Zeitalter
der Digitalisierung für das zukünftige Leben der Menschen und genauso daher
ihre Regelbedürftigkeit, soll der Mensch nicht der Technik ausgeliefert sein.
Die Diskussion um die Macht von Google und Facebook und wie man ihrer
Herr wird steht dafür genauso exemplarisch wie die Frage nach dem Schutz
demokratischer Wahlen vor Manipulationen aus dem In- wie auch Ausland.
Wenn man zudem einem »praktischen Politikverständnis« folgt, dann ist es nur
konsequent, Mediatisierung als Thema der politischen Bildung zu begreifen,
denn aus dieser Sicht ist »Politik als die kommunikativ zu bewältigende stän-
dige Aufgabe zu begreifen, den Menschen ein gutes Leben zu ermöglichen«.[47]
Und ohne Mediatisierung ist diese kommunikative Aufgabe nicht zu denken.
Fasst man die Schlussfolgerungen der Transferstelle für politische Bildung in
Hinsicht auf Neue Medien in der politischen Bildung[48] und die Überlegungen
zur Mediatisierung zusammen, lassen sich folgende Thesen entwickeln:
These 1: Da die Neuen Medien in ihren je aktuellsten Entwicklungsstufen
weder aus der Alltagswelt der Lernenden noch aus der Welt von Politik weg-
zudenken sind, muss politische Bildung die Frage nach den Wechselwirkungen
von Medien und Gesellschaft, also nach Mediatisierung und ihrer Bedeutung
für Politik und Gesellschaft in ihr Repertoire aufnehmen. Dies bedeutet, dass
politische Bildung in- und außerhalb der Schule zum Beispiel auch Netzpo-
litik zum Thema machen muss und selbst kein Ort digitaler Abstinenz sein
darf. Neuere Studien zur Computernutzung in der Schule legen nahe, dass
es hier einen enormen Nachholbedarf gibt,[49] während digitale Medien in der

---

46 Detjen 2013: 260.
47 Detjen 2013: 281.
48 Vgl. Transferstelle politische Bildung 2016: 12, 14f., 17, 19f.
49 Vgl. Bos et al. 2014.

außerschulischen politischen Bildung eher selbstverständlich sind, weil sie unter anderem von Jugendlichen ganz selbstverständlich genutzt werden.[50]

These 2: Zur Mediatisierung gehört auch die Etablierung weltweit Wirksamkeit entfaltender Realitätskonstruktionen, deren Entstehungszusammenhänge ebenso wie ihre Wirkmechanismen Gegenstand politischer Bildung sein müssen. Nur so ist eine Sensibilisierung für die Gefahr der Überwältigung durch die Nutzung moderner Kommunikationsmedien möglich, denn unreflektierte Mediennutzung verstärkt häufig deren Effekte, was man an den Anhängern von Verschwörungstheorien oder an der Diskussion in geschlossenen Kommunikationszirkeln zum Beispiel der sogenannten Reichsbürger gut nachvollziehen kann. Politische Bildung im »postfaktischen Zeitalter« wäre in diesem Zusammenhang der Ort für Sensibilisierung gegenüber Immunisierungsstrategien und -mitteln von Ideologien gleich welcher Art vor Kritik. Das gilt schon für die Wirklichkeitskonstruktionen polarisierender »Mini-Publics« und für Manipulationsmechanismen durch Bots oder Algorithmen.

These 3: Ganz im Sinne Hilligens müssen sowohl die Herausforderungen als auch die Chancen der Mediatisierung als umfassender Prozess der gesellschaftlichen Entwicklung thematisiert werden. Sowohl ein naiver Nutzungsenthusiasmus als auch eine Behütepädagogik im bildungsbürgerlichen Gewand verbieten sich dabei von selbst. Während der Enthusiasmus eher die außerschulische politische Bildung zu prägen scheint, herrscht in der Schule mitunter noch immer ein möglicherweise bildungsbürgerlich basierter Affekt gegenüber alternativen und subkulturellen Ausdrucksformen vor, die sich heutzutage im Netz entfalten. Weder das eine noch das andere ist eine angemessene Grundlage für politische Bildung als Begleitung zur Mündigkeitsentfaltung.

These 4: Diese Herausforderungen sind nicht prinzipiell neu, da zum Beispiel schon immer das Verfügen über spezifische Mittel der Kommunikation gesellschaftliche Relevanz hatte und Realitätskonstruktionen grundsätzlich nur kommunikativ wirksam werden oder gar nicht. Schon das Prinzipat des Augustus als Ära des Friedens fußte auf der »Macht der Bilder« in Gestalt einer durchorganisierten, das gesamte Imperium Romanum erfassenden Bilderflut.[51] Wie der Prinzeps gesehen werden wollte, wurde den Bewohnern Roms und der Provinzen in Statuen und Berichten vorgegeben. Moderne Regime, wie etwa das von Nordkorea, handeln nicht anders, wenn sie ihren Bürgern alternative Informationsmittel nehmen und ihre Sicht der Dinge absolut setzen wollen. Umgekehrt kann man am Nachleben des Nero in

---

50 Vgl. Spaiser 2013.
51 Vgl. Zanker 1987.

der Geschichte erfahren, was es bedeutet, der Macht anderer Narrationen über die eigene Biografie ausgeliefert zu sein.[52] Für die politische Bildung bedeutet das, dass sie immer auch historisch-politische Bildung sein muss, damit grundsätzliche Fragen des Verhältnisses von Politik und medialer Darstellung an »klassischen« Fällen analysiert werden können.

These 5: Neu ist auch nicht das Faktum eines ungleichen Zugangs zu den Möglichkeiten der Medien sowie unterschiedlicher Kompetenzausstattung bei den potenziellen Nutzern. Hierdurch wird lediglich die Bedeutsamkeit des Auftrags der politischen Bildung, möglichst viele Bürger zur aufgeklärt-kritischen Mediennutzung zu befähigen, bestätigt. Zu dieser Befähigung zur Nutzung gehört dann aber auch die tatsächliche aktive Schulung im kritischen Umgang mit digitalen Medien. Es liegt auf der Hand, dass die außerschulische politische Bildung hier einen Vorteil in Gestalt der freien Verfügung über Zeit und Inhalte ihrer Angebote hat. Allerdings steht sie unter dem Druck der Nachfrage, während die schulische politische Bildung verpflichtend ist. Im Kontext der Ganztagsschulen erwächst hier ein Feld nutzbringender Zusammenarbeit, zum Beispiel in Arbeitsgemeinschaften.

These 6: Damit über und mit digitale(n) Medien sinnvoll unterrichtet werden kann, müssen diese in den Institutionen der politischen Bildung innerhalb und außerhalb der Schule präsent und politische Bildner selbst medienkompetent sein. Ohne eine entsprechende materielle Ausstattung der Schulen und eine Aus- und Weiterbildung der Lehrenden wird das nicht gelingen. Beides ist nötig, denn es nutzt nichts, wenn zwar die entsprechende Hardware in den Schulen und Bildungseinrichtungen vorhanden wäre, es aber kein Konzept für deren fachlich angebundenen Einsatz gäbe. Gleiches gilt für die politischen Bildner, wenn sie zwar alle technischen Möglichkeiten der Kommunikation privat verwenden würden, sie aber nicht das angemessene Handwerkszeug für deren didaktisch begründete unterrichtliche Nutzung hätten. Politische Bildung hat damit die Aufgabe, eine politische Mediendidaktik zu konzipieren. Hier steht sie erst am Anfang. Daher ist das Ausweichen auf politische Bildung als fachübergreifende Aufgabe auch kein wirklicher Ausweg aus der Klemme der Lehrpläne, denn auch für eine so verstandene politische Bildung braucht man Konzepte, soll sie nicht als unfachlicher Aktionismus enden, der im besten Falle keine statt einer kontraintendierten Wirkung hat.

Aus diesen Thesen ableiten zu wollen, dass damit einer sofortigen Implementation der Thematik Mediatisierung in die Lehrpläne der Schulen nichts mehr im Wege stehe, wäre ein Fehlschluss. Während das Wissenschaftssystem

---

52 Vgl. Sonnabend 2016.

unter anderem zumindest prinzipiell der Logik neuer Wissensproduktion folgt und damit auch Minderheitspositionen und Neuansätze fördern sollte, sind Bildungseinrichtungen Institutionen zur Tradierung von Kulturgütern. Jeder »neue« Inhalt muss sich damit zunächst einmal »bewährt«, das heißt seine Bedeutsamkeit unter Beweis gestellt haben. Im Kontext der politischen Bildung kommt aufgrund ihrer gesellschaftlichen und politischen Relevanz ein hohes Maß an Legitimationsbedürftigkeit hinzu.[53] Die erwiesene wissenschaftliche Relevanz – so sie denn eindeutig wäre – ist dabei nur ein Legitimationsgrund. Hinzu treten erziehungswissenschaftliche und pädagogische, kognitions- und entwicklungspsychologische sowie fachdidaktische Überlegungen, die sich sowohl der Fachöffentlichkeit als auch der allgemeinen Diskussion in der Gesellschaft stellen müssen, um dann in Verwaltungshandeln oder gegebenenfalls sogar in Parlamentsentscheiden zu verbindlichen Curricula zu führen. Lehrplanentwicklung ist ein politischer Akt, kein wissenschaftlicher.

Gelingt es der Wissenschaft, die Bedeutung einer Thematik, wie zum Beispiel der Mediatisierung, zu vermitteln, dann können die Funktionslogiken der beiden Sphären Wissenschaft und Politik in der curricularen Etablierung der Thematik kulminieren – wenn nicht, dann messen die Akteure in Verwaltung und Politik ihr offensichtlich keine besondere Bedeutung zu. Das wäre allerdings vor dem Hintergrund ihrer faktischen Bedeutung schwer nachvollziehbar. Tröstlich für alle Verfechter ihrer Bedeutsamkeit ist jedoch, dass die kompetenzorientierten Lehrpläne prinzipiell für unterschiedlichste Thematiken offen sind. Überhaupt scheint der erfolgversprechendere Weg zur Etablierung der Thematik in der Schule über Kompetenzformulierungen zu gehen, die darauf abzielen, dass Schüler in der Lage sind, ihrem Eingebettetsein in Kommunikations- und Gesellschaftsstrukturen (selbst-)reflexiv und kritisch auf den Grund zu gehen und die Möglichkeiten der Medien kreativ zu nutzen. Während Letzteres sich oft schon aus dem faktischen Tun der »Digital Natives« über Learning by Doing ergibt, ist Ersteres nicht nur, aber zuvörderst, Aufgabe der Bildungseinrichtungen. Das aber entspricht dem Konzept politischer Urteilsfähigkeit, die sich auch am Thema Mediatisierung schulen lässt. Die »List der Vernunft« würde sich dann darin zeigen, dass Lernende sich bei der Behandlung der Thematik Mediatisierung im Unterricht fragen müssten, wer oder was dafür verantwortlich ist, dass diese keinen Eingang in die Lehrpläne gefunden hat. Kritische politische Bildung geht immer schon über die Curricula hinaus, indem sie diese einer Kritik unterzieht, um sie so auf eine höhere Ebene zu heben.

---

53 Vgl. Detjen 2013: 287f.

Abstract

The phenomenon of mediatisation is currently one of the fundamental topics of politics and society. Google and big data, virtual reality and faked news show us: the problem is relevant – more than ever. However, the concept is hardly found in the curricula of political education. This is hard to understand, because mediatisation is of great importance for political education: Basically, politics is always medially mediated and it would therefore only be consistent to think and work out a media-related civic education. This means that the political education has to make the issue of mediatisation a subject of discussion. The paper follows a classical three-step approach, first outlining how mediatisation can be formulated in theory. In a second step, the role of media as a learning object in school teaching and in extracurricular civic education with a special focus on mediatisation is discussed. Finally, an outlook is given on how the topic of mediatisation can be located in political education.

Literatur

Arnold, Nina / Fackelmann, Bettina / Graffius, Michael / Krüger, Frank / Talaska, Stefanie / Weißenfels, Tobias (2011): Sprichst du Politik? Ergebnisse des Forschungsprojekts und Handlungsempfehlungen, Berlin.

Besand, Anja (2014): Medienerziehung, in: Wolfgang Sander (Hg.), Handbuch politische Bildung, 4. Aufl., Schwalbach/Ts., S. 366–374.

Bos, Wilfried / Eickelmann, Birgit / Gerick, Julia / Goldhammer, Frank / Schaumburg, Heike / Schwippert, Knut / Senkbeil, Martin / Schulz-Zander, Renate / Wendt, Heike (Hg.) (2014): ICILS 2013. Computer- und informationsbezogene Kompetenzen von Schülerinnen und Schülern in der 8. Jahrgangsstufe im internationalen Vergleich, Münster/New York.

Deichmann, Carl (2004): Lehrbuch Politikdidaktik, München/Wien.

Detjen, Joachim (2013): Politische Bildung. Geschichte und Gegenwart in Deutschland, 2. Aufl., München.

Detjen, Joachim / Massing, Peter / Richter, Dagmar / Weißeno, Georg (2012): Politikkompetenz – ein Modell, Wiesbaden.

Gesellschaft für Politikdidaktik und politische Jugend- und Erwachsenenbildung (GPJE) (2004): Nationale Bildungsstandards für den Fachunterricht in der Politischen Bildung an Schulen. Ein Entwurf, 2. Aufl., Schwalbach/Ts.

Goll, Thomas (2016): »Da Politik immer medial vermittelt ist, sehe ich meine besondere Schwerpunktsetzung darin, eine medienbezogene Politikdidaktik zu denken und auszuarbeiten.«, in: Kerstin Pohl (Hg.), Positionen der politischen Bildung 2: Interviews zur Politikdidaktik, Schwalbach/Ts., S. 318–335.

Grammes, Tilman (1998): Kommunikative Fachdidaktik. Politik – Geschichte – Recht – Wirtschaft, Opladen.

Grammes, Tilman (2016): »Gesellschaftswissenschaftliche Curricula müssen systematisch neu anhand der Prinzipien globalen Lernens und trans-kultureller Didaktik für den World Classroom durchdacht werden!«, in: Kerstin Pohl (Hg.), Positionen der politischen Bildung 2: Interviews zur Politikdidaktik, Schwalbach/Ts., S. 248–265.

Hilligen, Wolfgang (1985): Zur Didaktik des politischen Unterrichts. Wissenschaftliche Voraussetzungen. Dikaktische Konzeptionen. Unterrichtspraktische Vorschläge, 4. Aufl., Opladen.

Institut für Demoskopie Allensbach (2013): Hohes Ansehen für Ärzte und Lehrer – Reputation von Hochschulprofessoren und Rechtsanwälten rückläufig. Allensbacher Berufsprestige-Skala 2013 (= Allensbacher Kurzbericht, 20. August 2013), Allensbach.

Krotz, Friedrich (2007): Mediatisierung. Fallstudien zum Wandel von Kommunikation, Wiesbaden.

Maier, Jürgen (2015): Massenmedien und öffentliche Meinung, in: Sonja Zmerli / Ofer Feldmann (Hg.), Politische Psychologie. Handbuch für Studium und Wissenschaft, Baden-Baden, S. 218–235.

Ministerium für Schule und Weiterbildung von Nordrhein-Westfalen (2014): Kernlehrplan für die Sekundarstufe II Gymnasium/Gesamtschule in Nordrhein-Westfalen: Sozialwissenschaften und Sozialwissenschaften/Wirtschaft, Düsseldorf.

Sander, Wolfgang (2013): Politik entdecken – Freiheit leben. Didaktische Grundlagen politischer Bildung, Schwalbach/Ts.

Sander, Wolfgang (2014): Wissenschaftstheoretische Grundlagen politischer Bildung: Konstruktivismus, in: Wolfgang Sander (Hg.), Handbuch politische Bildung, 4. Aufl., Schwalbach/Ts., S. 77–89.

Schieren, Stefan (2016): Die Macht der Algorithmen, in: Politikum 2 (1/2016), S. 4–12.

Sonnabend, Holger (2016): Nero. Inszenierung der Macht, Darmstadt.

Spaiser, Viktoria (2013): Neue Partizipationsmöglichkeiten? Wie Jugendliche mit und ohne Migrationshintergrund das Internet politisch nutzen, Weinheim/Basel.

Steinmaurer, Thomas (2016): Permanent vernetzt. Zur Theorie und Geschichte der Mediatisierung, Wiesbaden.

Transferstelle politische Bildung (2016): Politische Bildung und Neue Medien. Bericht der Transferstelle politische Bildung zum Jahresthema 2015, Essen.

Weißeno, Georg / Detjen, Joachim / Juchler, Ingo / Massing, Peter / Richter, Dagmar (2010): Konzepte der Politik – ein Kompetenzmodell, Bonn.

Zanker, Paul (1987): Augustus und die Macht der Bilder, München.

Gudrun Marci-Boehncke

Mediatisierung und Schule

Von digitalem Lesen als »neuer« Kompetenz und anderen
notwendigen Lehr-/Lernbedingungen

1. Einleitung

Der folgende Beitrag fokussiert auf den Einfluss der Digitalisierung auf die
Institution Schule. Dabei wird Digitalisierung betrachtet als die aktuelle
Ausformung des grundsätzlichen Metaprozesses »Mediatisierung«.[1] Es sind
in der Schule zum einen strukturelle Einflüsse zu verzeichnen, zum anderen
Veränderungen bisheriger Kompetenzen und Inhalte. Besonders betroffen ist
der kommunikative Vorgang der menschlichen Verständigung mittels gegebenenfalls verschiedener Zeichensysteme, die jetzt digital vermittelt werden,
kurz: das Lesen. Dabei wird Lesen als aktiver Prozess verstanden, der grundsätzlich gleichzeitig rezeptiv und produktiv ist, weil er vom Lesenden erwartet, Zeichen in jeweiligen kulturellen Kontexten zu entschlüsseln und auf der
Basis individuell vorhandenen Wissens zu »verstehen«, das heißt mit eigener
Bedeutung zu versehen.[2] Lesende sind also – egal, über welches Medium Text
zugänglich gemacht wird – immer schon rezeptiv und produktiv tätig. Ihre
produktive Aktivität zeigt sich aber bei analogen Texten zunächst nur im
Rahmen des eigenen Verstehens im konstruierten, verstandenen »neuen« Text.

   Die Digitalität hat diese Erschließungsprozesse gewandelt. Hier kann
zeitgleich zum Rezeptionsprozess und sogar als Teil desselben aktiv digital
produziert werden: über Nachfragen in Foren, Recherchen im Netz, Wei-
terleitungen mit Bearbeitungen etc. Die Möglichkeiten des Web 2.0 und ihre
Auswirkungen auf die Akteure sind in ihrem innovativen Charakter vom
australischen Medienwissenschaftler Axel Bruns trefflich mit »Produsage«
beschrieben worden.[3] Die vormalige Trennung in Produzenten und Rezipienten von Text, eine Rollentrennung, die auch immer unterschiedliche

---

1 Vgl. Krotz 2001, Krotz 2007.
2 Vgl. ausführlich zu einem anthropologisch begründeten und im Sinne der Mediatisierung
   erweiterten Lesebegriff: Bildungspartner NRW 2017.
3 Vgl. Bruns 2008.

Möglichkeiten gesellschaftlichen Einflusses und gesellschaftlicher Partizipation bedeutet hat, verschwindet. Jeder kann jederzeit mit allen weltweit kommunizieren, kann lesen und schreiben, dokumentieren und frei gestalten – in Bild, Schrift und Ton. Diese Partizipationskultur[4] hat gesellschaftliche Handlungspraxen stark verändert, vor allem in den sozialen Gruppen, die in großer Mehrheit innovationsoffen sind und bei denen neue Entwicklungen schnell zum Teil kultureller Praxen werden: den Jugendlichen. Ohnehin stark kommunikationsorientiert, nutzen sie Digitalität ubiquitär und können heute vielerorts sogar kostenfrei auf Zugänge ins Netz zugreifen. Netz ist so selbstverständlich geworden wie Strom und fließendes Wasser. Und genau wie diese hat die Digitalität kulturelles Verhalten neu ausgerichtet. Der Amerikaner Clayton Christensen spricht in diesem Zusammenhang von einer »disruptive technology«[5].

Für diverse Rezeptionskontexte, in denen es um Verstehen geht und die so gesehen hier immer als Lesen bezeichnet werden, trifft dies zu und die Entwicklung in diesem Bereich ist keinesfalls abgeschlossen. Fahrpläne studieren, eigene Routen individuell zusammenstellen lassen, Warenangebote vergleichen, Kaufverträge eingehen, Kursentwicklungen an der Börse in Echtzeit miterleben, weltweite Informationen aus offiziellen und privaten Quellen erhalten und sich selbst am Informationsfluss beteiligen – es bedarf nur eines Digitalgeräts mit Internetzugang und dann gibt es dazu keine Beschränkungen mehr.

Dass eine solche gesellschaftliche Entwicklung Folgen hat für Bereiche, die bisher Exklusivitätsansprüche formuliert haben, liegt auf der Hand. Dem Datenaustausch sind technisch bisher immer nur kurzfristig Grenzen zu setzen gewesen. Rechtsverordnungen mussten her, um Urheberrechte in Bild und Ton zu sichern und nicht alles direkt automatisch zu vermeintlich gemeinem Gut zu machen. Für Verlage waren schon Kopiergeräte eine Existenzbedrohung, der Datenaustausch im Netz dramatisiert die Lage. Gleiches gilt für die Film- und Musikbranche.

2. Vom Umgang mit Digitalität als Kompetenzerwartung – ein Bildungsziel?

Aber auch eine andere gesellschaftliche Institution tut sich schwer, sich den Bedingungen der Digitalität zügig zu stellen und ihrer Aufgabe gemäß die

---

4   Vgl. Jenkins 2006, Jenkins 2009 sowie Jenkins/Kelly 2013.
5   Christensen 2016: 6.

pädagogische Basis zu schaffen, der nachwachsenden Generation in dieser neuen Umgebung einen verantwortungsvollen Umgang anzuerziehen: die Schule. Ihre Aufgabe ist es, Kinder und Jugendliche unabhängig von ihrer sozialen Herkunft oder ihren sonstigen individuellen Dispositionen gleichberechtigt, verlässlich und nach den jeweiligen Möglichkeiten optimal auf das Leben vorzubereiten, ihnen »Bildung« angedeihen zu lassen. Dass allein diese Formulierung Lager spaltet, zeigt die Diskussion um Bildungsstandards in Deutschland. Was überhaupt Bildung ist und ob man eine solche »messen« kann, daran scheiden sich die Geister, auch innerhalb der Deutschdidaktik. Aus verschiedenen Überzeugungen heraus argumentieren die einen für die Aufrechterhaltung des alten »Bildungsbegriffs«, die anderen dagegen.[6] Vor allem Ziele wie die »Betonung der Mündigkeit« sowie eine »moralische[…] und ästhetische[…] Dimension«[7] scheinen für manche ein »überkommenes Verständnis«[8] abzubilden.

Im Hinblick auf die Ästhetik haben sich Bedenken aufgeweicht, man versucht sogar mehr und mehr, nicht nur adäquate denotative Informationsentnahme aus Texten bei Schülern zu messen, sondern auch ein literarisches Verstehen und Bewerten.[9] Allerdings bewegt man sich hier noch immer im Bereich der analog veröffentlichten Literatur, fokussiert auf traditionelle narrative Texte der kanonisierten Literatur. Dass hinsichtlich jugendlicher Vorlieben dieses Spektrum zu erweitern sein müsste, weil erwartbar – und inzwischen sogar empirisch bewiesen – ist, dass interessengeleitetes Lesen auch das Leseverständnis erhöht,[10] darauf hat erneut Bonny Norton aufmerksam gemacht.[11] Die Kanadierin betrachtet schulische Leseförderung auch soziologisch und anthropologisch – und eigentlich auch systemtheoretisch. Sie konnte feststellen, dass die Anerkennung von Schülerinteressen und Gruppierungen seitens der Lehrkräfte die Bereitschaft der Schüler erhöhte, sich an Lernaktivitäten zu beteiligen.

> »Die Ergebnisse wiesen darauf hin, dass die ungleichen Machtbeziehungen zwischen Lehrern und Eltern auf der einen Seite und den Kindern auf der anderen Seite die Beschäftigung des Kindes mit dem Text einschränken und diese manchmal zu einem bedeutungslosen Ritual machen.«[12]

---

6 Vgl. Bremerich-Vos 2013: 21–24.
7 Bremerich-Vos 2013: 22.
8 Bremerich-Vos 2013: 22.
9 Vgl. Roick et al. 2013.
10 Vgl. Henschel/Roick 2013, Henschel et al. 2013.
11 Norton 2013.
12 Norton 2013: 128.

In den deutschen Sprachraum übertragen, könnte man diese »imagined identities« und »imagined communities«, von denen Norton als Identitätsmerkmale der Jugendlichen spricht[13], auch als selbstdefinierte Zugehörigkeiten zu bestimmten Kulturen verstehen.[14] Ihre Studie legt nahe, »dass Pädagogen – ob innerhalb oder außerhalb des Unterrichts – diese Praktiken, welche die Schüler ansprechend und sinnvoll finden [gemeint sind hier Auseinandersetzungen auf freiwilliger Basis mit selbstgewählten Texten, G. M.-B.] besser verstehen müssen, anstatt sie abzulehnen.«[15] Das würde jedoch eine Infragestellung etablierter ästhetischer Definitionssysteme bedeuten. Denn dann würden auch solche selbständigen literarischen Praktiken zunächst grundsätzlich anerkannt werden müssen, die »bottom-up« und eben nicht kanonisiert »top-down« geleistet werden – mit Folgen für die Reichweite und Überzeugungskraft etablierter Canones ebenso wie für das Selbstbewusstsein der so literarisch Aktiven.

Die Anwendung des Prinzips der Anerkennung[16] auf den Bildungsdiskurs widerspräche einer heimlichen »Hauptfunktion von Ausbildung, soziale Differenzen zu produzieren, dadurch das ›kulturelle Kapital‹ für eine Elite zu reproduzieren und dabei zu behaupten, dass allen Zugang dazu gewährt wird« – so deutlich und etwas ketzerisch Brian Street.[17]

Die Berücksichtigung aktueller digitaler Medialität im Schulunterricht in Deutschland basiert insofern – so die These dieses Beitrags – zunächst auf der Anerkennung der Mediatisierungsthese.[18] Sie setzt die Erkenntnis voraus, dass Medien Gesellschaft auf den Ebenen privater, institutioneller und gesamtgesellschaftlicher Kommunikation verändern und wir diese Veränderungen in allen gesellschaftlichen Zusammenhängen sinnvollerweise mit reflektieren müssen, um den medialen Einfluss auch prospektiv berücksichtigen zu können.[19] Digitalität hat gesellschaftliches Handeln verändert, sie ist nicht allein eine neue Technik, deren Nutzung gelernt und schulisch bewertet werden könnte. Lesen muss nicht nur neu »ge-messen«, sondern gewissermaßen neu »ver-messen« werden. Schule als Ganzes und Leseförderung im Speziellen werden nicht umhin kommen, sich mit den Folgen der Mediatisierungsthese auf ihr pädagogisches Handeln auseinanderzusetzen und – so sie den Anspruch auf kindliche und jugendliche Bildungsprozesse

---

13 Norton 2013: 126–133.
14 Vgl. Hepp 2011.
15 Norton 2013: 129.
16 Vgl. Honneth 2010.
17 Street 2013: 158.
18 Vgl. Krotz 2001, Krotz 2007.
19 Vgl. Rath 2014.

(und nicht nur Ausbildungsprozesse) nicht verlieren wollen – ihr pädagogisches Handeln unter Berücksichtigung der veränderten Kommunikations- und Handlungsbedingungen auch selbst zu verändern. An dieser Stelle soll es vor allem um einen prominenten Aufgabenbereich schulischen Lehrens und Lernens gehen: das Lesen, welches sich im Zuge der Mediatisierung gewandelt und erweitert hat. Es steht jedoch gewissermaßen stellvertretend für digitales Handeln per se, weil jenes – wie eingangs ausgeführt – ohne digitale Lesekompetenz als De- und Rekodierung in sinnkonstruktiver Absicht nicht denkbar ist. So, wie menschliche Kommunikation immer medial vermittelt ist, setzt auch digitale Kommunikation mediale Lese- und Schreibkompetenzen voraus.

3. Digitales Lesen im Kontext der Literacy-Kompetenzmessung bei PISA

Seit 2009 wird im Rahmen der PISA-Studie neben der bekannten »Lesekompetenz« auch das digitale Lesen erfasst. Die Unterschiede werden in der Darstellung des PISA-Konsortiums[20] vor allem in folgenden Merkmalen beschrieben:

(1.) Bei digital präsentierten Texten erkennt der Nutzer nicht sofort deren tatsächliche Länge.

(2.) Verschiedene Texte sind über Vernetzungen und andere Darstellungsoptionen leichter zugänglich und parallel nutzbar und bearbeitbar. Im konkreten Test soll jedoch in der Testsituation alles auf einer Seite einsehbar gewesen sein, allerdings mussten die technischen Rahmenbedingungen geschaffen sein, damit vernetztes Recherchieren und Arbeiten für die Testteilnehmenden möglich war.[21]

(3.) Es werden mit den jeweiligen Formen verschiedene Texttypen identifiziert. Typisch für digitales Lesen erscheinen kommunikative Texte, Mails und Text-Messages. Narrative Texte hingegen seien typischer für analoges Lesen, heißt es. »Narrative texts, in contrast, are more common in print reading.«[22] Gemeint scheint hier, dass man für die Erschließung narrativer

---

20 Vgl. OECD 2015.
21 In der letzten Runde der PISA-Testung (2016) wurden zwar Aufgaben digital zugänglich gemacht, jedoch ohne im Leseprozess die Funktionen der Digitalität zu ermöglichen. Hier wird die digitale Oberfläche nur als Trägermedium verwendet, was allerdings keine mediumsspezifischen Handlungsfunktionen mehr bereithält – vergleichbar einer Tageszeitung im Glaskasten-Aushang.
22 OECD 2015: 83.

Texte weniger digital vernetzt handeln würde. Als gedruckte Texte fände man eher erzählende Texte als solche, die kommunikative Ansprüche stellen.[23]

(4.) Benötigt wird technische Nutzungskompetenz digitaler Geräte: Einen Internetzugang muss man herstellen können, unter Umständen Konten erstellen für kommunikative Prozesse, Scrollen, sich auf Seiten orientieren, vor- und zurückblättern können, markieren, kopieren, suchen, ausschneiden und einfügen können – und alle möglichen weiteren produktiven Handlungen zur eigenen Kommunikationsgestaltung in Bild, Text und Ton vornehmen können. Also Tätigkeiten müssen beherrscht werden, die – ohne auf Inhalte genauer einzugehen – als technische Medienkompetenz bezeichnet werden können.

(5.) Wenngleich grundsätzlich Leseverstehen bei beiden Zugangsformen der Texte vorhanden sein muss, unterscheiden sich doch die mit den jeweiligen Präsentationsmodi verbundenen Handlungsformen. Bei digitalen Texten werden zusätzlich zu den bekannten De- und Rekodierkompetenzen, den hierarchieniedrigen und hierarchiehöheren Ebenen des Leseverständnisses, vor allem Zugang und Auswahl, Zusammenhang herstellen und das Interpretieren sowie die Reflexion und Bewertung als Kompetenzen gebraucht. Das fordert Kenntnisse und Fertigkeiten zur Nutzung von Suchmaschinen und -strategien, Kriterienbildung, Kontextualisierung und globale Kohärenzbildung. Diese Teilprozesse sind allesamt auf höheren Lesekompetenzebenen anzusiedeln, setzen sie doch die basale Lesefertigkeit voraus und verlangen grundsätzlich ein abstrakteres Welt- und Handlungswissen und ein inhaltliches Verständnis der herausgeforderten Problemlösung.[24] Zu diesen Handlungsformen gehört – wie bei anderen Medien auch – die Quellenkritik, wenngleich diese im Kontext partizipativer und ubiquitärer Publikationsmöglichkeiten erschwert ist und auch eine Neubewertung erfordert. Die Verlässlichkeit vieler Informationen zeigt sich vor allem in der Anwendung, sie wird nicht per se durch autorisierte Instanzen garantiert. So kann etwa ein Forum geeignetere Informationen bereithalten als ein Herstellerhinweis. Das partizipative Netz macht eine Ausdifferenzierung der Nutzerbedürfnisse für die Bewertung von Information notwendig. Es geht bei einer Quellenkritik im digitalen Raum nicht in erster Linie um die Bestätigung eines »allgemeingültigen Wahrheitsgehalts«, weil es den sowieso nicht gibt, sondern das Erkennen von Perspektiven und Publikationsinteressen.

---

23 Diese Definition scheint von traditioneller Habitualisierung beeinflusst, die auch auf technischen und ökonomischen Gegebenheiten fußt und von Verlagshoheiten für Erzähltexte ausgeht und digitale Lesegeräte noch als Ausnahme betrachtet. Hier verändern sich gegenwärtig viele Einflussfaktoren.

24 OECD 2015: 83.

So ist es selbstverständlich, dass die digitale Lesekompetenz in direktem Zusammenhang steht mit der (analogen) Lesekompetenz an sich – denn die basalen Prozesse sind in beiden Zugangsweisen von Texten die gleichen. Bei vielen Ländern im Kontext der PISA-Studie ist dieser Zusammenhang in den Ergebnissen unmittelbar deutlich.[25] Allerdings scheint auch noch etwas anderes entscheidenden Einfluss zu haben auf die digitale Lesefähigkeit – was ebenso wahrscheinlich ist wie der Zusammenhang mit der analogen Lesekompetenz: die Übung und Erfahrung im Umgang mit explizit digital kommunizierten Texten. Ergebnisse aus Chile und Kolumbien legen diesen Schluss besonders nahe, denn bei diesen Ländern hat es über die Vergleichsjahre keine Entwicklung gegeben in der analogen Lesekompetenz, die digitale jedoch hat sich in den drei Jahren zwischen 2009 und 2012 signifikant erhöht aufgrund veränderter Zugangsbedingungen und Übung: »In the past, lack of familiarity with ICT tools and online text formats may have been a major obstacle for some students to complete even the easiest digital reading tasks.«[26]

In einem Nebensatz quasi wird darüber hinaus als Grund angegeben, dass auch »students' dispositions towards the medium«[27], also ihre eigene Haltung und Motivation eine wichtige Rolle spielt. Man übt etwas häufiger, was einem Spaß macht; es macht Spaß, wenn individuelle Bedürfnisse und Interessen befriedigt werden. Das Lesen von narrativen Texten ist im Jugendalter der achten (ICILS – International Computer and Information Literacy Study) und neunten Jahrgangsstufe (PISA) sowieso überwiegend für Mädchen intrinsisch gratifizierend. Texte im Netz werden gleichermaßen von Mädchen und Jungen genutzt. Dies gilt zurzeit sowohl für Online-Communities als auch für Informationstexte über jugendkulturell wichtige Themen.[28] Die Ergebnisse der PISA 2012 NaBe-Studie[29] werden darüber weiteren Aufschluss bringen. Schon jetzt scheint jedoch bewiesen, dass nicht Zugang allein, sondern vor allem solcher Zugang, der die entsprechenden recherche- und kriteriengestützten Auswahlprozesse an »bildungsrelevanten« Inhalten übt, entscheidend ist für gutes Abschneiden in Aufgaben zur digitalen Lesekompetenz.[30] Mediennutzungskompetenz (ICT) als Basiskompetenz sowie Navigationskompetenz zusammen mit grundlegender (analog getesteter) Lesekompetenz scheinen digitale Lesekompetenz am stärksten zu bestimmen.[31]

25 Vgl. OECD 2015: 89 (Abbildung 3.4).
26 OECD 2015: 92.
27 OECD 2015: 94.
28 Vgl. Feierabend/Plankenhorn/Rathgeb 2016a.
29 Vgl. Zentrum für technologiebasiertes Assessment (TBA) 2016.
30 Vgl. Gil-Flores/Torres-Gordillo/Perera-Rodriguez 2012.
31 Vgl. Hahnel et al. 2016.

Diese Ergebnisse sind eigentlich allesamt erwartbar gewesen. Eine Kompetenz bildet sich aus, wenn die Lernenden motiviert sind, sich mit den neuen Herausforderungen zu beschäftigen (*Haltungen*), wenn sie Gelegenheit zum Üben erhalten (*Fertigkeiten*) und wenn sie relevante Information zur Nutzung hinzuziehen können (*Wissen*).[32] Dass Deutschland bei den offiziellen Ergebnissen zur digitalen Lesekompetenz weder 2009 noch 2012 beteiligt ist und man nach ICILS 2013 verwundert das schlechte Abschneiden Deutschlands im internationalen Vergleich der Rahmenbedingungen zum computerorientierten Arbeiten betrachtet hat, kann eigentlich nur als bildungspolitische Peinlichkeit beschrieben werden. Die Veränderungen der Gesellschaft durch die Mediatisierung haben scheinbar die Schule umschifft: »The skills, practices, and dispositions students are encouraged to develop are filtered through a system designed for an outdated world.«[33] Für eine »abgelaufene Welt« würde ausgebildet, so für die USA der amerikanische Medienwissenschaftler Henry Jenkins. Das gilt auch und besonders für Deutschland.[34] Während international 34,6 Prozent der Schüler Zugang zu Lernplattformen in der Schule haben, ist das in Deutschland nur für 8 Prozent der Fall (zum Vergleich die Niederlande: 69,8 Prozent).

Lernplattformen ermöglichen geschlossene Lernumgebungen, in denen Schüler mit anderen ihrer Lerngruppe (inklusive der Lehrkraft) geschützt kommunizieren können (über Dateienaustausch, Chatprogramme, Mail, Foren) oder man als Lehrkraft individuelle Schüleraktivitäten kommentieren und beobachten und damit den Unterricht gezielter vor- und nachbereiten kann und vieles mehr. Kommunikationsprogramme nutzen in Deutschland schulisch 61,8 Prozent; der internationale Mittelwert liegt bei 91,4 Prozent. Und ein E-Mail-Konto für Schüler haben bei uns nur 28,8 Prozent; der internationale Mittelwert liegt bei 58,7 Prozent. Dies liegt nun nicht allein daran, dass Ressourcen fehlen. Unsere Ausstattung ist relativ zum EU-Mittelwert gar nicht so schlecht. Auf 11,5 Schüler kommt ein Computer.[35] Und inzwischen haben auch nahezu all diese Computer einen Zugang zum Internet. Damit liegt Deutschland hier sogar etwas über dem OECD-Durchschnitt.

Das klingt zwar »irgendwie gut«, ist aber immer noch absolut unzureichend. In der Praxis bedeutet das, wenn man die Werte auf eine normale Klasse mit 30 Schülern anwendet, dass hier für diese Lerngruppengröße

---

32 Vgl. hierzu Weinert (2001), dessen Kompetenzdefinition diese drei Aspekte umfasst und als die maßgebende Bestimmung von »Kompetenz« in der gegenwärtigen Bildungsdiskussion gelten kann.

33 Jenkins/Kelly 2013: 11.

34 Vgl. Bos et al. 2014: 164.

35 Vgl. Bos et al. 2014: 147.

täglich nur drei Computer gleichzeitig nutzbar sind. Selbst wenn man in Gruppen à drei Lernenden arbeitet, können nur neun Personen sinnvoll den digitalen Zugang nutzen. Wie soll ein Unterricht auf dieser Basis unter Einbezug der digitalen Medien didaktisch gestaltet werden? Hier ist fast nur Stationenarbeit denkbar, wenn man nicht längerfristig große Teile der Klasse vom Zugang ausschließen will. De facto steht häufig nur ein Computerraum zur Verfügung und noch nicht mal dieser ist täglich durchgängig belegt, gerade weil eine kontinuierliche Nutzung in diesem Raum als Regelzugang angesichts der konkurrierenden Ansprüche anderer für eine Lehrkraft nicht wahrscheinlich ist. Digitales Arbeiten ist also nur ausnahmsweise möglich. Nur 6,5 Prozent der Schüler aus achten Klassen besuchen eine Schule, die Tablets zur Verfügung hat. Und über 40 Prozent der befragten Lehrkräfte sind auch der Meinung, dass diese Lernbedingungen veraltet sind – anders, als die für die schulische IT-Ausstattung verantwortlichen Personen.[36]

Allerdings ist nicht davon auszugehen, dass eine bessere Ausstattung allein die Situation für die Schüler verändern würde. Denn entscheidend ist, ob Lehrkräfte die Haltung mitbringen, die nötig ist, um konsequent das eigene Lehrverhalten unter den Bedingungen der Mediatisierung heute zu gestalten. Da reicht es nicht, dass Computer, Software und Peripheriegeräte wie Whiteboards vorhanden sind. Und da genügt auch noch nicht allein eine technische Fortbildung.

Was die Situation für Deutschland so schockierend erscheinen lässt, ist, dass Lehrkräfte hier die Potenziale digitaler Medien für den Unterricht signifikant weniger sehen als ihre Kollegen in anderen Ländern.[37] Zwar wird der bessere Zugang zu Informationsquellen durch digitale Medien noch von 90,0 Prozent der Lehrkräfte konzediert, dass ebendiese aber eine Hilfe darstellen könnten bei der Verarbeitung und Vertiefung von Information, halten nur 64,8 Prozent für wahrscheinlich. International sind es auch hier 90,8 Prozent. Auch der motivatorische Effekt von digitalen Medien bei Schülern wird in Deutschland mit nur 64,0 Prozent signifikant niedriger eingeschätzt als international (78,6 Prozent). Positive Effekte im Kontext individueller Förderung und partizipativen Lernens sehen dann gar nur 56,7 Prozent beziehungsweise 50,1 Prozent der Lehrerkollegen. International liegen die Werte jeweils gut 20 Prozentpunkte höher.[38]

Es geht damit ein Schnitt durch die deutsche Lehrerschaft: Neben circa 50 Prozent Lehrkräften, die gern häufiger und besser ausgestattet digital

---

36 Vgl. Bos et al. 2014: 169.
37 Vgl. Bos et al. 2014.
38 Vgl. Bos et al. 2014: 177.

arbeiten würden und die die Potenziale erkennen, unterrichten 50 Prozent, die die Notwendigkeiten einfach nicht sehen und im alten Stil fortfahren. Man stelle sich dieses Verhältnis mit seinen Konsequenzen mal ehedem zum Thema der Einführung neuer Rechtschreibung vor! Wir hätten die Schüler, deren Lehrkräfte Lust hatten, die neue Rechtschreibung einzuführen, und diejenigen, die das Pech hatten, denen zugeteilt worden zu sein, die nach den alten Regeln schreiben lehren. Von der Übernahme anderer, tatsächlich wissenschaftlicher Erkenntnisse – und nicht nur »Konventionen« – mal ganz zu schweigen. Bei der neuen Rechtschreibung handelt es sich nun wirklich »nur« um eine Konvention, die jedoch als Regelwerk verordnet wurde. Bei dem Einfluss der Digitalität als disruptive Technologie[39] auf kulturelle Praxis wird eine Lebenswirklichkeit zur Kenntnis genommen oder ausgeblendet – je nachdem. Ob dies der Fall ist, scheint nicht unmittelbar altersabhängig zu sein.[40] Mediale Affinität – das gilt bis in die medienpädagogische Praxis in der Frühen Bildung hinunter[41] – variiert unter anderem mit der Wahrnehmung selbstwirksamer Praxis. Wer – auch und gerade unter den Bildungsverantwortlichen – sieht, dass es geht und Spaß macht, wer es selbst kann, der steht neuen Medien und Handlungspraxen auch pädagogisch offener gegenüber als diejenigen, die sich dem Zugang aus prinzipiellen Überlegungen oder eigener Versagensangst verweigern.

4. Spezifika digitalen Lesens und Handelns

Warum hat man Alltagsmedien (wie die Zeitung und den Comic) und gesellschaftliche Kulturinstanzen wie Theater, Kino – aber auch Archiv und Museum – in schulischen Unterricht integriert? Das »Deutschbuch« von Malte Dahrendorf in den 1970er-Jahren griff – nicht zuletzt als Ergebnis eines bildungspolitischen Machtdiskurses – TV, Comic, Werbung und Zeitschrift als die Medienrealität auf, in der Schüler außerhalb der Schule agieren, und machte sie zum Teil des Deutschunterrichts. Statt über ein »Verschwinden der Kindheit« (Postman) angesichts der TV-Kultur zu klagen, wurden hier Kriterien zur Analyse, zum Verständnis und zur Bewertung vermittelt, vor allem wurde den Schülern die Möglichkeit gegeben, ihr tatsächliches mediales Verhalten aus eigener »subjektiver Expertise« heraus als Teil des Unterrichts einzubringen.

---

39 Vgl. Christensen 2016.
40 Vgl. Bitkom 2011.
41 Vgl. Marci-Boehncke/Rath 2013.

In Schulen – vor allem in Gymnasien – verlief diese Teilhabe sowohl der Medien als auch der Jugendlichen keinesfalls unwidersprochen und flächendeckend. Ein Bewertungsprozess stand hinter den Bedenken: Sollte nicht Schule gerade ein Gegengewicht zur Alltagskultur darstellen? Sollte es hier nicht darum gehen, »hohe« Literatur zum Erhalt »kultureller Bildung« zu vermitteln statt die Trivialkultur ernst zu nehmen und womöglich als Orientierungsangebote missverstehen zu lassen? Geht es nicht letztlich um eine ökonomische Unterstützung von Verlagen, wenn man Zeitungsprojekte mitmacht? Schließlich gibt es dazu dann die Zeitung kostenfrei. Versteckte Werbung? Diese Sorgen sind bei einer Kooperation von Schule und Wirtschaft heute vertrieben. Das Lesen der lokalen Tageszeitung wird inzwischen als politische Kompetenz zur kompetenten Teilhabe an der Gesellschaft verstanden, unabhängig von der politischen Ausrichtung des Zeitungseigners. Und sogar die großen Blätter dürfen gelesen werden, auch diskursiv. Weil das Lesen von Zeitung als gesellschaftlich wünschenswerte und politisch relevante Tätigkeit bewertet wird. Aber auch eine analoge Tageszeitung verlangt zunächst andere Kompetenzen als das Lesen von schöner Literatur. Niemand liest allmorgendlich alles: Selektion, überfliegendes Lesen, schnelle Orientierung – das alles sind Fähigkeiten und Fertigkeiten, die Schüler erst lernen müssen. Das vorhandene Zeitfenster, die eigene Rolle und Interessen sind ausschlaggebend. Basale Lesekompetenz ist dafür aber auf jeden Fall unersetzlich, gleichwohl hat sich das Spektrum der notwendigen Kenntnisse erweitert, ja, medienspezifisch zugespitzt.

Aber informationsorientiertes und narratives Lesen hängen auch zusammen: So können kurze Texte über interessante Themen ihrer Freizeit für Kinder und Jugendliche weitaus motivierender sein als fiktionale Texte mit diversen poetischen Stilmitteln, die neben dem denotativen auch noch ein konnotatives Verstehen anregen wollen und eigentlich voraussetzen. Motivierte Kinder lesen freiwillig mehr und öfter, dadurch verbessern sich ihre Leseprozesse, das Arbeitsgedächtnis kann entlastet werden, weil die hierarchieniedrigen Prozesse (beim Lesen von Schrifttexten das Entziffern der Buchstaben, Erkennen von Wörtern und das Verstehen auf Satzebene) habitualisiert sind und vielleicht bekommen einige von ihnen sogar irgendwann Freude an längeren erzählenden und auch poetischen Texten, für die man etwa vertiefendes Kontextwissen und Bedeutung metaphorischer Sprache bereithalten muss. Oder aber man interessiert sich nachhaltiger für die Inhalte der gelesenen Texte, vergleicht und erweitert die Informationsquellen, möchte am öffentlichen Diskurs darüber selbst teilnehmen über Leserbriefe, Diskussionen, Radiosendungen mit Zuschauerbeteiligung.

Lesen als Grundlage sinnorientierten Handelns und Kommunizierens hat unterschiedliche Kontexte und erfährt unterschiedliche Gratifikationen. Ganz ähnlich lässt sich das Szenario beschreiben für digitale Lesesituationen – nur, dass wir hier die Vernetzung und damit die Ressourcen der Informationsentnahme nicht mehr so kontrollieren können wie bei der Übung mit der gedruckten Zeitung, deren Artikel immer noch überschaubar sind (wobei dies heute immer noch durch zum Teil mehr als rigide Whitelists oder andere Zugangshemmnisse bei schulischem WLAN versucht wird). Markierte Hypertextstrukturen können bestimmte Orientierungen wahrscheinlicher machen und vorspuren[42], aber letztlich hat der User die Entscheidung, welche Wege der Vertiefung er oder sie erlesen oder kommunikativ erarbeiten möchte. Was jemand im Netz auswählt und wie er dieses Angebot erschließt, ist bei freiem Zugang kaum vorhersehbar.

War die Integration von Tageszeitungen in den Schulunterricht im Fach Deutsch – oder Sachunterricht in der Grundschule – letztlich auch eine Entscheidung für die politische Bildung und Partizipation, weil man mit der Zeitung ein entscheidendes Medium zur politischen Information anerkannt hat, so steht dieser Anerkennungsprozess beim Web 2.0 für schulische Kontexte in der Praxis häufig noch aus. Die Leistung der Mediatisierungsthese von Friedrich Krotz ist es, eine Metatheorie geliefert zu haben, die individuelle und institutionelle Kommunikations- und andere Handlungskontexte zusammen denkt und Lesen als gesellschaftlichen Partizipationsprozess wieder stärker in den Fokus rückt. Im Mehrebenenmodell des Lesens von Cornelia Rosebrock und Daniel Nix[43] ist diese soziale Ebene eigentlich ebenso integrierbar wie schon im subjektorientierten Lese- und Medienkonzept von Norbert Groeben und Bettina Hurrelmann[44] als Gegenentwurf zum reinen Literacy-Modell von PISA 2000. Allerdings ist die konkrete Gestalt der Gesellschaft und die Frage, was die Medien mit den Menschen und die Menschen mit den Medien machen, in diesen rein fachdidaktisch orientierten Modellen nicht ausreichend berücksichtigt – vor allem nicht aus der Perspektive der User. Die Chancen einer stärkeren Berücksichtigung digitalen Lesens – verstanden im oben genannten erweiterten Sinn – in der Schule sind Vorteile digitalen Handelns:

– Bei informationsorientiertem Lesen/Recherchieren sind für alle Zielgruppen geeignete Ressourcen zugänglich, die meisten kostenfrei.
– Darüber hinaus kann jeder eigene Expertise (oder auch nur seine Par-

---

42   Vgl. Li/Tseng/Chen 2016.
43   Vgl. Rosebrock/Nix 2007.
44   Vgl. Groeben/Hurrelmann 2002.

tizipation) grundsätzlich anderen mit zugänglich machen, und zwar
sowohl als Bild- als auch als Schrifttext oder Tondokument.

- Digitale Werkzeuge als Gerätefunktion oder Netzressourcen helfen
  Rezeptions- und Produktionshürden im Zugang zu Texten zu überwin-
  den, sei es durch Vorlesefunktionen, Vernetzung mit Wörterbüchern,
  Übersetzungsprogramme, durch Diktier- und Korrekturfunktion,
  Bildzeichen, Audio- und Videoprogrammen etc.
- Leseprozesse werden unmittelbar partizipativ gestaltbar, die Anschluss-
  handlungen und sozialen Vernetzungen sind Teil der mediatisierten
  Gesellschaft. Schüler bewegen sich bereits in dieser Gesellschaft und
  nutzen deren Möglichkeiten, die Schule könnte und müsste sie optimieren. Bisher erfolgt der mediale Sozialisationsprozess jedoch immer
  noch zu größten Teilen außerhalb.[45]
- Die grundsätzliche Möglichkeit zur Teilhabe an Texten wird von
  Zugangsprivilegien befreit und für alle realisierbar, unabhängig von
  der Herkunft und dem damit zusammenhängenden ökonomischen,
  sozialen oder symbolischen Kapital. Menschen aus infrastrukturell
  schwachen Gegenden können bei Netzzugang eigenständig lernen,
  auch Menschen mit besonderen körperlichen und geistigen Bedürfnissen erhalten niederschwellige Partizipationsmöglichkeit.[46] Weitere
  Aspekte beschrieb bereits Jenkins.[47]
- Technische und inhaltliche Barrierefreiheit hat sich gerade im Netz in
  den letzten Jahren immer weiter etabliert, was die Partizipationsmöglichkeiten immer stärker erhöht. Die Möglichkeiten der Technik haben
  hier auch gesellschaftliches Bewusstsein mit weiterentwickelt, weil im
  Netz vor allem Aufmerksamkeit eine Währung darstellt.[48]
- Teilhabe funktioniert nicht nur rezeptiv, sondern auch produktiv.
- Individuelle Anerkennung wird nicht nur institutionalisiert über Grati-
  fikationssysteme der Schule (= Noten), sondern global über die Internet-
  Community möglich.
- Leseprozesse sind über digitale kommunikative Handlungen für Schüler
  lebensweltlich anzubinden, vermitteln ihnen damit Anerkennung ihrer
  medialen Praxis und legen selbstverantwortliche, Bottom-up-Prozesse
  nahe.

Deutlich wird: Die Möglichkeiten von Partizipation und technischer Ver-

---

45 Vgl. Eickelmann/Bos/Vennemann 2015: 13–20.
46 Vgl. Bosse 2015.
47 Vgl. Jenkins 2006, Jenkins 2009.
48 Vgl. Rath 2010.

netzung durch die Digitalisierung lassen sich mit privilegierten Bildungs-
ressourcen nicht vereinbaren. Aber sie allein stellen noch keine Bildung
her. Den Prozess der individuellen Vernetzung nimmt das Netz nicht ab.
Es bleibt Herausforderung des Individuums, sich die Frage seiner Identität
und dessen, was er wissen möchte und erreichen will, selbst zu stellen. Diesen Prozess, bei dem die Inhalte »angeeignet«,[49] in die eigene Persönlichkeit
integriert und zur Identitätsbildung genutzt werden, muss jeder User selbst
leisten. Beim Verstehen und Aneignen sind dann jedoch Metastrategien
anzuwenden: Man sucht nach Anknüpfungsmöglichkeiten, nach Merkhilfen
und nach persönlicher »Bedeutung«. Bei diesen Prozessen ist Bewertung
notwendig. Und diese kann ohne Kompetenzen, die auf die Gesellschaft und
auf einen selbst bezogen sind, nicht geleistet werden. Mit einem Blick auf
den Text allein kommt man da nicht weiter. Insofern ist alle Medien*aneignung* Identitätsbildung. Digitales Lesen bedarf sowohl technischer als auch
sprachlich-literarischer Kompetenzen. Der wirkliche Aneignungsprozess
kann aber nur in Auseinandersetzung mit der Außenperspektive stattfinden,
also braucht es hier kontextualisierende und normierende Unterstützung.
Diese Normen können Gesellschaft spalten, indem Teile an einem Bildungs-
begriff festhalten, der ohne die Digitalität entstanden ist.

Lesen ist in Zeiten der Digitalität in jedem Fall verändert. Der Schule wird
es nicht gelingen, alte Handlungspraxen langfristig auch nur die Ausbildung
dominieren zu lassen. Sie hat aber die Chance, die neuen Möglichkeiten
selbst mit zu nutzen, um ihre ureigenen Interessen, die sie im Rahmen einer
breiten Volksbildung besitzt, zu optimieren und in den Handlungsoptionen
der Digitalität neu zu gestalten: durch mehr partizipative Lernsituationen,
zukunftsweisende technische Handlungsspielräume, den flexiblen und selbst
lebenslang lernenden Blick für die Anforderungsprofile sich weiter verändernder digitaler Texte und vor allem durch ein Lehrkräfteverhalten, das
verlässlich, authentisch[50] und schülerorientiert ist und die medialen Kontexte
und Handlungsbedürfnisse dieser nachkommenden Generation anerkennt
und bei Lernprozessen berücksichtigt.

5. Digitales Lesen, Mediatisierung und Schule

Wie lässt sich Schule nun unter der Perspektive der Mediatisierung heute
beschreiben und wo sind die Entwicklungsbedarfe und -möglichkeiten? In

---

49 Vgl. Theunert/Schorb 2010.
50 Vgl. Fisher/Fray/Hattie 2016.

Anwendung der Differenzierung von Friedrich Krotz[51] unterscheiden wir zunächst die verschiedenen Kommunikationsformen im Hinblick auf ihre Akteure:

- die Kommunikation von Mensch zu Mensch (ob mit oder ohne technische Medien)[52],
- die Kommunikation von Mensch mit und über von ihm nutzbar gemachten und kontrollierten technischen Medien,
- die Kommunikation Mensch-Maschine, wobei Maschinen hier immer mehr in einem »selbstlernenden« Modus agieren (bei Computerspielen, Suchalgorithmen, technischen Kommunikationsschnittstellen wie *Siri* etc.).

Gleichzeitig können wir aber die drei Ebenen Mikro-, Meso- und Makrolevel mitdenken und persönliche Kommunikation von institutioneller und gesamtgesellschaftlicher/systemischer Kommunikation abgrenzen. Wir untersuchen also, wie schulisch auf den unterschiedlichen, hier unterscheidbaren Strukturebenen im persönlichen Kontakt, im Unterricht beziehungsweise der Institution Schule und in der Kommunikation der Schule als Ganzes die kommunikativen Beziehungen Mensch-Mensch, Mensch-Maschine (rezeptiv) und Mensch-Maschine (produktiv) gestaltet werden. Dabei ergeben sich wechselseitige Bezüge, weil Medien nicht nur eine technische, sondern noch weitere wie eine rechtliche und eine inhaltliche Ebene haben.

5.1 Persönliche Kommunikation Mensch zu Mensch

Alle Kommunikation in der Schule könnte eigentlich als »institutionelle Kommunikation« verstanden werden. Wir trennen an dieser Stelle theoretisch etwas künstlich zur Institution gehörende Kommunikation von vermeintlich privater. Beide Formen finden in der Schule als interpersonale Kommunikation statt zwischen Schülern, Schülern und Lehrkräften, Lehrkräften untereinander und mit der Schulleitung sowie auch als personale Kommunikation mit Eltern.

Schüler kommunizieren dabei heute – im Gegensatz zur älteren Generation – neben der unmittelbar mündlichen Kommunikation per Social Media miteinander (Mensch-Maschine). Hier dominieren momentan Messenger-Funktionen wie WhatsApp. Bereits die 6- bis 13-Jährigen verschicken und empfangen zu über 40 Prozent täglich solche Nachrichten. Mit dem

---

51 Vgl. Krotz 2007: 17.
52 Vgl. Rath 2014: 13–21.

Wechsel in die weiterführende Schule steigt die Zahl derer, die auf WhatsApp zugreifen, um 20 Prozentpunkte an.[53] Für die 12- bis 19-Jährigen stellen die Instant-Messengers die am meisten genutzte Funktion ihres Smartphones dar. Hier haben nahezu alle Zugriff und kommunizieren täglich. Die Gesprächs-partner verlagern sich schnell von den Eltern, die zum Schulübergang noch mit Kontrollfunktion als Kommunikationspartner beteiligt sind, zur Peer-group in den mittleren Schulklassen der Sekundarstufe 1.[54] Hier schalten sich auch ein Drittel der bei Bitkom 2014 befragten Lehrkräfte ein und bildet mit seinen Schülern Nachrichtengruppen.[55] Zwei Drittel nutzt zur außer-schulischen Kommunikation Lehrer-Schüler die Mailfunktion.[56] Social Media wie Facebook werden hier nur zu circa 10 Prozent genutzt. Verschiedene Schulministerien bieten dazu gezielte Regelungen[57], ein Verweis auf die Ver-schränkung mit der Makroebene.

Die Nutzung von größeren systemischen Lösungen der Messenger-Funk-tion über Lernplattformen[58] ist – laut der ICILS-2013-Studie[59] – keinesfalls die Regel und wenn sie stattfindet, so darf man mutmaßen, eher im Sinn eines Aufgaben- oder Materialuploads als zur gezielten individuellen Rückmeldung bei differenzierter Einzelförderung.

Die Kommunikation unter Lehrkräften ist abhängig von persönlichen Sympathien und Fachbezügen sowie individuellen Nutzungsgewohnheiten. Instant-Messengers sind nicht bei allen Altersgruppen in Gebrauch und dürfen auch nicht verpflichtend gefordert werden. Es ist also vom jeweiligen »medialen Habitus«[60] der Lehrkräfte abhängig, ob sie für ihre berufliche Kommunikation diese Funktion nutzen möchten. Mit Eltern wird von 86 Prozent über Mail kommuniziert. Für einen qualitativen Austausch gibt es weiterhin Lehrersprechtage und die Face-to-Face-Kommunikation.

---

53 Vgl. Feierabend/Plankenhorn/Rathgeb 2016b: 35–38.
54 Vgl. Feierabend/Plankenhorn/Rathgeb 2016a.
55 Vgl. Bitkom 2014: 51.
56 Vgl. Feierabend/Plankenhorn/Rathgeb 2016a.
57 Vgl. hierzu die Handreichung des hessischen Kultusministeriums für Lehrkräfte zum Umgang mit sozialen Netzwerken an Schulen vom Februar 2015 (Kultusministerium Hessen 2015).
58 Über Plattformen wie Moodle als geschlossene Systeme können Lehrende mit Schülern kommunizieren, ohne den Bedenken gegen kommerzielle Anbieter wie etwa WhatsApp ausgesetzt zu sein. Hier könnten Lehrkräfte individuelle Rückmeldungen zur Aufgaben-bearbeitung geben.
59 Vgl. Bos et al. 2014.
60 Vgl. Biermann 2009 sowie Barberi/Swertz 2013.

5.2 Mediennutzung im institutionalisierten unterrichtlichen Geschehen

Innerhalb der institutionellen schulischen Situation gibt es zum einen zwischenmenschliche Kommunikation. Diese wurde im letzten Kapitel mit angesprochen. Hier wird nun zunächst der Medieneinsatz im Unterricht in den Fächern und Klassen betrachtet. Verschiedene Studien geben Auskunft über die dortige Mediennutzung.[61]

Am meisten werden (bei insgesamt möglicher Mehrfachnennung) digitale Medien für Präsentationen von Schülern genutzt, gefolgt von Lehrerpräsentationen und Internetrecherchen. Datenauswertung wird von 80 Prozent der Lehrkräfte digital gestützt durchgeführt. Spezielle Lernprogramme setzen nur 56 Prozent der Lehrkräfte ein. Nur 30 Prozent erstellen im Unterricht Video- oder Podcast-Produktionen, so die Bitkom-Studie von 2015.[62] Allerdings beziehen sich diese Zahlen lediglich auf die überhaupt stattfindende digitale Mediennutzung. Keinesfalls kann jedoch davon ausgegangen werden, dass alle Lehrkräfte digitale Medien nutzen. Das am häufigsten genutzte unterrichtliche Medium ist 2014 noch die Fotokopie mit 86 Prozent, gefolgt vom Beamer, der digitalen Foto-/Videokamera und dem stationären PC.[63]

Smartphones, die auf ein Konzept BYOD (Bring Your Own Device) abheben würden, werden nach Angabe der Lehrkräfte nur zu 7 Prozent

---

61 Vgl. aktuell Bitkom 2015, Bos et al. 2014, Bos et al. 2016.

62 Vgl. Bitkom 2015: 28.

63 Hier ein kurzer Blick auf die gewählten Kategorien der Bitcom-Studie 2015: Während zunächst die Akteure unterschieden werden beim Einsatz von Präsentationen, folgen dann gezielte Arbeitsmöglichkeiten (Internetrecherche, Auswerten von Daten, Protokollieren, spezielle Lernprogramme, Programmieren, Gestaltung einer Website, Erstellen von Videos/Podcasts.) Außerdem wurden unspezifische Kategorien erfragt wie »Auflockerung des Unterrichts« und »individueller Notizen von Schülern«. Die Reichweite und Komplexität der Medienhandlungen ist ebenfalls sehr unterschiedlich. Was verbirgt sich hinter der Internetrecherche? Ist hier die Suche in Fachdatenbanken eingeschlossen? Protokollieren hingegen ist eine Tätigkeit, die als Textverarbeitung ohne Interaktivität auskommt. Diese eigentlich insgesamt sehr unterschiedlichen logischen Ebenen verweisen jedoch immerhin – vermutlich über Pretests entwickelt – auf die verschiedenen Mediatisierungsebenen: Welche Menschen machen was wozu mit welchen Medien? Allerdings wird grundsätzlich in dieser Frage nach dem Einsatzzweck digitaler Medien (S. 30) deutlich, dass hier die Erarbeitung von Themen nicht ganzheitlich gedacht wird und den Schülern der Medieneinsatz vorstrukturiert wird. In projektorientierter Arbeit würde man erwarten, dass die Schüler ein Thema unter Einsatz verschiedener analoger und digitaler Medien erarbeiten und das Ergebnis präsentieren. Das mag sich zum Teil hinter »Präsentation durch Schüler« verbergen – aber diese Kategorie ist wenig aussagekräftig. Digital habitualisierter Unterricht fragt nicht mehr nach dem Einsatz bestimmter Einzelmedien, sondern versteht digitale Medien mit Internet als eine Rahmenbedingung, die flexibel nutzbar ist.

eingesetzt. In der Schülerperspektive nimmt dieses Medium jedoch 51 Prozent der Mediennutzung im Unterricht überhaupt im Vergleich zu anderen Medien ein.[64] Das bedeutet, dass Schüler diesen Zugang zum Netz nutzen, obwohl die Lehrkräfte vermutlich andere Lernmedien – oder eben eigene Lösungswege ohne Medienunterstützung – präferieren würden.

Nur 40 Prozent der Lehrkräfte setzen laut ICILS 2013 den Computer mindestens einmal wöchentlich ein.[65] Der internationale Mittelwert liegt bei über 60 Prozent. Vor allem die tägliche Nutzung macht hier den Unterschied aus. Sie liegt international im Durchschnitt bei über 30 Prozent, in Deutschland lag sie 2013 bei unter 10 Prozent, 2016 bei etwas über 15 Prozent der Lehrkräfte.[66] Das bedeutet, dass sich der Einsatz digitaler Medien im Unterricht als Arbeitsmedien in Deutschland (noch) nicht habitualisiert hat – und dies liegt nicht nur an der Ausstattung, denn über BYOD hätte man die Möglichkeit, zumindest in der weiterführenden Schule, die Smartphones der Schüler zu nutzen oder auch ihre heimischen Ressourcen miteinzubeziehen, etwa über die Hausaufgaben. Man kann Arbeitssettings so gestalten, dass nicht jeder Schüler einen eigenen Zugang benötigt, man aber trotzdem mit digitalen Medien regelmäßig und selbstverständlich ganzheitlich arbeitet. Lernplattformen und Cloud-Zugänge sind hier hilfreich, datenschutzrechtliche Bedenken müssten hier offensiv mit ministerieller Unterstützung geklärt und ausgeräumt werden.

Der Einsatz digitaler Medien ist in erster Linie eine Frage der Didaktik und Methodik, keine Frage der Ausstattung. Außerdem sagen selbst die eingesetzten Geräte nur unzureichend etwas über die didaktische Konzeption aus, die dem Unterricht zugrunde liegt. Jemand, der die Aufgabenstellung für einen Aufsatz oder einen nicht-digital vernetzten Text per Beamer präsentiert, statt Fotokopien zu verteilen, arbeitet noch nicht wirklich digital.

Die im internationalen Vergleich so deutlich abgeschlagene Situation Deutschlands im Rahmen der ICILS-2013-Studie wird in nur einem Bereich leicht relativiert, hier bleibt der sonst zu beobachtende Unterschied zum internationalen Mittelwert geringer als circa 20 Prozentpunkte. Dies bezieht sich auf die Frage nach der Häufigkeit der Computernutzung für schulbezogene Aktivitäten.[67] Hier wird Konzeptionalität in den Blick genommen. Und da schneiden auch die anderen Vergleichsländer nicht mehr so über-

---

64   Vgl. Bitcom 2015: 32. Angesichts der Tatsache, dass 95 Prozent der Schüler ein Smartphone besitzen (Feierabend/Plankenhorn/Rathgeb 2016a: 23), liegt hier auch keine Problematik durch soziale Ungleichheit vor, denn bei Partnerarbeit wären immer genügend Geräte in der Klasse vorhanden.

65   Vgl. Bos et al. 2014: 204.

66   Vgl. Bos et al. 2014: 88.

67   Vgl. Bos et al. 2014: 217 (Tabelle 7.5).

zeugend ab. Vorbereiten von Referaten und Aufsätzen, Vorbereiten von Präsentationen, Zusammenarbeit mit Schülern, den eigenen Lernfortschritt dokumentieren – dabei werden folgende Konzepte deutlich:

- digitales Arbeiten für ein analoges Zielprodukt,
- digitales Arbeiten für ein digitales Endprodukt,
- partizipatives Lernen und
- metakognitive Reflexionskompetenz.

Hier wird in den Daten deutlich, dass auch international vor allem beim partizipativen Lernen und bei den metakognitiven Reflexionen noch deutlicher Entwicklungsbedarf herrscht. Insgesamt ist die schulische Arbeit ein Abbild des jeweiligen Medienhabitus der Lehrkräfte. Dieser individuelle Habitus dürfte vor allem durch die eigene Ausbildungssituation bestimmt sein. Eine Altersgrenze identifiziert die ICILS-2013-Studie bei 50 Jahren, also bei den Anfang bis Mitte der 1960er-Jahre geborenen Lehrkräften.[68] Diese Generation hat ihre Ausbildung vor der Etablierung des Web 2.0 abgeschlossen. Sie scheint auch durch Support und Lehrerweiterbildung nicht nachhaltig motivierbar zu sein, ihre eigenen Mediengewohnheiten im Unterricht zu verändern. Das verweist auf ein mangelndes Professionalisierungsverständnis deutscher Schulbehörden in Bezug auf die Digitalisierung. War der Umstieg in die Computerwelt für den mittleren und gehobenen Dienst in medienbezogenen Berufen wie Archiv und Bibliothek essenziell und laufbahnrelevant, bleibt er für die Schule immer noch optional und relativ unspezifisch, sogar für die nachkommenden Generationen.

Damit kommt erneut die Ausrichtung der Lehramtsausbildung an den Hochschulen und Seminaren in den Blick. Eine Verpflichtung zu digitaler Kompetenz als Teil des Lehramtsstudiums – im ähnlichen Sinn, wie heute Kompetenzen für Deutsch als Zweitsprache gefordert werden – besteht nach wie vor nicht. Gerade angesichts fehlender Konzeptionalität ist hier die Fachdidaktik – nicht ein reiner »Technikschein« – gefordert. Mathematik, die jeweilige Landessprache und die Fremdsprachen und Naturwissenschaften sind hier wohl besonders angesprochen.[69]

Institutionell kann man festhalten, dass Schule in Deutschland die Möglichkeiten der Digitalisierung im internationalen Vergleich deutlich geringer nutzt, ein wirklicher Generationenwechsel noch ansteht und die fachdidaktischen Potenziale zu ganzheitlichem Einsatz der Digitalität auch international noch nicht hinreichend bewusst sind. Der Aspekt digitaler »Selbstlernmöglichkeiten« (Künstliche Intelligenz) ist noch nirgendwo erfasst und dürfte

---

68 Vgl. Bos et al. 2014: 211.
69 Vgl. Bos et al. 2014: 214.

auch noch erst wenig aufgegriffen worden sein. Entwicklungspotenzial für den Unterricht liegt im Bereich des »Game-Based-Learnings«[70] mit Spiele-situationen wie *Classcraft* (formale »Serious Games«, eher zur Reflexion der Lernentwicklung) oder *1979 Revolution* oder *Assassin's Creed*, wo in Narrationen und Abenteuerhandlungen historisches Lernen unterstützt und motiviert werden kann (konkrete »Serious Games«).

Besonders attraktiv und kreativ sind solche Spiele wie *Minecraft*, wo man eigene Geschichten digital umsetzen kann, ähnlich analoger System-Bau-steine, aber eben so, dass Bewegung und Musik und Dialog eingebaut werden können. Hier findet man bereits im Netz Adaptionen von verschiedenen Klassikern wie *Die Leiden des jungen Werthers* und *Romeo und Julia*. Auch eine Adaption der römischen Götterwelt als Teil des Lateinunterrichts kann hier für eine tote Sprache überraschend lebendiges Interesse herstellen. Übungen mit Systembausteinen verbinden analoges und digitales Lernen. Hier können Schüler Computerprogrammierung spielerisch schon im Grundschulalter einüben. Öffentliche Bibliotheken ergänzen hier schulische Angebote häufig mit entsprechenden »Maker Spaces«.

Künstliche Intelligenz als Thema schlägt die Brücke vom *Sandmann* E.T.A. Hoffmanns über Fritz Langs *Metropolis* bis hin zu *Siri* – als Film (*Her*) oder als Computeranwendung. Schüler können im Kontext des Deutsch-unterrichts leicht eine Verbindung herstellen zwischen den verschiedenen menschlichen und technischen Decodierprozessen – und dies funktioniert bereits im Grundschulalter (Ebene Maschine-Mensch).

5.3 Mediatisierung im Bewusstsein der Institution

Betrachtet man abschließend die offensive Thematisierung von Medien in der Selbstdarstellung der Schule und versteht sie als Ausdruck eines mediatisier-ten Bewusstseins, wird es schwer, allgemeingültige Aussagen zu treffen. So soll es an dieser Stelle nur darum gehen, die grundsätzlichen Dimensionen dieser Ebene deutlich zu machen. Laut JIM-Studie dürfen nur 22 Prozent der Schüler in weiterführenden Schulen ihr Handy für den Unterricht benutzen, am ehesten noch in der Oberstufe.[71] 40 Prozent der Schüler geben an, das Smartphone in der Schule gar nicht benutzen zu dürfen. 60 Prozent der Schulen haben kein eigenes WLAN. Und auch die, die es haben, erlauben laut JIM-Studie nur zu 7 Prozent eine unterrichtliche Nutzung. Diese Zah-

---

70 Vgl. Fromme 2015.
71 Vgl. Feierabend/Plankenhorn/Rathgeb 2016a: 47.

len weichen deutlich ab von den Ergebnissen des Länderindikators 2016.[72] Danach geben 34,5 Prozent der Lehrkräfte an, dass in den Klassenräumen WLAN vorhanden ist, auf das Schüler zugreifen können. So hoch ist in etwa auch die Zahl derer, die angeben, virtuelle Arbeitsräume zu nutzen.[73]

Homepages zur Darstellung der Schulidentität nach außen haben heute wohl fast alle Schulen, jedoch unterschiedlich komplex und aktuell und unterschiedlich interaktiv. Geht es nur um die Kommunikation »one-to-many« oder werden die Akteure der Schule differenziert über die Homepage in Kommunikationskontexte gebracht? Also kann man alle Lehrkräfte über die Homepage erreichen oder nur ein Schulsekretariat? Wie ist die Möglichkeit zur Selbstdarstellung der Klassen und ihrer Unterrichtskontexte? Ist hier eine Beteiligung ermöglicht? Ist sie über die Homepage eingerichtet oder sogar separat verlinkt, was auf größere Autonomie der Klassen hinweisen würde, die etwa einen Blog gestalten. Inwiefern gibt es Kommentarmöglichkeiten, Foren? Sind neben Schulleitung, Lehrern, Klassen gegebenenfalls auch Elternvertreter oder Elternaktivitäten mitberücksichtigt? Welche Kooperationen hat die Schule mit anderen Institutionen? Hierzu zählen zum einen Bildungspartnerschaften[74] mit Bibliotheken, Archiven, Museen, Gedenkstätten, Musikschulen, Sportvereinen.

Und ganz zentral natürlich: Wie bewusst integriert die Schule Medienkompetenz, vor allem digitale Medienkompetenz in das eigene Schulprofil? Sind hier programmatische Aussagen zu finden? Erkennt man Konzepte? Im Länderindikator geben 50,9 Prozent der Lehrkräfte an, ihre Schule besitze ein Medienkonzept zum Einsatz von Computern im Unterricht. In der *Sonderstudie Schule digital*[75] sind es nur knapp über 40 Prozent. Zur unteren Gruppe gehören hier Bayern, Baden-Württemberg, Sachsen und das Saarland.[76] Etwas geringer (37,5 Prozent) ist die Anzahl derer, die an ihrer Schule auch interne Workshops erhalten.

Gibt es Tablet-Klassen? Die Anzahl ist steigend, aber klar bevorteilt waren 2015 mit circa 35 Prozent Gymnasien. Sie haben mehr als doppelt so häufig Zugang zu dieser modernen Technik im Vergleich zu Haupt- und Realschulen und siebenmal so häufig wie Grundschulen.[77] Wie steht es um die Beteiligung

---

72 Vgl. Bos et al. 2016: 56.

73 Vgl. Bos et al. 2016: 64.

74 Vgl. dazu zum Beispiel die durch die Medienberatung NRW organisierten und koordinierten Bildungspartnerschaften in Nordrhein-Westfalen (online unter: www.bildungspartner. schulministerium.nrw.de/Bildungspartner/ – letzter Zugriff: 15.03.2018).

75 Vgl. Initiative D21 2016.

76 Bos et al. 2016 sowie Initiative D21 2016: 95.

77 Vgl. Initiative D21 2016: 25.

an Forschungs- und / oder Interventionsprojekten[78] mit weiteren Partnern auf
lokaler oder nationaler Ebene oder in der Lehrerweiterbildung[79]? Wie weit
sind digitale Kommunikationsmöglichkeiten für die verschiedenen Akteure
intern und extern in die unterschiedlichen Kommunikationsrichtungen eingerichtet: »one-to-many« (die Schule stellt sich dar), »many-to-one« (nur die
Schule kann zurück angesprochen werden ohne Akteursspezifizierung) und
»many-to-many« (verschiedene Schulakteure können – in unterschiedlich
souveräner Weise in Vernetzung mit der Schule als Gesamtinstitution – nach
innen beziehungsweise nach außen kommunizieren).

Es gibt auch bereits Schulen, die eigene digitale Publikationsmöglichkeiten / Verlage für ihre Schüler eingerichtet haben. Und Schüler richten eigene
YouTube-Kanäle ein. Was hier jenseits der dort präsentierten Inhalte gelernt
wird, ist im Bereich der Identitätsbildung, Kommunikationsfähigkeit, dem
sozialen Lernen und auch der allgemeinen Lesekompetenz zu verorten, denn
für die Teilnahme muss man sich registrieren und hierzu sind Lesefähigkeiten
unumgänglich. Die Aufzählung ließe sich fortführen und wird sich weiter
ausdifferenzieren. Die Motivation der Schüler ist gerade in diesem präsentativen Bereich sehr hoch, YouTube gilt unter Jugendlichen als das beliebteste
Internetangebot, wenngleich nur 10 Prozent der Jugendlichen eigene Videos
einstellen.[80] Gerade selbst zu erstellende Tutorials bieten aber schulisch gute
Möglichkeiten, Verstehensprozesse zu dokumentieren.

6. Fazit

Die Möglichkeiten der Digitalisierung schulisch als notwendig und nicht
zufällig oder beliebig zu erkennen und sie dann auch zu nutzen, ist stark
abhängig von der eigenen Selbstwirksamkeitserfahrung der Lehrkräfte und
den Rahmenbedingungen. Mit Bourdieu gesprochen, braucht es auch hier
inkorporiertes kulturelles Kapital als digital-mediales Können der Lehrkräfte. Es braucht daneben nicht nur ökonomisches Kapital zur Ausstattung
der Schule, sondern vor allem soziales Kapital: die Anerkennung auf der
Makroebene, der Schule als Ganzes, im Kollegium oder sogar innerhalb
eines erweiterten Handlungsraumes. Wie wird gratifiziert? Gelingt es, soziale
Aufmerksamkeit – die mit einer Präsenz im digitalen Raum automatisch

---

78 Vgl. »Tablets in der Grundschule«, ein Projekt der Comenius-Grundschule Dortmund mit
    der TU Dortmund und dem Dortmunder Netzwerk Medienkompetenz DoNeM.
79 Vgl. etwa das Projekt »Experten für das Lesen« für Lehrkräfte der Primar- und Sekundarstufe
    im Rahmen des BiSS-Projekts des Bundesbildungsministeriums und der Mercator-Stiftung.
80 Vgl. Feierabend/Plankenhorn/Rathgeb 2016a: 38.

geschaffen wird – für die Schule und die einzelnen Lehrkräfte zur attraktiven Währung jenseits von Entlastungsstunden (als ökonomisches Kapital) zu machen? Denn nur so wird sich digitales Arbeiten längerfristig gratifizieren lassen. Man kann schulpolitisch nicht langfristig extra finanzieren, was lebensweltlich selbstverständlich sein muss. Entwicklungsmäßig liegt zurzeit besondere Verantwortung bei den Schulleitungen. Wird von dort (top-down) ein mediatisiertes Bewusstsein gezeigt und motiviert, dann ist auch bottom-up im Verbund von digital-medial habitualisierten Lehrkräften (meist jünger als 50 Jahre) und Schülern eine eigenständige und nachhaltige, weil situationsspezifische und nicht oktroyierte digitale Profilbildung erwartbar. Neben den Schulleitungen ist die Lehrerausbildung in der Pflicht, hier offensiv ein neues Berufsbild zu proklamieren. Ähnlich wie bei Bibliotheken, wo der Wandel des Berufsbilds von einer Orientierung am Buch zu den Bedarfen und Kompetenzen der Nutzer im Kontext einer sich ständig weiterentwickelnden medialen Lebenswelt bereits stattgefunden hat und auch in den Aus- und Weiterbildungskonzepten sichtbar ist,[81] muss dies auch Zielperspektive aktueller Ausbildungsrichtlinien für zukünftige Lehrkräfte mit verlässlichen Qualitätskriterien sein. Mediale Grundbildung muss in der Lehrerbildung obligatorisch sein – und zwar auch in fachdidaktischer Konkretisierung. Diese Kompetenzen sollten dann verlässlich auch in den Studienseminaren gefordert und weiter gefördert werden. Eine Reflexion der Bedeutung medialer Kommunikationsstrukturen und damit auch digitaler Lesekompetenz – also ein mediatisiertes Bewusstsein – ist dafür die Voraussetzung. Die Schule als »kultureller Raum« hat hier noch Nachholbedarf.

Literatur

Barberi, Alessandro / Swertz, Christian (Hg.) (2013): Medialer Habitus (= Medienimpulse Nr. 4/2013) (online unter: www.medienimpulse.at/ausgaben/4-2013-medialer-habitus – letzter Zugriff: 15.03.2018).

Biermann, Ralf (2009): Der mediale Habitus von Lehramtsstudierenden. Eine quantitative Studie zum Medienhandeln angehender Lehrpersonen, Wiesbaden.

Bildungspartner NRW (2017): Lesen heute – mit und in allen Medien, 8. Februar 2017 (online unter: www.youtube.com/watch?v=54rOpZjswWk – letzter Zugriff: 15.03.2018).

---

81 So ist die Medienkompetenzvermittlung für Bibliothekare inzwischen in der Humboldt-Universität Berlin sowie in der Technischen Hochschule Köln fest installiert (vgl. hierzu Marci-Boehncke 2016).

Bitkom (Hg.) (2011): Schule 2.0. Eine repräsentative Untersuchung zum Einsatz elektronischer Medien an Schulen aus Lehrersicht, Berlin (online unter: www.bitkom.org/Publikationen/2011/Studie/Studie-Schule-2-0/BITKOM-Publikation-Schule-20.pdf – letzter Zugriff: 15.03.2018).

Bitkom (Hg.) (2015): Digitale Schule – vernetztes Lernen. Ergebnisse repräsentativer Schüler- und Lehrerbefragungen zum Einsatz digitaler Medien im Schulunterricht, Berlin (online unter: www.bitkom.org/Publikationen/2015/Studien/Digitale-SchulevernetztesLernen/BITKOM-Studie-Digitale-Schule-2015.pdf – letzter Zugriff: 15.03.2018).

Bos, Wilfried / Eickelmann, Birgit / Gerick, Julia / Goldhammer, Frank / Schaumburg, Heike / Schwippert, Knut / Senkbeil, Martin / Schulz-Zander, Renate / Wendt, Heike (Hg.) (2014): ICILS 2013. Computer- und informationsbezogene Kompetenzen von Schülerinnen und Schülern in der 8. Jahrgangsstufe im internationalen Vergleich, Münster (online unter: www.waxmann.com/fileadmin/media/zusatztexte/ICILS_2013_Berichtsband.pdf – letzter Zugriff: 15.03.2018).

Bos, Wilfried / Lorenz, Ramona / Endberg, Manuela / Eickelmann, Birgit / Kammerl, Rudolf / Welling, Stefan (Hg.) (2016): Schule digital – der Länderindikator 2016, Münster/New York.

Bosse, Ingo K. (2015): Criteria for Designing Blended Learning Materials for Inclusive Education: Perspectives of Teachers and Producers, in: Margherita Antona / Constantine Stephanidis (Hg.), Universal Access in Human-Computer Interaction. Access to Learning, Health and Well-Being, Los Angeles, S. 3–14.

Bremerich-Vos, Albert (2013): Bildungsstandards für den Mittleren Schulabschluss und Aspekte der Testung literaler Kompetenzen, in: Cornelia Rosebrock / Andrea Bertschi-Kaufmann (Hg.), Literalität erfassen: bildungspolitisch, kulturell, individuell, Weinheim, S. 14–28.

Bruns, Axel (2008): Blogs, Wikipedia, Second Life, and Beyond: From Production to Produsage, New York.

Christensen, Clayton M. (2016): The Innovator's Dilemma: When New Technologies Cause Great Firms to Fail, Boston.

Eickelmann, Birgit / Bos, Winfried / Vennemann, Mario (2015): Total digital? Wie Jugendliche Kompetenzen im Umgang mit neuen Technologien erwerben. Dokumentation der Analysen des Vertiefungsmoduls zu ICILS 2013, Münster/New York (online unter: www.telekom-stiftung.de/sites/default/files/dts-library/materialien/pdf/vertiefungsmodul_icils_2013_langfassung_20150623.pdf – letzter Zugriff: 15.03.2018).

Feierabend, Sabine / Plankenhorn, Theresa / Rathgeb, Thomas (2016a): JIM 2016. Jugend, Information, (Multi-)Media. Basisstudie zum Medienumgang 12- bis 19-Jähriger in Deutschland, hrsg. vom Medienpädagogischen Forschungsverbund Südwest, Stuttgart (online unter: www.mpfs.de/fileadmin/files/Studien/JIM/2016/JIM_Studie_2016.pdf – letzter Zugriff: 15.03.2018).

Feierabend, Sabine / Plankenhorn, Theresa / Rathgeb, Thomas (2016b): KIM-Studie 2016. Kindheit, Internet, Medien. Basisstudie zum Medienumgang 6- bis 13-Jähriger in Deutschland, hrsg. vom Medienpädagogischen Forschungsverbund Südwest, Stuttgart (online unter: www.mpfs.de/fileadmin/files/Studien/KIM/2016/KIM_2016_Web-PDF.pdf – letzter Zugriff: 15.03.2018).

Fisher, Douglas / Frey, Nancy / Hattie, John (2016): Visible Learning for Literacy. Implementing the Practices That Work Best to Accelerate Student Learning. Grades K-12, Thousand Oaks.

Fromme, Johannes (2015): Game Studies und Medienpädagogik, in: Klaus Sachs-Hombach / Jan-Noel Thon (Hg.), Game Studies. Aktuelle Ansätze der Computerspielforschung, Magdeburg, S. 279–315.

Gil-Flores, Javier / Torres-Gordillo, Juan-Jesus / Perera-Rodriguez, Victor-Hugo (2012): The Role of Online Reader Experience in Explaining Students' Performance in Digital Reading, in: Computers and Education 59 (2/2012), S. 653–666.

Groeben, Norbert / Hurrelmann, Bettina (Hg.) (2002): Medienkompetenz: Voraussetzungen, Dimensionen, Funktionen, Weinheim.

Groeben, Norbert / Hurrelmann, Bettina (Hg.) (2004): Lesesozialisation in der Mediengesellschaft. Ein Forschungsüberblick, Weinheim.

Hahnel, Carolin / Goldhammer, Frank / Naumann, Johannes / Kröhne, Ulf (2016): Effects of Linear Reading, Basic Computer Skills, Evaluation Online Information and Navigation on Reading Digital Texts, in: Computers in Human Behavior, Nr. 55, Part A S. 486–500.

Henschel, Sofie / Roick, Thorsten (2013): Zusammenhang zwischen Empathie und dem Verstehen literarischer Texte, in: Zeitschrift für Entwicklungspsychologie und Pädagogische Psychologie 45 (2/2013), S. 103–113.

Henschel, Sofie / Roick, Thorsten / Brunner, Martin / Stanat, Petra (2013): Leseselbstkonzept und Textart: Lassen sich literarisches und faktuales Leseselbstkonzept trennen?, in: Zeitschrift für Pädagogische Psychologie 27 (3/2013), S. 181–191.

Hepp, Andreas (2011): Medienkultur. Die Kultur mediatisierter Welten, Wiesbaden.

Honneth, Axel (2010): Kampf um Anerkennung. Zur moralischen Grammatik sozialer Konflikte, 6. Aufl., Frankfurt/M.

Initiative D21 (2016): Sonderstudie Schule digital. Lehrwelt, Lernwelt, Lebenswelt: Digitale Bildung im Dreieck SchülerInnen-Eltern-Lehrkräfte, 14. November 2016 (online unter: www.flickr.com/photos/initiatived21/25341683519/in/album-7215767 655401078 5/ – letzter Zugriff: 15.03.2018).

Jenkins, Henry (2006): Convergence Culture: Where Old and New Media Collide, New York/London.

Jenkins, Henry (2009): Confronting the Challenges of Participatory Culture. Media Education for the 21st Century (mit Ravi Purushotma, Margaret Weigel, Katie Clinton und Alice J. Robison), Boston.

Jenkins, Henry / Kelly, Wyn (2013): Reading in a Participatory Culture. Remixing Moby-Dick in the English Classroom, New York/London.

Krotz, Friedrich (2001): Die Mediatisierung kommunikativen Handelns. Der Wandel von Alltag und sozialen Beziehungen, Kultur und Gesellschaft durch die Medien, Opladen.

Krotz, Friedrich (2007): Mediatisierung. Fallstudien zum Wandel von Kommunikation, Wiesbaden.

Kultusministerium Hessen (2015): Handreichung für Lehrkräfte zum Umgang mit Sozialen Netzwerken an Schulen, Wiesbaden (online unter: https://kultusministerium.hessen. de/sites/default/files/media/hkm/handreichung_soziale_netzwerke_-_stand_februar_ 2015.pdf – letzter Zugriff: 27.03.2018).

Li, Liang-Yi / Tseng, Shu-Ting / Chen, Gwo-Dong (2016): Effects of Hypertext Highlighting on Browsing, Reading and Navigational Performance, in: Computers in Human Behavior, Nr. 54, S. 318–325.

Marci-Boehncke, Gudrun (2016): Kooperation auf Augenhöhe. Zur Zukunft der Schulbibliothek in Deutschland: Anforderungen an Administration und Ausbildung, in: Bibliotheksdienst 50 (5/2016), S. 456–473.

Marci-Boehncke, Gudrun / Rath, Matthias (2013): Kinder – Medien – Bildung. Eine Studie zu Medienkompetenz und vernetzter Educational Governance in der Frühen Bildung, München.

Norton, Bonny (2013): Identität, Literalität und das multilinguale Klassenzimmer, in: Cornelia Rosebrock / Andrea Bertschi-Kaufmann (Hg.), Literalität erfassen: bildungspolitisch, kulturell, individuell, Weinheim, S. 123–134.

OECD (2015): Students, Computers and Learning. Making the Connection, Paris (online unter: http://dx.doi.org/10.1787/9789264239555-en – letzter Zugriff: 15.03.2018).

Rath, Matthias (2010): Vom Flaschenhals zum Aufmerksamkeitsmanagement. Überlegungen zum Online-Journalismus und einer Ethik der öffentlichen Kommunikation 2.0, in: Zeitschrift für Kommunikationsökologie und Medienethik 12 (1/2010), S. 17–24.

Rath, Matthias (2014): Ethik der mediatisierten Welt. Grundlagen und Perspektiven, Wiesbaden.

Roick, Thorsten / Frederking, Volker / Henschel, Sofie / Meier, Christel (2013): Literarische Textverstehenskompetenz bei Schülerinnen und Schülern unterschiedlicher Schulformen, in: Cornelia Rosebrock / Andrea Bertschi-Kaufmann (Hg.), Literalität erfassen: bildungspolitisch, kulturell, individuell, Weinheim, S. 69–84.

Rosebrock, Cornelia / Nix, Daniel (2007): Grundlagen der Lesedidaktik: und der systematischen schulischen Leseförderung, Baltmannsweiler.

Street, Brian (2013): New Literacy Studies, in: Cornelia Rosebrock / Andrea Bertschi-Kaufmann (Hg.), Literalität erfassen: bildungspolitisch, kulturell, individuell, Weinheim, S. 149–165.

Theunert, Helga / Schorb, Bernd (2010): Sozialisation, Medienaneignung und Medienkompetenz in der mediatisierten Gesellschaft, in: Maren Hartmann / Andreas Hepp (Hg.), Die Mediatisierung der Alltagswelt, Wiesbaden, S. 243–254.

Weinert, Franz E. (2001): Vergleichende Leistungsmessung in Schulen – eine umstrittene Selbstverständlichkeit, in: Franz E. Weinert (Hg.), Leistungsmessungen in Schulen, Weinheim, S. 17–31.

Zentrum für technologiebasiertes Assessment (TBA) (2016): PISA 2012 NaBe, 20. Dezember 2017 (online unter: http://tba.dipf.de/de/projekte/pisa-2012-nabe – letzter Zugriff: 15.03.2018).

Verzeichnis der Autorinnen und Autoren

Diana Dreßler, M.A, hat als wissenschaftliche Mitarbeiterin im Projekt »Die Mediatisierung von Eltern-Kind-Beziehungen im Kontext transnationaler Migration« des DFG-Schwerpunktprogramms »Mediatisierte Welten« an der Justus-Liebig-Universität Gießen gearbeitet und promoviert zu Mütterleitbildern migrantischer Mütter in transstaatlich organisierten Familien. Arbeits- und Forschungsschwerpunkte: Migration, Gender, Familienwissenschaften. Kontakt: diana.dressler@sowi.uni-giessen.de.

Prof. Dr. Thomas Goll ist Universitätsprofessor am Lehrstuhl für integrative Fachdidaktik Sachunterricht und Sozialwissenschaften an der Technischen Universität Dortmund. Arbeits- und Forschungsschwerpunkte: Didaktik der Sozialwissenschaften/Politikdidaktik, Didaktik des Sachunterrichts, empirische Lehr-Lern-Forschung, Medien in der politischen Bildung, Politische Bildung und politische Kultur. Kontakt: thomas.goll@tu-dortmund.de.

Prof. Dr. Udo Göttlich ist Universitätsprofessor für Allgemeine Medien- und Kommunikationswissenschaft an der Zeppelin Universität in Friedrichshafen. Arbeits- und Forschungsschwerpunkte: Medien-, Kommunikations- und Kultursoziologie, Cultural Studies Approach und Soziologische Theorien. Kontakt: udo.goettlich@zu.de.

Prof. Dr. Heike Greschke ist Professorin für Soziologischen Kulturvergleich und qualitative Sozialforschung an der Technischen Universität Dresden. Arbeits- und Forschungsschwerpunkte: Migration, Medien, Familie, Globalisierung und Kultur-/Interkulturalität sowie method(olog)ische Fragen der qualitativen Kultursoziologie. Kontakt: heike.greschke@tu-dresden.de.

Luise Heinz, Dipl.-Soz. ist wissenschaftliche Mitarbeiterin an der Universität Hamburg, Lehrstuhl für Allgemeine Soziologie und soziologische Theorie. Arbeits- und Forschungsschwerpunkte: System- und Kommunikationstheorie, insbesondere Medien- und Intimkommunikation. Kontakt: luise.heinz@wiso.uni-hamburg.de.

Dr. Martin R. Herbers ist PostDoc am Lehrstuhl für Allgemeine Medien- und Kommunikationswissenschaft der Zeppelin Universität in Friedrichshafen. Arbeits- und Forschungsschwerpunkte: Öffentlichkeitstheorie, Medienproduktion und Politische Unterhaltung. Kontakt: martin.herbers@zu.de.

Konrad Hierasimowicz, M.A, hat als wissenschaftlicher Mitarbeiter im Projekt »Die Mediatisierung von Eltern-Kind-Beziehungen im Kontext transnationaler Migration« des DFG-Schwerpunktprogramms »Mediatisierte Welten« an der Justus-Liebig-Universität Gießen gearbeitet. Seine Promotion thematisiert belarussische Geschichts- und Identitätsdiskurse in den sozialen Medien. Arbeits- und Forschungsschwerpunkte: (Neue) Medien, Identitätsdiskurse, Nationalismus, Migration, Minderheiten, Erinnerungskulturen in Ost- und Ostmitteleuropa, Wissens-, Technik-, Medien- und Emotionssoziologie. Kontakt: konrad.hierasimowicz@posteo.de.

Dr. Andreas Kalina ist wissenschaftlicher Referent an der Akademie für Politische Bildung sowie Lehrbeauftragter an der Universität Passau. Arbeits- und Forschungsschwerpunkte: Politischer und Gesellschaftlicher Wandel sowie Europäische Integration. Kontakt: a.kalina@apb-tutzing.de.

Prof. Dr. Friedrich Krotz ist emeritierter Professor für Kommunikationswissenschaft mit dem Schwerpunkt Soziale Kommunikation und Mediatisierungsforschung an der Universität Bremen. Er ist Initiator und Koordinator des DFG-Schwerpunktprogramms »Mediatisierte Welten«. Arbeits- und Forschungsschwerpunkte: Theorie und Methoden der Kommunikationswissenschaft, Kultursoziologie, Cultural Studies, Medien und Gesellschaft und Mediatisierungsforschung. Kontakt: krotz@uni-bremen.de.

Prof. Dr. Gudrun Marci-Boehncke ist Professorin für neuere deutsche Literatur/Elementare Vermittlungs- und Aneignungsaspekte an der Technischen Universität Dortmund, Leiterin der Forschungsstelle Jugend-Medien-Bildung. Arbeits- und Forschungsschwerpunkte: Lese- und Medienbildung, Media Literacy, Kinder- und Jugendliteratur, Professionalisierung von Lehrkräften und Bibliotheksmitarbeitenden. Kontakt: gudrun.marci@tu-dortmund.de.

Prof. Dr. Michaela Pfadenhauer ist Professorin für Kultur und Wissen am Institut für Soziologie an der Universität Wien, stellvertretende Leiterin des Instituts für Soziologie und Vorsitzende der Sektion Wissenssoziologie der Deutschen Gesellschaft für Soziologie. Arbeits- und Forschungsschwerpunkte: Phänomenologisch orientierte Wissenssoziologie, Kulturwandel und Mediatisierung, Sozialkonstruktivismus als Paradigma der Sozialwissenschaften, Herausforderungen der Social Robotics für Sozialität sowie Lebensweltanalytische Ethnografie. Kontakt: michaela.pfadenhauer@univie.ac.at.

Prof. Dr. Dr. Matthias Rath ist Professor für Philosophie an der Pädagogischen Hochschule Ludwigsburg, Leiter der Forschungsgruppe Medienethik. Arbeits- und Forschungsschwerpunkte: Medienethik, Medienphilosophie, empirische Medien- und Medienbildungsforschung. Kontakt: rath@ph-ludwigsburg.de.

PD Dr. Werner Reichmann ist wissenschaftlicher Mitarbeiter und Privatdozent am Institut für Soziologie der Universität Konstanz. Arbeits- und Forschungsschwerpunkte: Science and Technology Studies, Wissenschaftssoziologie der Wirtschaftswissenschaften, Mediensoziologie. Kontakt: werner.reichmann@ uni-konstanz.de; www.wernerreichmann.net.

Assoc.-Prof. Dr. Caroline Roth-Ebner ist assoziierte Professorin für Medien- und Kommunikationswissenschaft an der Alpen-Adria-Universität Klagenfurt, Österreich. Arbeits- und Forschungsschwerpunkte: Mediatisierung, Medienbildung, Digitale Medien in der Arbeitswelt, Medienkindheit und -jugend, Qualitative Forschungsmethoden, Triangulation. Kontakt: caroline.roth@aau.at.

Prof. Dr. Caja Thimm ist Professorin für Medienwissenschaft und Intermedialität an der Universität Bonn, Gastprofessorin an der Université de Bourgogne in Dijon. Seit 2017 Sprecherin des Graduiertenkollegs »Digitale Gesellschaft«. Arbeits- und Forschungsschwerpunkte: Sozialität im Internet, Politische Kommunikation, Unternehmenskommunikation, Digitale Demokratie. Kontakt: thimm@uni-bonn.de.